O CRISTIANISMO NOS ROMANCES DE EMMANUEL

EDITORA EME

Solicite nosso catálogo completo, com mais de 400 títulos, onde você encontra as melhores opções do bom livro espírita: literatura infantojuvenil, contos, obras biográficas e de autoajuda, mensagens espirituais, romances, estudos doutrinários, obras básicas de Allan Kardec, e mais os esclarecedores cursos e estudos para aplicação no centro espírita - iniciação, mediunidade, reuniões mediúnicas, oratória, desobsessão, fluidos e passes.

E caso não encontre os nossos livros na livraria de sua preferência, solicite o endereço de nosso distribuidor mais próximo de você.

Edição e distribuição

EDITORA EME

Caixa Postal 1820 - CEP 13360-000 - Capivari-SP
Telefones: (19) 3491-7000 | 3491-5449
Vivo (19) 9 9983-2575 | Claro (19) 9 9317-2800
vendas@editoraeme.com.br - www.editoraeme.com.br

DONIZETE PINHEIRO

O CRISTIANISMO NOS ROMANCES DE EMMANUEL

Capivari-SP
– 2020 –

A Editora EME mantém o Centro Espírita "Mensagem de Esperança" e patrocina, junto com outras empresas, instituições de atendimento social de Capivari-SP.

1ª edição - março/2020 - 3.000 exemplares

CAPA | André Stenico
PROJETO GRÁFICO E DIAGRAMAÇÃO | Marco Melo
REVISÃO | Editora EME

Ficha catalográfica

Pinheiro, Donizete, 1956
O cristianismo nos romances de Emmanuel / Donizete Pinheiro - 1ª ed. mar. 2020 - Capivari-SP: Editora EME.
320 p.

ISBN 978-65-5543-001-1

1. Espiritismo. 2. Cristianismo primitivo. 3. Lições do espírito Emmanuel. I. TÍTULO.

CDD 133.9

SUMÁRIO

ΙΧΘΥΣ

Apresentação ... 7

PRIMEIRA PARTE

Livro: ***Há dois mil anos***

Há dois mil anos ... 11
Em Jerusalém ... 13
Jesus de Nazaré ... 15
Encontros com Jesus ... 19
Julgamento e morte de Jesus ... 24
Lívia intercede por Jesus ... 34
Os seguidores de Jesus ... 38
Cristianismo em Roma ... 42
Sacrifícios dos cristãos romanos ... 45
Palavras de Jesus ... 55

SEGUNDA PARTE

Livro: ***Paulo e Estêvão***

Paulo e Estêvão ... 63
Jeziel e Abigail em Corinto ... 66
Casa do Caminho, a Igreja de Jerusalém ... 68
Estêvão, Saulo e Abigail ... 72
As primeiras perseguições ... 80
Conflito entre Saulo e Tiago ... 83
As perseguições prosseguem ... 95
A morte de Estêvão e Abigail ... 100
Jesus busca Saulo, em Damasco ... 110
Saulo e Ananias ... 116
Primeiras iniciativas de Saulo ... 119
No deserto de Palmira ... 128
De retorno a Damasco ... 132

O chamado para Antioquia 145
Perseguições em Jerusalém 150
O evangelista João Marcos 152
A Boa Nova para os gentios 154
João Marcos e sua desistência 159
O início da tarefa 164
Primeira igreja para os gentios 165
O apóstolo adota o nome de Paulo 169
A primeira viagem 171
As dificuldades das igrejas 175
A questão do dinheiro 177
A segunda viagem 179
As epístolas 196
Ainda em Corinto 201
Partindo para Éfeso 202
Seguindo viagem 205
Jerusalém, fim da segunda viagem 208
Em Roma 214
Incêndio em Roma 220
A morte de Paulo 226

TERCEIRA PARTE
Livro: ***50 anos depois***
50 anos depois 237
Perseguições do segundo século 239
Fé cristã 242
Vivência cristã 247
Sacrifício por amor 260
Monastério cristão 264
Bem-aventurança 269

QUARTA PARTE
Livro: ***Ave Cristo***
Ave Cristo 277
Reencarnação missionária 282
Cristianismo em Lião, França 286
Politeísmo e cristianismo 290
Primeiras perseguições 296
Convites dolorosos 306
Novas perseguições em Roma 312
Conversão e morte 316
Conclusão 319

Apresentação

ΙΧΘΥΣ

A humanidade conhece o cristianismo primitivo essencialmente pelas informações constantes no novo testamento ou nos escritos de historiadores, como o judeu-romano Flávio Josefo. Alguns dão valor aos evangelhos apócrifos (não reconhecidos pela Igreja) ou aos manuscritos do Mar Morto (localizados em 1947).

O espírito Emmanuel, pela psicografia de Francisco Cândido Xavier, em algumas obras, nos oferece um relato com informações colhidas na Espiritualidade e acrescido de suas próprias experiências, uma vez que esteve reencarnado na época de Jesus como o senador romano Públio Lentulus.

Quem fez cuidadoso estudo dos romances de Emmanuel pode ter percebido que, por trás da saga de suas reencarnações e dos sublimes ensinamentos morais, igualmente se vislumbra o propósito de reconstituir parcialmente a sequência cronológica dos fatos marcantes do início do cristianismo.

Essa narrativa começa com a obra *Há dois mil anos* e termina com *Ave Cristo*.

Nosso objetivo é reunir essas informações espirituais para uma mais ampla compreensão das origens do cristianismo e das árduas lutas dos cristãos primitivos, cujos sacrifícios permitiram a subsistência da Boa Nova até a chegada do espiritismo, o Consolador prometido pelo próprio Cristo:

> Se me amais, guardai os meus mandamentos; e Eu rogarei a meu Pai e Ele vos enviará outro Consolador, a fim de que fique eternamente convosco: O Espírito de Verdade, que o mundo não pode receber, porque o não vê e absolutamente o não conhece. Mas quanto a vós, conhecê-lo-eis, porque ficará convosco e estará em vós. Porém, o Consolador, que é o Santo Espírito, que meu Pai enviará em meu nome, vos ensinará todas as coisas e vos fará recordar tudo o que vos tenho dito (João, 14:15 a 17 e 26).

Também desejamos que o leitor se sinta estimulado a aprender diretamente nas obras de Emmanuel, dada a sua riqueza, beleza e profundidade, que deleitam, emocionam e enriquecem as nossas almas.

O autor

PRIMEIRA PARTE

LIVRO: *HÁ DOIS MIL ANOS*

HÁ DOIS MIL ANOS

ΙΧΘΥΣ

A NARRATIVA NESSA OBRA mediúnica começa no ano 31, em Roma. Públio Lentulus é um jovem senador romano, de família nobre e tradicional, exercendo as funções legislativas e judiciais. É casado com Lívia, que está grávida. Flávia, a primeira filha, é uma criança doente e os médicos dizem que o caso é sem remédio para a ciência da época.

Públio conversa com o amigo Flamínio, mais velho que ele, e narra-lhe expressivo e impressionante sonho, no qual se reconhece como o próprio bisavô paterno, que tivera uma vida de crimes e fora morto 94 anos antes. Conta sobre seu sofrimento no mundo espiritual, ante a presença de grande multidão de vítimas, e o julgamento por um tribunal de figuras venerandas, tendo a central lhe dirigido a palavra nos seguintes termos:

> Públio Lentulus, a justiça dos deuses, na sua misericórdia, determina tua volta ao turbilhão das lutas do mundo, para que laves as nódoas de tuas culpas nos prantos remissores. Viverás numa época de maravilhosos fulgores espirituais, lutando com todas as situações e dificuldades, não obstante o berço de ouro que te receberá ao renasceres, a fim de que edifiques tua consciência denegrida, nas dores que purificam e regeneram!... Feliz de ti se bem souberes aproveitar a oportunidade bendita da rea-

bilitação pela renúncia e pela humildade... Determinou-se que sejas poderoso e rico, a fim de que, com o teu desprendimento dos caminhos humanos, no instante preciso, possas ser elemento valioso para os teus mentores espirituais. Terás a inteligência e a saúde, a fortuna e a autoridade, como ensanchas à regeneração integral de tua alma, porque chegará um momento em que serás compelido a desprezar todas as riquezas e todos os valores sociais, se bem souberes preparar o coração para a nova senda de amor e humildade, de tolerância e perdão, que será rasgada, em breves anos, à face escura da Terra!... A vida é um jogo de circunstâncias que todo espírito deve entrosar para o bem, no mecanismo do seu destino. Aproveita, pois, essas possibilidades que a misericórdia dos deuses coloca ao serviço da tua redenção. Não desprezes o chamamento da verdade, quando soar a hora do testemunho e das renúncias santificadoras... Lívia seguirá contigo pela via dolorosa do aperfeiçoamento, e nela encontrarás o braço amigo e protetor para os dias de provações ríspidas e acerbas. O essencial é a tua firmeza de ânimo no caminho escabroso, purificando tua fé e tuas obras, na reparação do passado delituoso e obscuro!...

Descrevendo o sonho, Emmanuel já informa que sua reencarnação como Públio se daria num tempo especial para a Humanidade e que a redenção de sua alma dependia de aproveitar a oportunidade e preparar o coração para uma nova senda, um novo caminho de amor e humildade, de tolerância e perdão que, em breve, se apresentaria na face escura da Terra.

Especial porque esse novo momento no planeta seria devido à presença de Jesus, com o qual Públio iria ter contato, e não deveria perder a oportunidade de segui-lo, renovando-se e reabilitando-se do passado ignominioso. Jesus afirmaria: "eu sou o caminho, a verdade e a vida, ninguém vai ao Pai senão por mim", conforme anotado pelo evangelista João (14:6). Costumeiramente, na nossa trajetória espiritual, perdemos ensanchas divinas de seguir pela senda do bem, experimentando sofrimentos atrozes, para depois nos arrependermos e procurarmos o Amor.

Esse o caso do próprio Emmanuel, que, ao iniciar a transmissão da obra pelas mãos de Francisco Cândido Xavier, disse:

> Agora verificareis a extensão de minhas fraquezas no passado, sentindo-me, porém, confortado em aparecer com toda a sinceridade do meu coração, ante o plenário de vossas consciências. Orai comigo, pedindo a Jesus para que eu possa completar esse esforço, de modo que o plenário se dilate, além do vosso meio, a fim de que a minha confissão seja um roteiro para todos.

Acompanhando as reencarnações desse valoroso irmão, sua vitória sobre o orgulho romano nos enche de esperança ante as nossas próprias deficiências, dando-nos a certeza de que o esforço e a disciplina nos ajudarão a vestir a túnica iluminada de um espírito bom.

ΙΧΘΥΣ

EM JERUSALÉM

PERCEBENDO QUE AS LUTAS com a doença da filha consumiam as forças de Públio, o amigo Flamínio sugere que descanse por um pouco na Palestina, região sob o domínio do Império Romano e que era considerada uma estação de repouso, comprometendo-se a conseguir o seu afastamento remunerado. Tudo arranjado, Públio e família seguem para Jerusalém na primavera do ano 32. O senador "ia como legado de Tibério, junto da administração da província, encarnando o princípio da lei e da autoridade".

Tibério Cláudio Nero César foi imperador romano de 18 de setembro de 14 até a sua morte, em 16 de março de 37, portanto, exerceu seu poder durante a estada do Senhor Jesus na Terra.

Narrando a chegada da família, Emmanuel aproveita para descrever Jerusalém ao tempo do Cristo, conforme resumo a seguir:

> A secura da natureza proporcionava à célebre cidade uma beleza melancólica, tocada de pungente monotonia. ... Naquele tempo, Jerusalém acusava novidades e esplendores da vida nova. As construções herodianas pululavam nos seus arredores, revelando novo senso estético por parte de Israel. A predileção pelos monólitos talhados na rocha viva, característica do antigo povo israelita, fora substituída pelas adaptações do gosto judeu às normas gregas, renovando as paisagens interiores da famosa cidade.

Em seguida, menciona o Templo de Salomão, palco de vários acontecimentos envolvendo Jesus:

> A joia maravilhosa era, porém, o Templo, todo novo na época de Jesus. Sua reconstrução fora determinada por Herodes, no ano de 21, notando-se que os pórticos levaram oito anos a edificar-se, e considerando-se, ainda, que os planos da obra grandiosa, continuados vagarosamente no curso do tempo, somente ficaram concluídos pouco antes de sua completa destruição. Nos pátios imensos, reunia-se diariamente a aristocracia do pensamento israelita, localizando-se ali o fórum, a universidade, o tribunal e o templo supremo de toda uma raça. Os próprios processos civis, além das discussões engenhosas de ordem teológica, ali recebiam as decisões derradeiras, resumindo-se no templo imponente e grandioso todas as ambições e atividades de uma pátria.

Emmanuel também se refere à Torre Antônia, anexa ao Templo, onde se aquartelavam os contingentes das forças romanas, que fiscalizavam os movimentos dos sacerdotes e das massas populares. Embora mantendo a ordem, "os romanos respeitavam a filosofia religiosa dos povos estranhos e não participavam das teses sutis e dos sofismas debatidos e examinados todos os dias".

O governador da Palestina era Pôncio Pilatos e Emmanuel revela a sua personalidade vil ao relatar que ele se insinuava para Lívia, visitando a residência da família com frequência, a pretexto de gostar das conversas com os patrícios. Pilatos é tomado por uma paixão ignóbil unilateral, uma vez que a nobre Lívia não lhe corresponde às investidas.

ΙΧΘΥΣ

JESUS DE NAZARÉ

Nessas reuniões familiares é que surgem as primeiras referências a Jesus de Nazaré, como um profeta que vinha realizando grandes coisas. Questionado por Pilatos, o personagem Sulpício diz:

> ... fiquei realmente intrigado com a figura impressionante de um Galileu ainda moço, quando passava, há alguns dias, por Cafarnaum. Ao centro da praça, acomodada em bancos improvisados, feito de pedra e areia, vi considerável multidão que lhe ouvia a palavra, em êxtase de admiração e comoção.

E prossegue:

> De sua personalidade, extraordinária de beleza simples, vinha um "não sei quê", dominando a turba que se aquietava, de

> leve, ouvindo-lhe as promessas de um eterno reinado... Seus cabelos esvoaçavam às brisas da tarde mansa, como se fossem fios de luz desconhecida nas claridades serenas do crepúsculo; e de seus olhos compassivos parecia nascer uma onda de piedade e comiseração infinitas. Descalço e pobre, notava-se-lhe a limpeza da túnica, cuja brancura se casava à leveza dos seus traços delicados. Sua palavra era como um cântico de esperança para todos os sofredores do mundo, suspenso entre o céu e a terra, renovando os pensamentos de quantos o escutavam... Falava de nossas grandezas e conquistas como se fossem coisas bem miseráveis, fazia amargas afirmativas acerca das obras monumentais de Herodes, em Sebasto, asseverando que acima de César está um Deus Todo-Poderoso, providência de todos os desesperados e de todos os aflitos... No seu ensinamento de humildade e amor, considera todos os homens como irmãos bem-amados, filhos desse Pai de misericórdia e justiça, que nós não conhecemos...

Públio aluga uma vila em Cafarnaum e para lá se dirige com a família. Seria um lugar de repouso e refazimento num clima mais favorável ao tratamento de Flávia. Também se afastaria de Pilatos, cuja má intenção sobre Lívia lhe fora insinuada por Fúlvia, mulher de seu tio.

Emmanuel, então, descreve a natureza da Galileia, com a visão de quem lá esteve na época de Jesus:

> ... há dois mil anos, a Galileia, hoje transformada em poeirento deserto, era um paraíso de verdura. Nas suas paisagens maravilhosas, desabrochavam flores de todos os climas. Seu lago imenso, formado pelas águas cristalinas do rio sagrado do cristianismo, era talvez a mais piscosa bacia em todo o mundo, descansando as suas vagas mansas e preguiçosas ao pé dos arbustos ricos de seiva, cujas raízes se tocavam do perfume agreste dos eloendros e das flores silvestres. Nuvens de aves cari-

ciosas cobriam, em bandos compactos, aquelas águas feitas de um prodigioso azul celeste, hoje encarceradas entre rochedos adustos e ardentes. Ao norte, as eminências nevosas do Hermon figuravam-se em linhas alegres e brancas, divisando-se ao ocidente as alevantadas planícies da Gaulanítida e da Pereia, envolvidas de sol, formando, juntas, um grande socalco que se alonga de Cesareia de Filipe para o sul. Uma vegetação maravilhosa e única, operando a emanação incessante do ar mais puro, temperava o calor da região, onde o lago se localiza, muito abaixo do nível do Mediterrâneo.

Públio volta a questionar Sulpício sobre Jesus e colhe dele uma percepção que seria a de muitos, especialmente entre os fariseus e romanos:

- Prega alguns princípios que ferem as nossas mais antigas tradições, como, por exemplo, a doutrina do amor aos próprios inimigos e a fraternidade absoluta entre todos os homens. Exorta os ouvintes a buscarem o reino de Deus e a sua justiça, mas não se trata de Júpiter, o senhor de nossas divindades; ao contrário, fala de um Pai misericordioso e compassivo, que nos segue do Olimpo e para quem estão patentes as nossas ideias mais secretas. De outras vezes, o profeta de Nazaré se expressa acerca desse reino do céu com apólogos interessantes e incompreensíveis, nos quais há reis e príncipes criados pela sua imaginação sonhadora, que nunca poderiam ter existido....

O pior, todavia - rematou Sulpício, emprestando grave entono às palavras -, é que esse homem singular, com esses princípios de um novo reino, avulta na mentalidade popular como um príncipe surgido para reivindicar prerrogativas e direitos dos judeus, dos quais, talvez, queira assumir a direção algum dia...

Os milagres e as curas de Jesus eram o fato extraordinário daquele tempo na Galileia. Simultaneamente ao diálogo acima referido, a serva Ana comenta a respeito com Lívia, enquanto cuidavam das feridas da pequena Flávia, cuja doença se agravara. Ana diz guardar no coração profunda fé nos milagres do Mestre, acreditando que a criança poderia receber a bênção das mãos dele e ficaria curada. Lívia diz que não se atreveria a sugerir essa providência e Públio, de qualquer maneira, haveria de recusá-la. No entanto, demonstrou interesse em ver esse "homem caridoso e extraordinário", alegando, porém, que não poderia receber os altos benefícios daquele Mestre.

Ana comenta:

> – E é pena, senhora, porque muitas mulheres de posição o acompanham na cidade. Não somos apenas os mais humildes que comparecemos às suas predicações, mas numerosas senhoras de destaque em Cafarnaum, esposas de funcionários de Herodes e de publicanos, assistem às lições carinhosas do lago, confundindo-se com os pobres e os escravos. E o profeta não desdenha a ninguém. A todos convida para o reino de Deus e sua justiça. Contrariamente a todos os enviados do céu, que conhecemos, ele se esquiva dos favorecidos da sorte, para manter relações com as criaturas mais infelizes, considerando a todos como irmãos muito amados do seu coração...

Entrando no quarto e conversando com a filha, Públio diz a ela que poderia pedir qualquer coisa para ficar melhor, os brinquedos que quisesse. Para sua surpresa, porém, a filha pede o profeta de Nazaré.

ΙΧΘΥΣ

ENCONTROS COM JESUS

Acedendo, inclusive por considerações da esposa, Públio disse que só a angústia o fazia transigir com os seus princípios e procurar o profeta, mas o faria de modo a não descer da sua dignidade social e política. Saiu de casa como se buscasse apenas uma distração e conhecer o local, imaginando onde poderia encontrar Jesus. Entrando em diversas cogitações mentais, experimentava emoções profundas. Parou num banco de pedras e, envolvido pelos pensamentos e por uma sensação idêntica ao do sonho que relatara a Flamínio, percebeu-se em êxtase e fora do corpo. Nesse momento, ouviu passos de alguém.

Públio vê Jesus, e então Emmanuel nos faz a sua descrição do Mestre:

> Diante de seus olhos ansiosos, estacara personalidade inconfundível e única. Tratava-se de um homem ainda moço, que deixava transparecer nos olhos, profundamente misericordiosos, uma beleza suave e indefinível. Longos e sedosos cabelos molduravam-lhe o semblante compassivo, como se fossem fios castanhos, levemente dourados por luz desconhecida. Sorriso divino, revelando ao mesmo tempo bondade imensa e singular energia, irradiava da sua melancólica e majestosa figura uma fascinação irresistível. Públio Lentulus não teve dificuldade em identificar aquela criatura impressionante...

O senador estava diante do encontro mais importante da sua vida, aquele momento referido pela autoridade espiritual do sonho que relatara ao amigo Flamínio, a oportunidade de sua regeneração. Jesus lhe fala ao coração, dizendo que não estava ali para buscar o orgulhoso e superficial homem de Estado, mas que a filhinha leprosa seria curada graças à fé e o amor de sua mulher. Adverte-o da hora grave que vivia, a ser aproveitada ali, com a liberdade da própria consciência, ou dali a alguns milênios.

Públio retoma o corpo e ao chegar em casa encontra a filha em pleno restabelecimento, que evoluiria para a cura completa. Ao contrário de Lívia, que pelas circunstâncias creditava a cura à ação providencial de Jesus, Públio se recusa a aceitar. Mas a vida prossegue.... oferecendo à família outras experiências dolorosas.

Antes de narrar o rapto do filho pequeno, Emmanuel outra vez nos apresenta detalhes da região de Cafarnaum, uma natureza singela e bela e um povo simples, de coração devotado:

> Ao tempo do Cristo, a Galileia era um vasto celeiro que abastecia quase toda a Palestina.
>
> Nessa época, o formoso lago de Genesaré não apresentava nível tão baixo, como na atualidade. Todo o terreno circunvizinho era de regadio, em vista das fontes numerosas, dos canais e do serviço das noras que elevavam as águas, dando origem a uma vegetação luxuriante que enfeitava de frutos e enchia de perfumes aquelas paisagens paradisíacas. O trigo, a cevada, as abóboras, as lentilhas, os figos e as uvas eram elementos de semeadura e colheita em todo o ano, dando à vida satisfação e abundância. Nas eminências da terra, misturando-se aos extensos vinhedos e olivais, elevavam-se palmeiras e tamareiras preciosas, cujos frutos eram os mais ricos da Palestina.
>
> Em Cafarnaum, além dessas riquezas, prosperava a indústria da pesca, dada a abundância do peixe no então chamado "Mar da Galileia", o que resumia uma vida simples e tranquila. Dentre todos os outros povos dos centros galileus, o de Cafarnaum se distinguia por sua beleza espiritual, despretensiosa e singela. Consciencioso e crente, aceitava a Lei de Moisés, mas estava muito longe das manifestações hipócritas do farisaísmo de Jerusa-

lém. Foi em virtude dessa simplicidade natural e dessa fé espontânea e sincera que a paisagem de Cafarnaum serviu de palco às primeiras lições inesquecíveis e imortais do cristianismo, em sua primitiva pureza. Ali encontrou Jesus o carinho de corações devotados e valorosos, e foi ali que o mundo espiritual encontrou os melhores elementos para a formação da escola inolvidável, onde o Divino Mestre exemplificaria os seus ensinos.

Em todas as cidades da região havia sinagogas, para que as lições da Lei fossem ministradas aos sábados, dia que todos os indivíduos deveriam dedicar exclusivamente ao descanso do corpo e às atividades do espírito. Nessas pequenas sinagogas, franqueava-se a palavra a quantos desejassem utilizá-la, mas Jesus preferia o templo suave da Natureza para a difusão dos seus ensinos.

Todas as classes humildes acorriam às suas prédicas ao ar livre, cuja extraordinária beleza seduzia os corações mais empedernidos. Antiga convenção, entre os senhores, determinava o repouso dos servos no dia consagrado aos estudos da Lei, e os próprios romanos procuravam cultivar aquelas tradições regionais, buscando a simpatia do povo conquistado. Nessa época, grande era a afluência dos escravos às pregações consoladoras do Messias de Nazaré.

Alcançada a cura de Flávia, motivo principal do deslocamento da família para a Galileia, Públio organiza o retorno a Roma. Viviam agora momentos de paz e de esperanças, "ensejando os mais carinhosos planos de ventura para os dias do porvir." No entanto, todas as suas esperanças iriam desmoronar-se e para sempre estariam modificadas as linhas do seu destino na Terra. O pequeno filho Marcus seria raptado.

Aqui volto um pouco no tempo só para esclarecer o leitor. Assim que aportaram em Jerusalém, Lívia foi ferida por uma pedra arremessada pelo jovem judeu Saul. Para fazer respeitar a sua autoridade, Públio mandou que o agressor fosse chicoteado e depois determinou o seu envio para as galeras; o pai do jovem, André de Gioras, suplicou-lhe clemência, mas inutilmente. Ferido nos seus melhores sentimentos, André jurou vingança, que se concretiza com o rapto do menino.

Os dias se passaram e a vida doméstica sofrera profundas alterações. À dor do desaparecimento do filho, soma-se a aflição pela injusta suspeita de Públio sobre o assédio de Pilatos, que dela se mantém afastado e conversando apenas o necessário e rapidamente. Lívia não consegue reverter a situação, que não compreendia, apesar de suas manifestações carinhosas.

Vendo os pesares da sua senhora Lívia, a serva Ana lhe propõe buscar conforto nas divinas palavras de Jesus. Lívia recebe com bom grado, pois já pretendia, antes de retornar a Roma, agradecer pessoalmente ao Mestre pela cura da filha.

Assim ajustada, determinado dia seguem ambas para a casa de Simeão e de lá ao encontro com Jesus às margens do Tiberíades.

Emmanuel descreve aquele sublime momento para Lívia:

> O crepúsculo de um dia claro e quente emprestava um reflexo de luz dourada a todas as coisas e a todos os contornos suaves da paisagem. Encrespavam-se as águas mansas de Tiberíades ao sopro carinhoso dos favônios da tarde, que se impregnavam do perfume das flores e das árvores. Brisas frescas eliminavam o calor ambiente, espalhando sensações agradáveis de vida livre, no seio robusto e farto da Natureza. (...)
>
> A barca de Simão acostara brandamente à margem, ensejando a que o Mestre se dirigisse ao local costumeiro de suas lições divinas. Sua fisionomia parecia transfigurada em resplendente beleza. Os cabelos, como de costume, caíam-lhe aos ombros, à moda dos nazarenos, esvoaçando levemente aos ósculos caricìosos dos ventos brandos da tarde. (...)
>
> A esposa do senador não pôde mais despregar os olhos des-

lumbrados, daquela figura simples e maravilhosa. Começara o Mestre um sermão de beleza inconfundível e suas palavras pareciam tocar os espíritos mais empedernidos, figurando-se que os ensinamentos ressoavam nas divisas de toda a Galileia, ecoando pelo mundo inteiro, previamente modelados para caminhar no mundo com a própria eternidade.

"Bem-aventurados os humildes de espírito, porque a eles pertencerá o reino de meu Pai que está nos céus!...

"Bem-aventurados os pacíficos, porque possuirão a Terra!...

"Bem-aventurados os sedentos de justiça, porque serão saciados!...

"Bem-aventurados os que sofrem e choram, porque serão consolados nas alegrias eternas do reino de Deus!..."

E a sua palavra enérgica e branda disse da misericórdia do Pai Celestial; dos bens terrestres e celestes; do valor das inquietações e angústias humanas, acrescentando que viera ao mundo não para os mais ricos e mais felizes, mas para consolar os mais pobres e deserdados da sorte.

A assembleia heterogênea escutava-o embevecida nos seus transportes de esperança e gozo espiritual.

Após responder questionamentos de Simão, Jesus dirige-se a Lívia.

E estendendo o raio de luz dos seus olhos até à figura de Lívia, que lhe devorava as palavras com a sede ardente da sua atenção, exclamou com as claridades proféticas de suas exortações:

- Quanto a ti, regozija-te em Nosso Pai, porque as minhas palavras e ensinamentos te tocaram para sempre o coração. Vai e não descreias, porque tempo virá em que saberei aceitar as tuas abnegações santificantes!

Emmanuel, logo a seguir, nos fala da agitação de Jerusalém com a proximidade da Páscoa do martírio de Jesus, no ano 33.

... Peregrinos incontáveis, de todas as regiões da província, dirigiam-se para Jerusalém, a participar dos grandes festejos, oferecendo, simultaneamente, os tributos de sua fé, no suntuoso templo. A nobreza indígena também se fazia notar ali, em tais circunstâncias, através de seus elementos mais representativos. Todos os partidos políticos se arregimentavam para os serviços extraordinários das solenidades que reuniam as maiores massas do judaísmo, encaminhando-se para lá os homens mais importantes do tempo. As autoridades romanas, por sua vez, concentravam-se, igualmente, em Jerusalém, na mesma ocasião, reunindo-se na cidade quase todos os centuriões e legionários, destacados a serviço do Império, nas paragens mais remotas da província.

ΙΧΘΥΣ

JULGAMENTO E MORTE DE JESUS

E SE OS HISTORIADORES divergem sobre detalhes da chegada do Mestre a Jerusalém, no domingo, Emmanuel faz o seu relato pela personagem Ana, a serva:

> ... desde ontem chegou Jesus a Jerusalém, saudado por grandes manifestações populares. A ressurreição de Lázaro, em Betânia, confirmou suas divinas virtudes de Filho de Deus, entre os homens mais descrentes desta cidade, e acabo de saber que sua chegada foi objeto de imensas alegrias da parte do povo. Todas as janelas se enfeitaram de flores para a sua passagem triunfal, as crianças espalharam palmas verdes e perfumadas no caminho, em homenagem a ele e aos seus discípulos!... Muita gente acompanhou o Mestre desde as margens do lago de Genesaré, seguindo-o até aqui, através de todas as localidades.

Públio, como representante do Imperador, vai acompanhar de perto o julgamento de Jesus. Emmanuel passa a contar detalhes que não encontraremos no novo testamento.

O senador já fora procurado por inúmeras pessoas que lhe contaram sobre a inesperada prisão de Jesus e logo em seguida Pilatos solicitou sua presença no palácio do governo, e lhe falou:

> - Senador, não sei se tivestes ensejo de conhecer, na Galileia, um homem extraordinário que o povo se habituou a chamar Jesus Nazareno. Esse homem foi agora preso, em virtude da condenação dos membros do Sinédrio, e a massa popular que o havia recebido, nesta cidade, com palmas e flores, pede agora, nesta praça, o seu imediato julgamento por parte das autoridades provinciais, em confirmação da sentença proferida pelos sacerdotes de Jerusalém.
>
> Eu, francamente, não lhe vejo culpa alguma, senão a de ardente visionário de coisas que não posso ou não sei compreender, surpreendendo-me amargamente o seu penoso estado de pobreza.
>
> - Ainda esta noite - continuou Pilatos, apontando para a esposa -, parece que os augúrios dos deuses se manifestaram para a minha orientação, pois Cláudia sonhou que uma voz lhe recomendava que eu não deveria arriscar minha responsabilidade no julgamento desse homem justo. Resolvi, portanto, agir em consciência, aqui reunindo todos os patrícios e romanos notáveis de Jerusalém, para examinarmos o assunto, de modo que o meu ato não prejudique os interesses do Império, nem colida com o meu ideal de justiça. Que dizeis, pois, dos meus escrúpulos, na qualidade de representante direto do Senado e do Imperador, entre nós, neste momento?
>
> - Vossa atitude - obtemperou o senador, compenetrado de suas responsabilidades - revela o máximo critério nas questões administrativas.

E, recordando, no íntimo, os bens que havia recebido do profeta com a cura da filhinha, embora as dúvidas levantadas por seu orgulho e vaidade, continuou:

– Conheci de perto o profeta de Nazaré, em Cafarnaum, onde ninguém o tinha na conta de conspirador ou revolucionário. Suas ações, ali, eram as de um homem superior, caridoso e justo, e jamais tive conhecimento de que sua palavra se erguesse contra qualquer instituto social ou político, do Império. Certamente, alguém o toma aqui como pretendendo a autoridade política da Judeia, cevando-se no seu nome as ambições e o despeito dos sacerdotes do templo. Mas, já que guardais no coração os melhores escrúpulos, porque não enviais o prisioneiro ao julgamento de Antipas, a quem, com mais propriedade, deve interessar a solução de semelhante assunto? Representando, nestes dias, o governo da Galileia aqui em Jerusalém, acho que ninguém, melhor que Herodes, pode resolver em sã consciência um caso como este, considerando-se a circunstância de que julgará um compatrício seu, já que não vos supondes de posse de todos os elementos para proferir sentença definitiva nesse processo insólito.

Dos evangelistas, é Lucas quem faz referência ao fato de que Pilatos enviou Jesus a Herodes, como se vê: "Então Pilatos, ouvindo isso, perguntou se o homem era galileu; e, quando soube que era da jurisdição de Herodes, remeteu-o a Herodes, que também naqueles dias estava em Jerusalém" (Lucas 23:6-7).

O que se fica sabendo com Emmanuel é que foi Públio quem sugeriu a Pilatos encaminhasse o caso de Jesus à apreciação do rei Herodes Antipas, que o devolve, não antes de escarnecer do Messias....

A ideia foi unanimemente aceita, sendo o acusado conduzido à presença de Herodes Antipas, por alguns centuriões, obedecendo-se, rigorosamente, as determinações de Pilatos nesse sentido. Todavia, no palácio do Tetrarca da Galileia, foi Jesus de Nazaré recebido com profundo sarcasmo. Apelidado pela gente simples como "Rei dos Judeus" e simbolizando a esperança de certas reivindicações políticas para numerosos de seus seguidores, entre os quais se incluía o famoso discípulo de Kerioth, o mestre de Nazaré foi tratado pelo príncipe de Tiberíades como vulgar conspirador, humilhado e vencido.

Antipas, porém, para fazer sentir ao Procurador da Judeia a conta de ridículo em que tomava os seus escrúpulos, mandou que se tratasse o prisioneiro com o máximo de ironia. Vestiu-lhe uma túnica alva, igual à indumentária dos príncipes do tempo, colocando-lhe nos braços uma cana imunda à guisa de cetro, e coroou-lhe a fronte abatida com uma auréola de venenosos espinhos, devolvendo-o à sanção de Pilatos, no turbilhão de gritarias da populaça exacerbada.

Muitos soldados romanos cercavam o acusado, protegendo-o das investidas da massa furiosa e inconsciente. Jesus, trajando, por irrisão, a túnica da realeza, coroado de espinhos e empunhando uma cana como símbolo do seu reinado no mundo, deixava transparecer, nos olhos profundos, indefinível melancolia.

Cientificado de que o prisioneiro era devolvido por Antipas ao seu julgamento, o governador dirigiu-se novamente aos seus conterrâneos, exclamando:

– Meus amigos, não obstante nossos esforços, Herodes apela também para nós outros, a fim de se confirmar a peça condenatória do profeta Nazareno, recambiando-o com a sua situação penosamente agravada perante o povo, porquanto, como suprema autoridade em Tiberíades, tratou o prisioneiro com revoltante sarcasmo, dando-nos a entender o desprezo com que supõe deva ele ser encarado pela nossa justiça e administração. Tão amarga situação contrista-me bastante, porque o coração me diz que esse homem é um justo; mas, que fazermos em semelhante conjuntura?

Da câmara isolada, onde se reunia o apressado e reduzido conselho de patrícios, podiam observar-se os ecos rumorosos da turba amotinada, em espantosa gritaria. Um ajudante de ordens do governador, de nome Polibius, homem sensato e honesto, penetrou no recinto, pálido e quase trêmulo, dirigindo-se a Pilatos:

- Senhor Governador, a multidão enfurecida ameaça invadir a casa, se não confirmardes a sentença condenatória de Jesus Nazareno, dentro do menor prazo possível...

- Mas, isso é um absurdo - retrucou Pilatos, emocionado. - E, afinal, que diz o profeta, em tais circunstâncias? Sofre tudo sem uma palavra de recriminação e sem um apelo oficial aos tribunais de justiça?

- Senhor - replicou Polibius, igualmente impressionado -, o prisioneiro é extraordinário na serenidade e na resignação. Deixa-se conduzir pelos algozes com a docilidade de um cordeiro e nada reclama, nem mesmo o supremo abandono em que o deixaram quase todos os diletos discípulos da sua doutrina! Comovido com os seus padecimentos, fui falar-lhe pessoalmente e, inquirindo-o sobre os seus martírios, afirmou que poderia invocar as legiões de seus anjos e pulverizar toda a Jerusalém dentro de um minuto, mas que isso não estava nos desígnios divinos e, sim, a sua humilhação infamante, para que se cumprissem as determinações das Escrituras. Fiz-lhe ver, então, que poderia recorrer à vossa magnanimidade, a fim de se ordenar um processo dentro de nossos dispositivos judiciários, de maneira a comprovar sua inocência e, todavia, recusou semelhante recurso, alegando que prescinde de toda proteção política dos homens, para confiar tão somente numa justiça que diz ser a de seu Pai que está nos céus!

- Homem extraordinário!... - revidou Pilatos, enquanto os presentes o acompanhavam estupefatos. - Polibius - continuou ele -, que poderíamos fazer para evitar-lhe a morte nefanda, nas mãos criminosas da massa inconsciente?

- Senhor, em vista da necessidade de resolução rápida, sugiro a pena dos açoites na praça pública, por ver se assim conseguimos amainar as iras populares, evitando ao prisioneiro a morte ignominiosa nas mãos de celerados sem consciência...

– Mas, os açoites?! – diz Públio Lentulus, admirado, antevendo as torturas do horrível suplício.

– Sim, meu amigo – redarguiu o governador, dirigindo-lhe a palavra com atenção respeitosa –, a ideia de Polibius é bem lembrada. Para evitarmos ao acusado a morte ignominiosa, temos de lançar mão deste recurso. Vivendo na Judeia há quase sete anos, conheço este povo e sei de suas temíveis atitudes, quando as suas paixões se desencadeiam.

O suplício foi, então, ordenado, no pressuposto de evitar maiores males. Diante de todos, foi Jesus açoitado, de maneira impiedosa, aos berros estridentes da multidão amotinada.

Nesse instante doloroso, Públio e alguns romanos se ausentaram por momentos da câmara privada onde se reuniam, a fim de observarem os movimentos instintivos da massa fanática e ignorante. Não parecia que os peregrinos de Jerusalém haviam acorrido à cidade para as comemorações alegres da Páscoa, mas, tão somente, para procederem à condenação do humilde Messias de Nazaré. De quando em quando, fazia-se mister o concurso decidido de centuriões desassombrados, que dispersavam certos grupos mais exaltados, a golpes de chanfalho.

Emmanuel, na capa de Públio Lentulus, acompanha de perto o martírio do Mestre e foi testemunha dos seus sofrimentos:

O senador fez questão de aproximar-se do supliciado, nas suas provações dolorosas e extremas.

Aquele rosto enérgico e meigo, em que os seus olhos haviam divisado uma auréola de luz suave e misericordiosa, nas margens do Tiberíades, estava agora banhado de suor sangrento a manar-lhe da fronte dilacerada pelos espinhos perfurantes, misturando-se de lágrimas dolorosas; seus delicados traços fisionômicos pareciam invadidos de palidez angustiada e indescritível; os cabelos caíam-lhe na mesma disposição encantadora sobre os ombros seminus e, todavia, estavam agora desalinhados pela imposição da coroa ignominiosa; o corpo vacilava, trêmulo, a cada vergastada mais forte, mas o olhar profundo saturava-se da mesma beleza inexprimível e misteriosa, revelando amargurada e indefinível melancolia. Por um momento, seus olhos encontraram os do senador, que baixou a fronte, tocado pela imorredoura impressão daquela sobre-humana majestade.

Públio Lentulus voltou intimamente compungido ao interior do palácio, onde, daí a poucos minutos, retornava Polibius, cientificando o governador de que a pena do açoite não havia saciado, infelizmente, as iras da população enfurecida, que reclamava a crucificação do condenado.

Penosamente surpreendido, exclamou o senador, dirigindo-se a Pilatos, com intimidade:

No diálogo seguinte, Emmanuel nos revela que também foi Públio quem sugeriu a Pilatos que oferecesse ao povo um prisioneiro que pudesse ser escolhido para a crucificação no lugar de Jesus, providência que, todos sabemos, não vingou.

- Não tendes, porventura, algum prisioneiro com processo consumado, que possa substituir o profeta em tão horrorosas penas? As massas possuem alma caprichosa e versátil e é bem possível que a de hoje se satisfaça com a crucificação de algum criminoso, em lugar desse homem, que pode ser um mago ou visionário, mas é um coração caridoso e justo.

O governador da Judeia concentrou-se por momentos, recorrendo à memória, com o fim de encontrar a desejada solução. Lembrou-se então de Barrabás, personalidade temível, que se encontrava no cárcere aguardando a última pena, conhecido e odiado de todos pelo seu comprovado espírito de perversidade, respondendo afinal:

- Muito bem!... Temos aqui um celerado, no cárcere, para alívio de todos, e que poderia, com efeito, substituir o profeta na morte infamante!...

E mandando fazer o possível silêncio, de uma das eminências do edifício, ordenou que o povo escolhesse entre o bandido e Jesus. Mas, com grande surpresa de todos os presentes, a multidão bradava com sinistro alarido, numa torrente de impropérios:

- Jesus!... Jesus!... Absolvemos Barrabás!... Condenamos a Jesus!... Crucificai-o!... Crucificai-o!...

Todos os romanos se aproximaram das janelas, observando a inconsciência da massa criminosa, no ímpeto de seus instintos desencadeados.

- Que fazer diante de tal quadro? - perguntou Pilatos, emocionado, ao senador que o ouvia atentamente.

Certamente, sendo Públio mandatário do Imperador, com poderes acima dos de Pilatos, poderia, se quisesse, ter interferido para a libertação de Jesus. No entanto, não assumiu essa responsabilidade e contemporizou com Pilatos, afirmando que ele tinha feito tudo ao seu alcance para evitar o trágico desfecho. Àqueles homens de Estado, representantes da orgulhosa e materialista Roma, não se poderia exigir que compreendessem a grandeza daquele outro Homem e de sua importância para a Humanidade, mas pesou-lhes a condenação de um réu inocente, por medo da massa humana desequilibrada e injusta.

- Meu amigo - respondeu Públio, com energia -, se a decisão dependesse tão somente de mim, fundamentá-la-ia em nossos códigos judiciários, cuja evolução não comporta mais uma condenação tão sumária como esta, e mandava dispersar a multidão inconsciente à pata de cavalo; mas, considero que as minhas atribuições transitórias, junto ao vosso governo, não me outorgam direito a tais desmandos e, além disso, tendes aqui uma experiência de sete anos consecutivos.

De minha parte, suponho que tudo foi feito para que as decisões não fossem precipitadas. Antes de tudo, o prisioneiro foi enviado ao julgamento de Antipas, que complicou a situação, diante da populaça irresponsável, dentro das suas infelizes noções da tarefa de um governo, deixando-vos a responsabilidade da última palavra sobre o assunto; em seguida, determinastes o suplício do açoite para satisfazer ao povo amotinado, e, agora, acabais de indicar outro criminoso para a crucificação, em lugar do acusado. Tudo inutilmente.

"Como homem, estou contra este povo inconsciente e infeliz e tudo faria por salvar o inocente; mas, como romano, acho que uma província, como esta, não passa de uma unidade econômica do Império, não nos competindo, a nós outros, o direito de interferência nos seus grandes problemas morais e presumindo, desse modo, que a responsabilidade desta morte nefanda deve caber agora, exclusivamente, a essa turba ignorante e desesperada, e aos sacerdotes ambiciosos e egoístas que a dirigem."

Pilatos enterrou a fronte nas mãos, como a refletir maduramente naquelas ponderações; mas, antes que pudesse externar sua opinião, eis que Polibius aparece aflito, exclamando em atitude discreta:

- Senhor governador, é preciso apressar vossa decisão. Espíritos maldizentes começam a duvidar da vossa fidelidade aos poderes de César, compelidos pela intriga dos sacerdotes do templo colocando a vossa dignidade em terreno equívoco para todos... Além disso, a populaça tenta invadir a casa, tornando-se necessário assumirdes atitude decisiva, sem perda de um minuto. Pilatos ficou rubro de cólera, diante de semelhantes injunções, exclamando irritado, como se estivesse sob o jugo do mais singular dos determinismos:

- Está bem! Lavarei as mãos deste ignominioso delito! O povo de Jerusalém será satisfeito...

E, procedendo a esse ato que o celebrizaria para sempre, dirigiu algumas palavras ao condenado, mandando, em seguida, recolhê-lo a uma cela, onde pudesse permanecer alguns minutos, sem as grosseiras investidas da turba impetuosa, antes que a multidão o conduzisse ao Gólgota, que, na linguagem usual, deverá ser traduzido por Lugar da Caveira.

Um sol abrasador tornara sufocante e insuportável a atmosfera. Saciada, afinal, a fúria da multidão nos seus desvairamentos infelizes, numerosos soldados seguiram o prisioneiro, que demandava o monte da crucificação, a passos vacilantes sob o madeiro da ignomínia, que a justiça da época destinava aos bandidos e aos ladrões.

Até o momento de sua saída sob a cruz, ninguém se interessara por ele, junto à autoridade, o governador da Judeia. Depreendia daí o senador que, quantos seguiam o Mestre de Nazaré nas margens do lago, em Cafarnaum, o haviam abandonado inteiramente. De uma das janelas do palácio, considerou, penalizado, o desprezo infligido àquele homem que, um dia, o dominara com a força magnética da sua personalidade incompreensível, observando a ondulação da turba enfurecida, ao sair o inesquecível cortejo.

Ao lado do Mestre não se via mais a carinhosa assistência dos discípulos e seus numerosos seguidores. Apenas algumas mulheres - entre as quais se destacava o vulto impressionante e agoniado de sua mãe - o amparavam afetuosamente, no doloroso e derradeiro transe.

Aos poucos, a praça extensa aquietou-se ao calor sufocante da tarde que se avizinhava.

A distância, ouvia-se ainda a vozearia da plebe, aliada ao relinchar dos cavalos e ao tinir das armaduras. Impressionados com o espetáculo que, aliás, não era incomum na Palestina, reuniram-se os romanos em uma das salas amplas do palácio governamental, em animada palestra, comentando os instintos e paixões ferozes da plebe enfurecida. Daí a minutos, Cláudia mandava servir doces, vinhos e frutas, e, enquanto a conversação timbrava os problemas da província e as intrigas da corte de Tibério, mal imaginava aquele punhado de criaturas que, na cruz grosseira e humilde do Gólgota, ia acender-se uma gloriosa luz para todos os séculos terrestres.

ΙΧΘΥΣ

LÍVIA INTERCEDE POR JESUS

Os evangelhos narram o abandono de Jesus pelos seus discípulos e seguidores mais diretos, à exceção de sua mãe, algumas mulheres e o jovem João, mas Emmanuel vai acrescentar a informação espiritual de que a serva Ana e seu tio Simeão, ao verem o flagelo de Jesus e sua marcha vagarosa para o Gólgota, procuraram Lívia rogando sua intercessão. A nobre esposa de Públio, embora considerando seus deveres de matrona romana e as preocupações com as intenções inconfessáveis do governador, vestiu os trajes simples da gente pobre da Galileia e saiu na companhia de Ana em direção ao palácio, onde encontra Sulpício e lhe solicita uma audiência privada e imediata com o governador, a fim de lhe falar sobre a dolorosa situação de Jesus de Nazaré. Conduzida a um gabinete reservado, aguardou Pilatos e com sua chegada lhe falou:

> – Senhor governador, embora sem o consentimento prévio de meu marido, resolvi chegar até aqui, em virtude da urgência do assunto, a suplicar o vosso amparo político para a absolvição do profeta de Nazaré. Homem humilde e bom, caridoso e justo, que mal teria praticado para morrer assim, de morte aviltante, entre dois ladrões? É por isso que, conhecendo-o pessoalmente e tendo-o na conta de um inspirado do céu, ouso invocar as vossas elevadas qualidades de homem público, em favor do acusado!...
>
> Sua voz era trêmula, indicando as emoções que lhe iam n'alma.
>
> – Senhora – respondeu Pilatos, fazendo o possível para sensibilizar e seduzir-lhe o coração com a fingida ternura de suas palavras –, tudo fiz para evitar a Jesus a morte no madeiro infamante, vencendo todos os meus escrúpulos de homem de governo, mas, infelizmente, tudo está consumado. Nossa legislação foi vencida pelas iras da multidão delinquente, nas explosões injustificadas do seu ódio incompreensível.

- Então, não é lícito esperarmos nenhuma providência mais a benefício desse homem caridoso e justo, condenado como vulgar malfeitor? Será ele, então, crucificado pelo crime de praticar a caridade e plantar a fé no coração dos seus semelhantes, que ainda não sabem adquiri-la por si próprios?

- Infelizmente, assim é... - replicou Pilatos, contrafeito. - Tudo fizemos a fim de evitar os desatinos da plebe amotinada, mas os meus escrúpulos não conseguiram vencer, sendo obrigado a confirmar a pena de Jesus, a contragosto.

O diálogo termina com Pilatos outra vez tentando seduzir Lívia, que resiste nobremente e deixa o local. Aquele encontro, no entanto, fora percebido por Fúlvia, que avisa Públio e o leva até uma janela, a tempo de ver a esposa deixando o gabinete nos seus disfarces de galileu.

Após contar para Ana e Simeão a impossibilidade de qualquer recurso em favor de Jesus, dada a sentença consumada, Lívia retorna para casa, de onde era possível avistar o monte da caveira. A colina era estéril, sem beleza, e através da distância podiam seus olhos lobrigar os caminhos poeirentos e a paisagem desolada e árida, sob um sol causticante.

Se a leitura dos evangelhos apenas nos permite imaginar cenas de crueldade e um extremo sofrimento de Jesus, Emmanuel nos oferece o relato da visão espiritual de Lívia, pelo fenômeno da emancipação da alma:

...

De repente, sentiu-se tocada por uma onda de consolações indefiníveis. Figurava-se-lhe que o ar sufocante de Jerusalém se havia povoado de vibrações melodiosas e intraduzíveis. Extasiada, observou, na retina espiritual, que a grande cruz do Calvário estava cercada de luzes numerosas.

Ao calor invulgar daquele dia, nuvens escuras se haviam

concentrado na atmosfera, prenunciando tempestade. Em poucos minutos, toda a abóbada celeste permanecia represada de sombras espessas. No entanto, naquele momento, Lívia notara que se havia rasgado um longo caminho entre o Céu e a Terra, por onde desciam ao Gólgota legiões de seres graciosos e alados. Concentrando-se, aos milhares, ao redor do madeiro, pareciam transformar a cruz do Mestre em fonte de claridades perenes e radiosas.

Atraída por aquele imenso foco de luz resplandecente, sentiu que sua alma desligada do corpo se transportava ao cume do Calvário, a fim de prestar a Jesus o último preito do seu devotamento. Sim! via, agora, o Messias de Nazaré rodeado dos seus lúcidos mensageiros e das legiões poderosas de seus anjos. Jamais supusera vê-lo tão divinizado e tão belo, de olhos voltados para o firmamento, como em visão de gloriosas beatitudes.

Ela o contemplou, por sua vez, tocada de sua maravilhosa luz, alheia a todos os rumores que a rodeavam, implorando-lhe fortaleza, resignação, esperança e misericórdia.

Em dado instante, seu espírito sentiu-se banhado de consolação indefinível. Como se estivesse empolgada pela maior emoção de sua vida, notou que o Mestre desviara levemente o olhar, pousando-o nela, numa onda de amor intraduzível e de luminosa ternura. Aqueles olhos serenos e misericordiosos, nos tormentos extremos da agonia, pareciam dizer-lhe: – "Filha, aguarda as claridades eternas do meu reino, porque, na Terra, é assim que todos nós deveremos morrer!..."

Desejava responder às exortações suaves do Messias, mas seu coração estava sufocado numa onda de radiosa espiritualidade. Todavia, no íntimo, afirmou, como se estivesse falando para si mesma: – "Sim, é desse modo que deveremos morrer!... Jesus, concedei-me alento, resignação e esperança para cumprir os vossos ensinamentos, para alcançar um dia o vosso reino de amor e de justiça!..."

Lágrimas copiosas banhavam-lhe o rosto, naquela visão beatífica e maravilhosa.

Lívia é despertada dessa visão pela voz firme do marido. Retornando para casa, o orgulhoso senador, que já não aceitara o convite de Jesus, agora se deixava enganar pela malícia e a intriga. Supondo a infidelidade da mulher, rompe todas as relações com a nobre Lívia, sem lhe dar a oportunidade de se explicar, e a mantém em casa, dali em diante, apenas na condição de uma serva.

Fixa residência definitiva em Cafarnaum, pois previa poder demorar a localização do filho raptado. Além de entregar-se ao trabalho com os processos, iniciou também medidas de maior fiscalização das atividades de Pilatos, por quem adquirira maior repulsa pelos fatos envolvendo Lívia. Por causa disso, enviava notícias a Roma, solicitando providências ao amigo Flamínio.

Diz Emmanuel:

> Ao mesmo tempo, saturado de terrível aversão pela personalidade de Pôncio Pilatos, punha o amigo distante a par de numerosos escândalos administrativos que ele, após o incidente da Páscoa, resolvera corrigir com o máximo de severidade. Prometia, então, a Flamínio Severus, conhecer mais de perto as necessidades da província, a fim de que as autoridades romanas ficassem cientes de graves ocorrências na administração, de modo que, em tempo oportuno, fosse o governador removido para outro setor do Império, e prometendo relacionar, sem demora, todas as injustiças da atuação de Pilatos na vida pública, em vista das reclamações reiteradas e consecutivas que lhe chegavam aos ouvidos, de todos os recantos da província.

ΙΧΘΥΣ

OS SEGUIDORES DE JESUS

NA SEQUÊNCIA, EMMANUEL VAI nos informar que o movimento dos seguidores do Cristo em Cafarnaum logo teve início.

> Em Cafarnaum, os seguidores do Mestre de Nazaré organizaram imediatamente uma grande comunidade de crentes do Messias, tornando-se muitos em apóstolos abnegados de sua doutrina de renúncia, de sacrifício e de redenção. Alguns pregavam, como ele, na praça pública, enquanto outros curavam os enfermos em seu nome. Criaturas rústicas haviam sido tomadas, estranhamente, do mais alto sopro de inteligência e inspiração celeste, porque ensinavam com a maior clareza as tradições de Jesus, organizando-se com a palavra desses apóstolos os pródromos do evangelho escrito, que ficaria mais tarde no mundo como a mensagem do Salvador da Terra a todas as raças, povos e nações do planeta, qual luminoso roteiro das almas para o Céu.
>
> Todos quantos se convertiam à ideia nova, confessavam na praça pública os erros da sua vida, em sinal da humildade que lhes era exigida, portas adentro da comunidade cristã. E para que o meigo profeta de Nazaré jamais fosse esquecido em seus martírios redentores no Calvário, o povo simples e humilde, de então, organizou o culto da cruz, crendo fosse essa a melhor homenagem à memória de Jesus Nazareno.
>
> Lívia e Ana, no seu profundo amor ao Messias, não escaparam a essa adesão natural às tradições populares. A cruz era objeto de toda a sua veneração e absoluto respeito, não obstante representar, naquele tempo, o instrumento de punição para todos os criminosos e celerados. Ana continuou a frequentar as margens do lago, onde alguns apóstolos do Senhor prosseguiam cultivando as suas lições divinas, junto dos sofredores deserdados da sorte. E era comum verem-se esses antigos companheiros e ouvintes do Messias, como pegureiros humildes,

atravessando estradas agrestes, no mais absoluto desconforto, a fim de levarem a todos os homens as palavras consoladoras da Boa Nova.

Tipos impressionantes de homens simples e abnegados percorriam os mais longos e escabrosos caminhos, de vestes rotas e calçando alpercatas grosseiras, pregando, porém, com perfeição e sentimento, as verdades de Jesus, como se as suas frontes humildes estivessem tocadas da graça divina. Para muitos deles, o mundo não passava da Judeia ou da Síria; mas a realidade é que as suas palavras desassombradas e serenas iam permanecer no mundo para todos os séculos.

Tendo Públio viajado a serviço, Lívia permanece sozinha e isso aguça novamente a paixão de Pilatos, que pede para informá-la de sua intenção de lhe fazer uma visita, o que ela recusa. Para evitar problemas, Lívia aceita a sugestão de Ana e decidem viajar para a Samaria, de forma anônima, onde ficariam algum tempo com Simeão.

E então Emmanuel vem a narrar os esforços de Simeão na divulgação da Boa Nova naquela região e nos oferece informações interessantes sobre o nascente movimento cristão.

Entre oliveiras umbrosas e frondejantes, erguera uma grande cruz, pesada e tosca, colocando nas suas proximidades ampla mesa rústica, em torno da qual se assentavam os crentes, em pobres bancos improvisados, para lhe ouvirem a palavra amiga e confortadora...

De tarde, sob as carícias da Natureza livre e sadia, no seio verde da paisagem harmoniosa, reunia-se a assembleia humilde dos samaritanos, inclinados a aceitar os pensamentos de amor e de misericórdia sublime do Messias Nazareno.

Quase todos os presentes, naquela mesma poesia simples da Natureza, como se estivessem ainda bebendo as palavras do Mestre junto do Gerizim, choravam de comoção e deslumbramento espiritual, tocados pela sua palavra profunda e carinhosa, magnetizados pela formosura das suas evocações saturadas de ensinamentos raros, de caridade e meiguice.

Nessa época, os cristãos não possuíam os evangelhos escritos, que somente um pouco depois apareciam no mundo grafados pelos apóstolos, razão pela qual todos os pregadores da Boa Nova colecionavam as máximas e as lições do Mestre, de próprio punho ou com a cooperação dos escribas do tempo, catalogando-se, desse modo, os ensinamentos de Jesus para o estudo necessário nas assembleias públicas das sinagogas.

Simeão, que não possuía uma sinagoga, seguia, porém, o mesmo método. Com a paciência que o caracterizava, escreveu tudo que sabia do Mestre de Nazaré, para recordá-lo nas suas reuniões humildes e despretensiosas, prontificando-se do melhor grado a registrar todas as lições novas do acervo de lembranças dos seus companheiros, ou daqueles apóstolos anônimos do cristianismo nascente, que, de passagem por sua velha aldeia, cruzavam a Palestina em todas as direções.

Simeão foi testemunha da crucificação de Jesus e assim Emmanuel descreve a sua palavra a respeito:

> Irmãos, era de ver-se a suave resignação do Senhor, no derradeiro instante!... Olhar fixo no céu, como se já estivesse gozando a contemplação das beatitudes celestes, no reino de nosso Pai, vi que o Mestre perdoava caridosamente todas as injúrias! Apenas um dos seus discípulos mais queridos se conservava ao pé da cruz, amparando a sua mãe no angustioso transe!... Dos seus habituais seguidores, poucos estavam presentes na hora dolorosa, certamente porque nós, os que tanto o amávamos, não podíamos externar nossos sentimentos diante da turba enfurecida, sem graves perigos para a nossa segurança pessoal. Não obstante, desejaríamos, todos, experimentar os mesmos padecimentos!...

> De vez em quando, um que outro mais atrevido de seus verdugos se aproximava do corpo chagado no martírio, dilacerando-lhe o peito com a ponta das lanças impiedosas!...
>
> Uma vez por outra, o generoso ancião limpava o suor da fronte, para continuar com os olhos úmidos:
>
> – Notei, em dado instante, que Jesus desviara os olhos calmos e lúcidos do firmamento, contemplando a multidão amotinada em criminosa fúria!... Alguns soldados ébrios açoitaram-no, mais uma vez, sem que do seu peito opresso, na angústia da agonia, escapasse um único gemido!...
>
> Seus olhos suaves e misericordiosos se espraiaram, então, do monte do sacrifício para o casario da cidade maldita! Quando o vi olhando ansiosamente, com a ternura carinhosa de um pai, para quantos o insultavam nos suplícios extremos da morte, chorei de vergonha pelas nossas impiedades e fraquezas...
>
> A massa movimentava-se, então, em altercações numerosas... Gritos ensurdecedores e impropérios revoltantes o cercavam na cruz, onde se lhe notava o copioso suor do instante supremo! Mas o Messias, como se visualizasse profundamente os segredos dos destinos humanos, lendo no livro do futuro, fitou de novo as Alturas, exclamando com infinita bondade: "Perdoa-lhes, meu Pai, porque não sabem o que fazem!"

Narra Emmanuel que Pilatos determina que o lictor Sulpício vá atrás de Lívia, ocasião em que, numa ocorrência extraordinária, Sulpício morre abatido pela cruz que cai e lhe esmaga o crânio, cruz em que Simeão fora por ele mesmo amarrado, supliciado e morto. De retorno para casa, Lívia narra a Públio o ocorrido e este então prossegue reunindo provas contra Pilatos, ouvindo várias denúncias de abusos do governador na Samaria, que ordenava assassinatos e a escravidão de elementos numerosos.

Foi Públio, pois, quem agiu para que Pilatos, essa figura histórica do novo testamento, lembrada mais pelo seu ato de "lavar as mãos", numa atitude de indiferença e covardia perante Jesus, fosse afastado de seu cargo.

Assim diz Emmanuel:

> Daí a algum tempo, regressava Comênio de sua viagem a Roma, com um professor competente para a pequena Flávia. Além desse preceptor notável, que lhe mandava a carinhosa solicitude de Flamínio Severus, chegavam-lhe também novas notícias, que o senador considerava confortadoras. Em virtude da sua solicitação, as altas autoridades do Império determinaram a volta do pretor Sálvio Lentulus, com a família, para a sede do governo imperial, pedindo-lhe o amigo, particularmente, a remessa de dados positivos quanto à administração de Pilatos na Judeia, a fim de que o Senado pleiteasse a sua remoção.
>
> Em virtude dessas circunstâncias, daí a algum tempo voltava Comênio a Roma levando a Flamínio um volumoso processo, relacionando todas as crueldades praticadas por Pilatos, entre os samaritanos. Em vista das distâncias, por muito tempo rolou o processo nos gabinetes administrativos, até que no ano de 35 foi o Procurador da Judeia chamado a Roma, onde foi destituído de todas as funções que exercia no governo imperial, sendo banido para Viena, nas Gálias, onde se suicidou, daí a três anos, ralado de remorsos, de privações e de amarguras.

ΙΧΘΥΣ

CRISTIANISMO EM ROMA

A FAMÍLIA DE PÚBLIO retorna a Roma no ano 47, prosseguindo nas próprias lutas... Novos fatos se desenrolam particularmente em relação aos nossos personagens principais, mas o propósito desta pesquisa é destacar as informações espirituais de Emmanuel sobre o cristianismo primitivo. Nosso irmão, a seguir, conta como os primeiros cristãos se reuniam em Roma.

Quanto a Lívia, afastada compulsoriamente da filha, pela força das circunstâncias, longe de sua melhor amiga de outros tempos, pela incompreensão, e prosseguindo distante do esposo no ambiente dos seus afetos mais íntimos, refugiara-se na dedicada amizade de Ana, nas preces mais fervorosas e sinceras.

Diariamente, ambas procuravam orar, em dolorosa soledade, ao pé daquela mesma cruz grosseira que lhes dera Simeão no instante extremo. Muitas vezes, ambas, em êxtase, notavam que o pequenino madeiro se tocava de luz tenuíssima, ao mesmo tempo que lhes parecia ouvir longe, no santuário do coração e dos pensamentos, exortações singulares e maravilhosas.

Afigurava-se-lhes que a voz branda e amiga do apóstolo da Samaria voltava do Reino de Jesus para ensinar-lhes a fé, o cumprimento do dever de caridade fraterna, a resignação e a piedade. Ambas choravam, então, como se nas suas almas sensíveis e carinhosas vibrassem as harmonias de um divino prelúdio da vida celeste.

Nessa época, instruída por alguns cristãos mais humildes, Ana cientificou a senhora das reuniões nas catacumbas. Somente ali podiam reunir-se os adeptos do cristianismo nascente, porquanto, desde os seus primeiros eventos na sociedade romana, foram as suas ideias consideradas subversivas e perversoras.

O Império fundado com Augusto, que significou a maior expressão de um Estado forte em todas as épocas do mundo, depois das conquistas democráticas da República, não tolerava nenhum agrupamento partidário, em matéria de doutrinas sociais e políticas.

Verificava-se em Roma o mesmo que hoje com as nações modernas, a oscilarem entre as mais variadas formas governamentais, ao longo do eixo dos extremismos e dentro da ignorância do homem, que teima em não compreender que a reforma das instituições tem que começar no íntimo das criaturas.

As únicas associações admitidas eram, então, as cooperativas funerárias, em vista de seus programas de piedade e proteção aos que já não podiam perturbar os poderes temporais do César. Perseguidos pelas leis, que lhes não toleravam as ideias renovadoras; encarados com aversão pelas forças poderosas das tradições antigas, os adeptos de Jesus não ignoravam a sua futura posição de angústia e sofrimento. Alguns editos mais rigorosos os compeliam a ocultar a manifestação de crença, embora o governo de Cláudio procurasse, sempre, o máximo de ordem e equilíbrio, sem grandes excessos na execução dos seus desígnios.

Alguns companheiros mais esclarecidos na fé advogavam publicamente as suas teses, em epístolas ao sabor da época; mas, muito antes dos crimes tenebrosos de Domício Nero, a atmosfera dos cristãos primitivos era já de aflição, angústia e trabalhos penosos. Desse modo, as reuniões das catacumbas efetuavam-se periodicamente, nada obstante o seu caráter absolutamente secreto.

Grande número de apóstolos da Palestina passava em Roma, trazendo aos irmãos da metrópole as prédicas mais edificantes e consoladoras. Ali, no silêncio dos grandes maciços de pedra, em cavernas desprezadas pelo tempo, ouviam-se vozes profundas e moralizantes, que comentavam o evangelho do Senhor ou encareciam as sublimidades do seu Reino, acima de todos os precários poderes da perversidade humana.

Tochas brilhantes iluminavam esses desvãos subterrâneos, que as heras protegiam, enquanto suas portas empedradas davam a impressão de angústia, tristeza e supremo abandono.

Sempre que um peregrino mais dedicado aportava à cidade, havia um aviso comum a todos os conversos. O sinal da cruz, feito de qualquer forma, era a senha silenciosa entre os irmãos de crença, e, feito desse ou daquele modo especial, significava um aviso, cujo sentido era imediatamente compreendido.

Através dessas comunicações incessantes, Ana conhecia todo o movimento das catacumbas, colocando sua senhora a par de todos os fatos que se desenrolavam em Roma, sobre a redentora doutrina do Crucificado.

Assim é que, quando se anunciava a chegada de algum apóstolo da Galileia ou das regiões que lhe são fronteiriças, Lívia fazia questão de comparecer, fazendo-se acompanhar pela serva desvelada e fiel, atravessando os caminhos a pé, embora trajasse agora a sua indumentária patrícia, de conformidade com a autorização do marido, para professar livremente as suas crenças.

Neste momento, é necessário esclarecer que os discípulos de Jesus, entre eles o apóstolo Paulo, haviam se espalhado pela Judeia e diversas regiões pregando a Boa Nova, de modo que estes fatos aqui narrados são simultâneos a outros muitos que Emmanuel nos oferece na obra Paulo e Estêvão, a ser analisada adiante.

ΙΧΘΥΣ

SACRIFÍCIOS DOS CRISTÃOS ROMANOS

No ano de 58, o Estado romano faz uma grande festa homenageando os senadores com mais de 20 anos de serviço ao Império, dentre eles Públio Lentulus. Convencido da inocência de Lívia, o nosso senador pretendia desculpar-se com ela perante todos, durante a solenidade, mas grandes dores o aguardavam. Para abrilhantar a solenidade, fora determinada a captura dos cristãos e o sacrifício no Circo Máximo, por animais ferozes, e Lívia estaria entre eles.

Em nota de rodapé, esclarece Emmanuel:

> A maioria dos historiadores do Império Romano assinala as primeiras perseguições ao cristianismo somente no ano de 64; entretanto, desde 58 alguns dos favoritos de Nero conseguiram

iniciar o criminoso movimento, salientando-se que os cristãos da época, antes do grande incêndio da cidade, eram levados aos sacrifícios, na qualidade de escravos misérrimos, para divertimento do povo.

E no diálogo entre os romanos Clódio Varrus e seu superior Cornélio Rufus, o nosso autor espiritual explica a razão pela qual os cristãos foram inicialmente sacrificados como escravos:

> ... por que motivo essas criaturas serão condenadas como escravos, quando deveriam morrer como cristãos, pois tão somente essa é a causa de sua justa condenação? A razão de sua morte não está na humilhante doutrina que professam?
> – Sim, mas temos de ponderar que o Imperador não se sente ainda com bastante força para enfrentar a opinião dos senadores, dos edis e de várias outras autoridades, que, certamente, desejariam advogar a causa destes infelizes, em desprestígio dele e no de seus mais íntimos conselheiros... Mas, não duvido de que essa perseguição aos adeptos da odiosa doutrina do Crucificado será oficializada em breves dias, tão logo os poderes imperiais estejam mais fortemente centralizados.

Assim, na noite anterior ao dia da festa, Lívia e a serva Ana vão à uma reunião nas catacumbas para ouvir o cristão João de Cleófas, da igreja de Antioquia, como narra Emmanuel, descrevendo a simplicidade das reuniões cristãs dos primeiros tempos:

> Passava das dezenove horas, quando ambas se ocultavam entre as pedras abandonadas que davam acesso aos subterrâneos, onde se amontoava a velha poeira dos mortos. Num vasto espaço abobadado, que servira outrora às assembleias das cooperativas funerárias, reunia-se grande número de pessoas em torno da figura simpática e generosa do culto pregador, que chegara da Síria distante. A um canto, erguia-se improvisada tribuna,

para onde, daí a minutos, subia João de Cleófas, dentro do halo de doçura que lhe aureolava a singular individualidade.

O apóstolo de Antioquia trazia à cabeça os primeiros cabelos brancos e toda a sua figura estava saturada de forte magnetismo pessoal, que ligava intimamente a sua personalidade a quantos se lhe aproximavam, levados pela doce afinidade da crença e dos sentimentos profundos. Todos os presentes pareciam empolgados por sua palavra sedutora e impressionante, que se fez ouvir por quase duas horas sucessivas, caindo no coração do auditório como orvalho sublime da eloquência celeste.

Conceitos elevados e proféticas observações ressoavam pelas arcadas silenciosas e sombrias, fracamente iluminadas pela claridade de algumas tochas. De fato, a assembleia tinha razão de se eletrizar com aquele doloroso e sublime profetismo, porque João de Cleófas pronunciava profunda alocução, mais ou menos nestes termos:

– Irmãos, seja convosco a paz do Cordeiro de Deus, Nosso Senhor Jesus Cristo, na intimidade da vossa consciência e no santuário do vosso coração!...

O santo patriarca de Antioquia, nas suas preces e meditações de cada dia, recebeu numerosas revelações do Messias, ordenando a vinda de um mensageiro ao ambiente de vossos trabalhos na capital do mundo, a fim de anunciar-vos grandes coisas...

Pelas revelações do Espírito Santo, os cristãos desta cidade impiedosa foram escolhidos pelo Cordeiro para o grande sacrifício. E eu vos venho anunciar nossa breve entrada no Reino de Jesus, em nome dos seus apóstolos bem-amados!...

Sim, porque aqui, onde todas as glórias divinas foram escarnecidas e humilhadas pela impenitência das criaturas, se hão de travar os primeiros grandes embates das forças do bem e do mal, preludiando o estabelecimento definitivo, no mundo, da divina e eterna mensagem do evangelho do Senhor!

Na última reunião geral dos crentes de Antioquia, manifestaram-se as vozes do céu, em línguas de fogo, como aconteceu nos dias gloriosos do cenáculo dos apóstolos, depois da divina ressurreição do nosso Salvador; e o vosso servo, aqui presente, foi escolhido para emissário dessas notícias confortadoras, porque as vozes celestes nos prometem o Reino do Senhor, em breves dias...

Amados, acredito que estamos em vésperas dos mais atrozes testemunhos da nossa fé, pelos sofrimentos remissores, mas a cruz do Calvário deverá iluminar a penosa noite dos nossos padecimentos...

Eu também tive a felicidade de ouvir a palavra do Senhor, nas horas derradeiras da sua dolorosa agonia, à face deste mundo. E que pedia ele, meus queridos, senão o perdão infinito do Pai para os algozes implacáveis que o atormentavam? Sim, não duvidemos das revelações do céu...

Verdugos inflexíveis rondam nossos passos e eu vos trago a mensagem do amor e da fortaleza em Nosso Senhor Jesus Cristo!

Roma batizará sua nova fé com o sangue dos justos e dos inocentes; mas, também importa considerar que o Cordeiro imáculo de Deus Todo-Poderoso se imolou no madeiro infamante, para resgatar os pecados e aviltamentos do mundo!...

Andaremos, talvez, nestas vias suntuosas, como em novas ruas de uma Jerusalém apodrecida, cheia de desolação e de amargura... Clamam as vozes celestes que, aqui, seremos desprezados, humilhados, vilipendiados e vencidos; mas, a vitória suprema do Senhor nos espera além das palmas espinhosas do martírio, nas claridades doces do seu reino, inacessível ao sofrimento e à morte!...

Lavaremos com o nosso sangue e as nossas lágrimas a iniquidade destes mármores preciosos, mas, um dia, irmãos meus, toda esta Babilônia de inquietação e de pecado ruirá, fragorosamente, ao peso de suas misérias ignóbeis... Um furacão destruidor derrubará os falsos ídolos e confundirá as pretensiosas mentiras dos seus altares... Tormentas dolorosas do extermínio e do tempo farão chover sobre este Império poderoso as ruínas da pobreza e do mais triste esquecimento... Os circos da impiedade hão de desaparecer sob um punhado de cinzas, o Fórum e o Senado dos impenitentes hão de ser confundidos pela suprema justiça divina, e os guerreiros orgulhosos desta cidade pecadora rastejarão um dia, como vermes, pelas margens do mesmo Tibre que lhes carreia a iniquidade!...

Então, novos Jeremias hão de chorar sobre os mármores, à piedosa luz da noite... os suntuosos palácios destas colinas soberbas e donosas cairão em penoso torvelinho de assombros e, sobre os seus monumentos de orgulho, de egoísmo e vaidade, gemerão os ventos tristes das noites silenciosas e desertas...

Felizes todos aqueles que chorarem agora, por amor ao Divino Mestre; venturosos todos os que derramarem seu sangue pelas sublimes verdades do Cordeiro, porque no céu existem as moradas divinas para os bem-aventurados de Jesus...

Falava a voz suave e terrível do emissário da igreja de Antioquia e suas palavras ressoavam no profundo silêncio das abóbadas ermas. Cerca de duas centenas de pessoas ali se encontravam, ouvindo-o atentamente. Quase todos os cristãos presentes choravam, embevecidos. No íntimo das almas pairava uma exaltação suave e mística, fazendo-lhes sentir as doces emoções de todos aqueles apóstolos anônimos, que tombaram nas arenas ignominiosas dos circos, para cimentar com sangue e lágrima a edificação da nova fé.

Depois das profecias singulares e dolorosas, que encheram todos os olhares de clarões indefiníveis de alegria interior, na antevisão do glorioso Reino de Jesus, João foi consultado por numerosos confrades a respeito de vários assuntos de interesse geral para a marcha e desenvolvimento da nova doutrina, tal como acontecia nas primitivas assembleias do cristianismo nascente, e a todos atendia com as mais francas expressões de bondade fraterna.

Interpelado, por um dos presentes, quanto ao motivo de sua alegria radiosa, quando as revelações do Espírito Santo anunciavam tão grandes provações e tantos padecimentos, o generoso emissário respondeu com sublimado otimismo:

– Sim, meus amigos, não podemos esperar senão o sagrado cumprimento das profecias anunciadas, mas devemos considerar com júbilo que se Jesus permite aos ímpios a realização de monumentos maravilhosos, como os desta cidade suntuosa e apodrecida, que não reservará ele, na sua infinita misericórdia, aos homens bons e justos, nas claridades do seu Reino?

Aquelas respostas consoladoras caíam na alma da numerosa assembleia, como bálsamo dulcificante. Palavras de amor e saudações afetuosas eram trocadas entre todos, com as mais doces demonstrações de júbilo e fraternidade.

Lívia e Ana tinham um clarão de alegria íntima a lhes brilhar nos olhos calmos. Ao fim da reunião, todos se levantaram para as preces singelas e espontâneas das primitivas lições do cristianismo, em fontes puras. A voz do emissário de Antioquia, ainda uma vez, se fez ouvir, brilhante e clara:

– Pai Nosso, que estais nos céus, santificado seja o vosso nome, venha a nós o vosso Reino de misericórdia, seja feita a vossa vontade, assim na Terra, como nos Céus...

E antes que João Cleófas terminasse a oração, o recinto é invadido e os indefesos cristãos são presos por numerosos soldados romanos, sem resistência, ao apelo da vibrante palavra do nobre pregador concitando a todos ao sacrifício anunciado, ele próprio entregando as mãos para o cumprimento da ordem.

Os cristãos são levados para o cárcere anexo ao grande circo, que Emmanuel, testemunha da história, nos descreve informando detalhes não registrados por historiadores ou revelados pela arqueologia:

O Circo Máximo ficava situado justamente no vale que separa o Palatino do Aventino, erguendo-se, ali, como uma das mais belas maravilhas da cidade invicta. Edificado nos primórdios da organização romana, suas proporções grandiosas se haviam desenvolvido com a cidade e, ao tempo de Domício Nero, tal era a sua extensão, que ocupava 2.190 pés de comprimento, por 960 de largura, terminando em semicírculo, com capacidade para trezentos mil espectadores comodamente instalados. De ambos os lados, corriam duas ordens de pórticos, superpostos, ornados de colunas preciosas e coroadas de terraços confortáveis. Naquele luxo de construções e demasia de ornamentos, viam-se tascas numerosas e inúmeros lugares de devassidão, a cuja sombra dormiam os miseráveis e repousava a maioria do povo, embriagado e amolecido nos prazeres mais hediondos. Seis torres quadradas, denotando as mais avançadas expressões de bom gosto da arquitetura da época, dominavam os terraços, servindo de camarotes luxuosos às personalidades mais distintas, nos espetáculos de grande gala. Largos bancos de pedra, dispostos em anfiteatro, corriam por três lados, localizando-se, em seguida, em linha reta, o espaço ocupado pelos cárceres, de onde saíam os cavalos e carros, bem como escravos e prisioneiros, feras e gladiadores, para os divertimentos preferidos da sociedade romana. Sobre os cárceres, erguia-se o suntuoso pavilhão do Imperador, de onde as mais altas autoridades e áulicos acompanhavam o César nos seus entretenimentos. A arena era dividida longitudinalmente por uma muralha de seis pés de altura, por doze de largura, erguendo-se sobre ela altares e estátuas preciosas, que ostentavam bronzes finos e dourados. Bem no centro dessa muralha, imprimindo um traço majestoso de grandeza ao ambiente, levantava-se, à altura de cento e vinte pés, o famoso obelisco de Augusto, dominando a arena colorida de vermelho e de verde, dando a impressão de relva deliciosa que se tingisse subitamente de flores de sangue.

As horas passaram pesadas e vagarosas para os prisioneiros, não obstante a coragem com que enfrentavam aqueles momentos angustiosos. Diz Emmanuel que:

João de Cleófas, com o resignado heroísmo do seu fervor religioso, conseguiu manter aceso o calor da fé em todos os corações: não faltaram os companheiros mais animosos que, na exaltação de sua confiança na Providência Divina, ensaiaram os próprios cânticos de glória espiritual, para o instante supremo do martírio.

Realizadas as cerimônias e os jogos, com as competições dos carros, as caçadas de homens contra animais e das lutas dos gladiadores, sob as aclamações entusiasmadas do povo, eis que chega o momento em que os cristãos seriam levados à arena para o sacrifício.

Vejamos o relato de Emmanuel:

> ... o numeroso grupo de cristãos, sob impropérios e apupos dos mais baixos servidores do Circo, encaminhava-se, impavidamente, para o sacrifício... Em primeiro lugar, ia João de Cleófas, murmurando intimamente a sua derradeira prece.
>
> ... as armas ameaçadoras dos prepostos de Domício Nero obrigavam os prisioneiros a demandar a arena, como um bloco de condenados ao terror da última pena. O venerável apóstolo de Antioquia entestou a fileira com serenidade valorosa. Seu coração elevava-se ao infinito, em orações sinceras e fervorosas. Em poucos instantes, todos os prisioneiros se encontravam reunidos à entrada da arena, saturados de uma força moral que, até então, lhes era desconhecida. É que, detrás daquelas púrpuras suntuosas e além daqueles risos estridentes e impropérios sinistros, estava uma legião de mensageiros celestes fortalecendo as energias espirituais dos que iam sucumbir de morte infamante, para regar a semente do cristianismo com as suas lágrimas fecundas. Uma estrada luminosa, invisível aos olhos mortais, abrira-se nas claridades do firmamento e, por ela, descia todo um exército de arcanjos do Divino Mestre, para aureolar com as bênçãos da sua glória os valorosos trabalhadores da sua causa.
>
> ... Sob os aplausos delirantes e ensurdecedores da turba numerosa, soltaram-se os leões famintos, para a espantosa cena de impiedade, de pavor e sangue, mas nenhum dos apóstolos desconhecidos, que iam morrer no depravado festim de Nero, sentiu as torturas angustiosas de tão horrenda morte, porque

o brando anestésico das potências divinas lhes balsamizou o coração dorido e dilacerado no tormentoso momento.

... Fustigados pela angústia e pela aflição do instante derradeiro, ante o público sanguinário, os míseros sacrificados não tiveram tempo de se reunir na arena dolorosa. As feras famintas pareciam tocadas de horrível ansiedade. E enquanto se estraçalhavam corpos misérrimos, Domício Nero mandava que todos os coros de dançarinos e todos os músicos celebrassem o espetáculo com os cânticos e bailados de Roma vitoriosa.

... Incluindo-se a considerável assistência que se aglomerava nas colinas, quase meio milhão de pessoas vibrava em aplausos ensurdecedores e espantosos, enquanto duas centenas de criaturas humanas tombavam espostejadas...

Mas se os olhos humanos podem ter apenas uma visão acanhada das ocorrências, percebendo e horrorizando-se com a morte e a destruição dos corpos carnais sempre perecíveis, Emmanuel nos apresenta a vida gloriosa e imortal, a morada definitiva do espírito, demonstrando que Jesus nunca desamparou e não desampara os seus discípulos sinceros e que se entregam ao trabalho redentor na sua Seara.

Hoje, os novos cristãos, não mais precisamos morrer em sacrifícios cruéis para dar prova da nossa fé em Deus e em Jesus, mas somos convidados a vencer a animalidade e os instintos que ainda compartilhamos com as sublimadas promessas de virtude, o que deve ser feito no trabalho diário nas sendas do bem, na prática da caridade do serviço ao próximo, na indulgência para com as imperfeições alheias e no perdão das ofensas.

Aquelas almas cristãs, cujos corpos foram destroçados no sacrifício extremo pela fé em Jesus, foram acolhidas pelos enviados do Senhor e muitos nem mesmo sentiram as dores da morte física.

É assim que nosso irmão fala das sublimes ocorrências espirituais, ocultas aos olhos humanos:

... Nunca os horizontes da Terra foram brindados com paisagens de tanta beleza, como as que se abriram nas esferas mais próximas do planeta, quando da partida em massa dos primeiros apóstolos do cristianismo, exterminados pela impiedade humana, nos tempos áureos e gloriosos da consoladora doutrina do Nazareno. Naquele dia, quando as feras famintas estraçalhavam os indefesos adeptos das ideias novas, toda uma legião de espíritos sábios e benevolentes, sob a égide do Divino Mestre, lhes rodeava os corações dilacerados no martírio, saturando-os de força, resignação e coragem para o supremo testemunho de sua fé.

... Sobre as nefastas paixões desencadeadas naquela assistência ignorante e impiedosa, desdobravam os poderes do céu o manto infinito de sua misericórdia, e além daquele vozerio sinistro e ensurdecedor havia vozes que abençoavam, proporcionando aos mártires do Senhor uma fonte de suaves e ditosas consolações.

... da arena ensanguentada, se erguiam entidades, ... ensaiando passos vacilantes, amparadas, porém, por criaturas etéreas, aureoladas de graça incomparável...

... do firmamento constelado, fluía uma luz misericordiosa e compassiva...

... Através de uma esteira de luz intraduzível, que não chegara a ofuscar o brilho caricioso e terno das estrelas que bordavam, cintilando, o azul macio do firmamento, ... novas legiões espirituais desciam, celeremente, das maravilhosas regiões do Infinito...

... sublimes melodias do plano invisível, como se, de envolta com liras e flautas, harpas e alaúdes, cantassem no Alto as divinas toutinegras do Paraíso, projetando as alegrias siderais nas paisagens escuras e tristes da Terra...

ΙΧΘΥΣ

PALAVRAS DE JESUS

Mas o galardão daqueles primeiros cristãos sacrificados em Roma ainda teria o seu momento mais glorioso, porque logo seriam visitados pelo próprio Cristo:

> Depois de alguns dias de emoções suaves e carinhosas, todos os espíritos, reunidos naquela paisagem luminosa, se prepararam para receber a visita do Senhor, como quando da sua divina presença na bucólica moldura da Galileia.
>
> Num dia de rara e indefinível beleza, em que uma claridade de cambiantes divinos entornava saboroso mel de alegria em todos os corações, descia o Cordeiro de Deus da esfera superior de suas glórias sublimes e, tomando a palavra naquele cenáculo de maravilhas, recordava as suas inesquecíveis pregações junto às águas tranquilas do pequeno 'mar" da Galileia.
>
> De modo algum se poderia traduzir fielmente, na Terra, a beleza nova da sua palavra eterna, substância de todo o amor, de toda a verdade e de toda a vida, mas constitui para nós um dever, neste escorço, lembrar a sua ilimitada sabedoria, ousando reproduzir, imperfeitamente e de leve, a essência de sua lição divina naquele momento inesquecível.
>
> Figurava-se, a todos os presentes, a cópia fiel dos quadros graciosos e claros do Tiberíades. A palavra do Mestre derramava-se no ádito das almas, com sonoridades profundas e misteriosas, enquanto de seus olhos vinha a mesma vibração de misericórdia e de serena majestade.
>
> – Vinde a mim, vós todos que semeastes, com lágrimas e sangue, na vinha celeste do meu reino de amor e verdade!...
>
> "Nas moradas infinitas do Pai, há luz bastante para dissipar todas as trevas, consolar todas as dores, redimir todas as iniquidades...
>
> "Glorificai-vos, pois, na sabedoria e no amor de Deus Todo-Poderoso, vós que já sacudistes o pó das sandálias miserá-

veis da carne, nos sacrifícios purificadores da Terra! Uma paz soberana vos aguarda, para sempre, no reino dilatado e sem fim, prometido pelas divinas aleluias da Boa Nova, porque não alimentastes outra aspiração no mundo, senão a de procurar o reino de Deus e de sua justiça.

"Entre a Manjedoura e o Calvário, tracei para as minhas ovelhas o eterno e luminoso caminho... O evangelho floresce, agora, como a seara imortal e inesgotável das bênçãos divinas. Não descansemos, contudo, meus amados, porque tempo virá na Terra, em que todas as suas lições hão de ser espezinhadas e esquecidas... Depois de longa era de sacrifícios para consolidar-se nas almas, a doutrina da redenção será chamada a esclarecer o governo também transitório dos povos; mas o orgulho e a ambição, o despotismo e a crueldade hão de reviver os abusos nefandos de sua liberdade! O culto antigo, com as suas ruínas pomposas, buscará restaurar os templos abomináveis do bezerro de ouro. Os preconceitos religiosos, as castas clericais e os falsos sacerdotes restabelecerão novamente o mercado das coisas sagradas, ofendendo o amor e a sabedoria de Nosso Pai, que acalma a onda minúscula no deserto do mar, como enxuga a mais recôndita lágrima da criatura, vertida no silêncio de suas orações ou na dolorosa serenidade de sua amargura indizível!...

"Soterrando o evangelho na abominação dos lugares santos, os abusos religiosos não poderão, todavia, sepultar o clarão de minhas verdades, roubando-as ao coração dos homens de boa vontade!...

"Quando se verificar este eclipse da evolução de meus ensinamentos, nem por isso deixarei de amar intensamente o rebanho das minhas ovelhas tresmalhadas do aprisco!...

"Das esferas de luz que dominam todos os círculos das atividades terrestres, caminharei com os meus rebeldes tutelados, como outrora entre os corações impiedosos e empedernidos de Israel, que escolhi, um dia, para mensageiro das verdades divinas entre as tribos desgarradas da imensa família humana!...

"Em nome de Deus Todo-Poderoso, meu Pai e vosso Pai, regozijo-me aqui convosco, pelos galardões espirituais que conquistastes no meu reino de paz, com os vossos sacrifícios abençoados e com as vossas renúncias purificadoras! Numerosos missionários de minha doutrina ainda tombarão, exânimes, na arena da impiedade, mas hão de constituir convosco a caravana apostólica, que nunca mais se dissolverá, amparando todos os trabalhadores que perseverarem até ao fim, no longo caminho da salvação das almas!...

"Quando a escuridão se fizer mais profunda nos corações da Terra, determinando a utilização de todos os progressos humanos para o extermínio, para a miséria e para a morte, derramarei minha luz sobre toda a carne e todos os que vibrarem com o meu reino e confiarem nas minhas promessas, ouvirão as nossas vozes e apelos santificadores!...

"Pela sabedoria e pela verdade, dentro das suaves revelações do Consolador, meu verbo se manifestará novamente no mundo, para as criaturas desnorteadas no caminho escabroso, através de vossas lições, que se perpetuarão nas páginas imensas dos séculos do porvir!...

"Sim! amados meus, porque o dia chegará no qual todas as mentiras humanas hão de ser confundidas pela claridade das revelações do céu.

"Um sopro poderoso de verdade e vida varrerá toda a Terra, que pagará, então, à evolução dos seus institutos, os mais pesados tributos de sofrimentos e de sangue... Exausto de receber os fluidos venenosos da ignomínia e da iniquidade de seus habitantes, o próprio planeta protestará contra a impenitência dos homens, rasgando as entranhas em dolorosos cataclismos... As impiedades terrestres formarão pesadas nuvens de dor que rebentarão, no instante oportuno, em tempestades de lágrimas na face escura da Terra e, então, das claridades da minha misericórdia, contemplarei meu rebanho desditoso e direi como os meus emissários: 'Ó Jerusalém, Jerusalém!...'

"Mas Nosso Pai, que é a sagrada expressão de todo o amor e

sabedoria, não quer se perca uma só de suas criaturas, transviadas nas tenebrosas sendas da impiedade!...

"Trabalharemos com amor, na oficina dos séculos porvindouros, reorganizaremos todos os elementos destruídos, examinaremos detidamente todas as ruínas buscando o material passível de novo aproveitamento e, quando as instituições terrestres reajustarem a sua vida na fraternidade e no bem, na paz e na justiça, depois da seleção natural dos espíritos e dentro das convulsões renovadoras da vida planetária, organizaremos para o mundo um novo ciclo evolutivo, consolidando, com as divinas verdades do Consolador, os progressos definitivos do homem espiritual".

As palavras proféticas de Jesus falavam das muitas lutas que os cristãos enfrentariam pela frente para a implantação do Reino de Deus em nossos corações. Reiterando suas próprias palavras, considerava as pragas que atacariam a planta ainda frágil do seu Amor entre nós e recordava a sua promessa de envio de um consolador, o Espírito de Verdade, o qual estabeleceria novas bases para o progresso da Humanidade e consolidaria no planeta uma vida na fraternidade e no Bem.

O espiritismo, segundo os próprios espíritos superiores, é o cristianismo redivivo, que veio, no tempo certo, restabelecer o verdadeiro sentido do evangelho e guardar-lhe a simplicidade, mas acrescentando-lhe outros ensinamentos que Jesus não pôde oferecer à Humanidade ainda incapaz de toda a compreensão.

Domício Nero e seus acólitos prosseguiriam por algum tempo com suas perseguições cruéis contra os inimigos e opositores, alcançando os cristãos primitivos, até quando, em 68, os patrícios romanos, dentre eles Públio Lentulus, conseguiram o seu afastamento.

Após a ascensão passageira de Galva e de Vitélio, em 69 Vespasiano é proclamado imperador, amigo pessoal de Públio, que solicita a este a colaboração para seu filho Tito, que atacava uma rebelada Jerusalém há algum tempo, sem maior sucesso.

A respeito, narra Emmanuel:

> O cerco de Jerusalém, terminado em 70, foi um dos mais impressionantes da história da humanidade. A cidade foi sitiada, justamente quando intermináveis multidões de peregrinos, vindos de todos os pontos da província, se haviam reunido junto ao templo famoso, para as festas dos pães ázimos. Daí o excessivo número de vítimas e as lutas acérrimas da célebre resistência.
>
> O número de mortos nos terríveis recontros elevou-se a mais de um milhão, fazendo os romanos quase cem mil prisioneiros, dos quais onze mil foram massacrados pelas legiões vitoriosas, depois da escolha dos homens válidos, entre cenas penosas de sangue e de selvageria por parte dos soldados.
>
> ...
>
> Depois da matança de onze mil prisioneiros feridos ou inválidos, massacrados pelas legiões vencedoras; depois dos pavorosos espetáculos da destruição e saque do templo magnífico, no qual Israel julgava contemplar a sua obra eterna e divina para todas as gerações da sua posteridade prolífica, voltou a caravana compacta dos vencidos e vencedores, cheia de riquezas ilícitas e troféus maravilhosos, de modo a exibir em Roma todos os ornamentos ilustrativos da vitória, entre vibrações tumultuárias e cânticos de triunfo.

E aquela Jerusalém, palco do martírio de Jesus e das primeiras perseguições aos "homens do caminho", onde está? Destruída, dela restando apenas um pedaço do muro do Templo de Salomão, numa terra que continua em guerra pela cidade "santa". Oh! Jerusalém!

SEGUNDA PARTE

Livro: *Paulo e Estêvão*

PAULO E ESTÊVÃO

ΙΧΘΥΣ

Nessa notável obra, verificamos que a vida do apóstolo Paulo é indissociável do cristianismo primitivo, das primeiras lutas no estabelecimento do evangelho entre nós. Sem demérito aos discípulos de Jesus, que conviveram com ele ou não, todos com tarefa específica na difusão da Boa Nova, é indiscutível que sem Paulo de Tarso a mensagem do Senhor ficaria restrita aos judeus de boa vontade e não demoraria a sucumbir às forças do judaísmo farisaico, dominante e opressor. Bem por isso, foi Paulo o vaso escolhido pelo Mestre, que conhecia o seu espírito sincero, corajoso e determinado.

Em Breve Notícia, capítulo que inicia o livro, Emmanuel informa que:

> nosso escopo essencial não poderia ser apenas rememorar passagens sublimes dos tempos apostólicos, e sim apresentar, antes de tudo, a figura do cooperador fiel, na sua legítima feição de homem transformado por Jesus Cristo e atento ao divino ministério.

Não vou me aprofundar na vida de Paulo e nem nos relevantes ensinamentos morais que a obra nos oferece, porque meu propósito é o de colher com Emmanuel essa maravilhosa história espiritual por detrás dos acontecimentos humanos.

O trabalho de Jesus é o da implantação do Reino de Deus em nós e no mundo e a iniciativa parte dos céus para a Terra, sob o comando direto do Senhor, que de tempos em tempos nos envia os seus missionários para todos os povos e religiões. Jesus mesmo, o governador da Terra, encarnou entre nós para estabelecer conosco elos para a eternidade, mas sua ação e de seus ministros e auxiliares sempre existiu em todos os tempos, às vezes de forma aparente, pelos fenômenos mediúnicos, mas quase sempre de forma oculta, pelas vias da inspiração, porque sagrado é o livre-arbítrio e os espíritos devem ter o mérito pelo sucesso e a responsabilidade pelos enganos cometidos.

Os fatos narrados por Emmanuel em Paulo e Estêvão são contemporâneos aos vivenciados por Públio Lentulus e sua família, que chegam a Jerusalém no ano 32. Aqui a narrativa começa no ano 34, de modo que Jesus havia sido crucificado há pouco mais de um ano.

Interessante observar que Emmanuel, na personalidade de Públio, teve um contato com Paulo, conforme contou em mensagem psicografada por Francisco Cândido Xavier e que está no livro de Clóvis Tavares, *Amor e sabedoria de Emmanuel*:

> Conheci-o, em Roma, nos seus dias de trabalho mais rude e de provações mais acerbas. Vi-o uma vez unicamente, quando um carro de Estado transportava o senador Públio Lentulus ao longo da Via Ápia, mas foi o bastante para nunca mais esquecê-lo.
>
> Um incidente fortuito levara os cavalos a uma disparada perigosa, mas um jovem cristão, atirando-se ao caminho largo, conseguiu conjurar todas as ameaças. Avistamos então um pequeno grupo, onde se encontrava a sua figura inesquecível.
>
> Trocamos algumas palavras que me deram a conhecer a sua inteireza de caráter e a grandeza de sua fé.
>
> O fato ocorria pouco depois da trágica desencarnação de Lí-

> via, e eu trazia o espírito atormentado. As palavras de Paulo eram firmes e consoladoras.
>
> O grande convertido não conhecia a úlcera que me sangrava no coração, todavia as suas expressões indiretas foram, imediatamente, ao fundo de minh'alma, provocando um dilúvio de emoções e de esclarecimentos.

Os personagens centrais do romance são Jeziel (Estêvão), sua irmã Abigail e Saulo (Paulo) de Tarso. Esses três espíritos tiveram papel destacado no cristianismo, do ponto de vista espiritual, e merecem que se faça uma rápida análise de suas personalidades e de como seus destinos se cruzaram de forma dolorosa, para, depois, sob o influxo de Jesus, se unirem na tarefa de divulgação da Boa Nova. Quem lê Atos dos Apóstolos não encontrará Abigail e nem poderá deduzir a ligação espiritual entre Paulo e Estêvão, o que torna o relato do nosso Emmanuel muito mais relevante e interessante.

Ainda na abertura, Emmanuel nos diz:

> Sem Estêvão, não teríamos Paulo de Tarso. O grande mártir do cristianismo nascente alcançou influência muito mais vasta na experiência paulina, do que poderíamos imaginar tão só pelos textos conhecidos nos estudos terrestres. A vida de ambos está entrelaçada com misteriosa beleza. A contribuição de Estêvão e de outras personagens desta história real vem confirmar a necessidade e a universalidade da lei de cooperação. E, para verificar a amplitude desse conceito, recordemos que Jesus, cuja misericórdia e poder abrangiam tudo, procurou a companhia de doze auxiliares, a fim de empreender a renovação do mundo. Aliás, sem cooperação, não poderia existir amor; e o amor é a força de Deus, que equilibra o Universo.

ΙΧΘΥΣ

JEZIEL E ABIGAIL EM CORINTO

O palco dos primeiros acontecimentos é a cidade de Corinto, que surgiu aproximadamente em 6.000 a.C e foi uma das mais florescentes cidades gregas da antiguidade clássica. Adquiriu um notável desenvolvimento comercial devido à sua localização, o que trouxe benefícios sobre a arte e a cultura de um modo geral, bem como a acumulação de riquezas pela aristocracia local. Tinha dois portos, um no golfo de Corinto e outro ao sul, no mar Egeu. Havia, em Corinto, também dois grandes templos, um de Afrodite (deusa do amor) e um templo de Apolo (deus da música, canto, poesia e da beleza masculina). Em Corinto havia, aproximadamente, 250 mil habitantes. A cidade era conhecida pela sua luxúria e por sediar os Jogos Ístmicos. Após muitas guerras, foi destruída totalmente pelos romanos em 146 a.C. e depois reconstruída por Júlio Cesar em 46 a.C., que a tornou capital da província romana da Acaia.

A ela se refere Emmanuel com a seguinte descrição:

> A cidade, reedificada por Júlio César, era a mais bela joia da velha Acaia, servindo de capital à formosa província. Não se podia encontrar, na sua intimidade, o espírito helênico em sua pureza antiga, mesmo porque, depois de um século de lamentável abandono, após a destruição operada por Múmio, restaurando-a, o grande imperador transformara Corinto em colônia importante de romanos, para onde acorrera grande número de libertos ansiosos de trabalho remunerador, ou proprietários de promissoras fortunas. A estes, associara-se vasta corrente de israelitas e considerável percentagem de filhos de outras raças que ali se aglomeravam, transformando a cidade em núcleo de convergência de todos os aventureiros do Oriente e do Ocidente. Sua cultura estava muito distante das realizações intelectuais do gosto grego mais eminente,

> misturando-se, em suas praças, os templos mais diversos. Obedecendo, talvez, a essa heterogeneidade de sentimentos, Corinto tornara-se famosa pelas tradições de libertinagem da grande maioria dos seus habitantes. Os romanos lá encontravam campo largo para as suas paixões, entregando-se, desvairadamente, ao venenoso perfume desse jardim de flores exóticas. Ao lado dos aspectos soberbos e das pedrarias rutilantes, o pântano das misérias morais exalava nauseante bafio. A tragédia foi sempre o preço doloroso dos prazeres fáceis. De quando em quando, os grandes escândalos reclamavam as grandes repressões.

Corinto vai despertar no apóstolo Paulo recordações carinhosas de Abigail, a amada de sempre, e lá funda uma igreja, com a colaboração de Áquila e sua mulher Prisca.

É nessa Corinto que Jeziel e Abigail viviam na companhia do pai Jochedeb, residindo num pequeno sítio do qual tiravam o sustento. Jeziel tinha cerca de 25 anos e era um espírito nobre e ponderado, conhecia profundamente a Lei de Moisés e a vivenciava. Abigail tinha 18 anos e Emmanuel diz que era ela

> um gracioso resumo de todos os encantos das mulheres da sua raça. Os cabelos sedosos caíam-lhe em anéis caprichosos sobre os ombros, emoldurando-lhe o rosto atraente num conjunto harmonioso de simpatia e beleza. No entanto, o que mais impressionava, no seu talhe esbelto de menina e moça, eram os olhos profundamente negros, nos quais intensa vibração interior parecia falar dos mais elevados mistérios do amor e da vida.

O velho Jochedeb é humilhado e agredido por soldados romanos e resolve queixar-se ao procônsul Licínio Minúcio, apesar das ponderações dos filhos sobre a inconveniência da medida. O chefe romano, contudo, aproveita da situação para se apropriar da morada que restava ao pobre judeu e dá-lhe ordem de desocupação. Revoltado, Jochedeb coloca fogo na propriedade de Licínio, causando a morte de um empregado. Pai e filho são levados à autoridade e Jeziel procura, inutilmente, assumir a culpa, sendo ambos castigados. O pai morre e Jeziel é enviado para as galeras. Abigail foge na companhia da família Zacarias, sendo acolhida como filha.

No navio, Jeziel é mandado a cuidar do patrício Romano Sérgio Paulo, que ficara doente e se recupera com a dedicação do escravo obediente, mas que também adoece. Quando pretendiam jogá-lo às águas, foi protegido por Sérgio Paulo e desembarcado no porto de Jope, na Palestina. Socorrido, é levado para os Homens do Caminho, na casa de Pedro, onde também conhece Tiago Menor (irmão de Levi/Mateus), João e Filipe e suas filhas.

ΙΧΘΥΣ

CASA DO CAMINHO, A IGREJA DE JERUSALÉM

EMMANUEL, ENTÃO, NOS APRESENTA a instituição que seria a primeira igreja estabelecida em nome de Jesus, voltada a socorrer os filhos do Calvário, conforme recomendação do Mestre a Pedro.

> Desde que viera do Tiberíades para a Jerusalém, Simão transformara-se em célula central de grande movimento humanitarista. Os filósofos do mundo sempre pontificaram de cátedras confortáveis, mas nunca desceram ao plano da ação pessoal, ao lado dos mais infortunados da sorte. Jesus renovara, com exemplos divinos, todo o sistema de pregação da virtude.
>
> Chamando a si os aflitos e os enfermos, inaugurara no mundo a fórmula da verdadeira benemerência social.

As primeiras organizações de assistência ergueram-se com o esforço dos apóstolos, ao influxo amoroso das lições do Mestre.

Era por esse motivo que a residência de Pedro, doação de vários amigos do "Caminho", regurgitava de enfermos e desvalidos sem esperança. Eram velhos a exibirem úlceras asquerosas, procedentes de Cesareia; loucos que chegavam das regiões mais longínquas, conduzidos por parentes ansiosos de alívio; crianças paralíticas, da Idumeia, nos braços maternais, todos atraídos pela fama do profeta nazareno, que ressuscitava os próprios mortos e sabia restituir tranquilidade aos corações mais infortunados do mundo.

Natural era que nem todos se curassem, o que obrigava o velho pescador a agasalhar consigo todos os necessitados, com carinho de um pai. Recolhendo-se ali, com a família, era auxiliado particularmente por Tiago, filho de Alfeu, e por João; mas, em breve, Filipe e suas filhas instalavam-se igualmente em Jerusalém, cooperando no grande esforço fraternal.

Tamanho o movimento de necessitados de toda sorte, que há muito Simão não mais podia se entregar a outro mister, no concernente à pregação da Boa Nova do Reino. A dilatação desses misteres vinculara o antigo discípulo aos maiores núcleos do judaísmo dominante. Obrigado a valer-se do socorro dos elementos mais notáveis da cidade, Pedro sentia-se cada vez mais escravo dos seus amigos benfeitores e dos seus pobres beneficiados, acorridos de toda parte, em grau de recurso supremo ao seu espírito de discípulo abnegado e sincero.

Jeziel se recupera e ganha a atenção e a simpatia de Pedro, que se admira de seus conhecimentos sobre o profeta Isaías e então lhe fala da vinda do Messias:

– Amigo – disse com jovial sorriso – , agora que Deus te restituiu a saúde preciosa, regozijo-me por havermos recebido tua visita em nossa casa. Nosso júbilo é sincero, pois que, nos mínimos detalhes da tua permanência entre nós, revelaste a condição espiritual de filho legítimo dos lares organizados com Deus, pelo conhecimento que tens dos textos sagrados. E tanto me impressionei com as tuas referências a Isaías, quando deliravas com febre alta, que desejaria saber de que tribo descendes.

Jeziel compreendeu que aquele amigo sincero, antes irmão carinhoso nas horas mais críticas da enfermidade, desejava conhecê-lo melhor, identificá-lo íntima e profundamente, com delicada argúcia psicológica. Achou justo e considerou que não devia desprezar o amparo de um coração verdadeiramente fraterno, para o acendramento das próprias energias espirituais.

- Meu pai era filho dos arredores de Sebaste e descendia da tribo de Issacar - esclareceu, atencioso.

- E era tão altamente dedicado ao estudo de Isaías?

- Estudava sinceramente todo o Testamento, sem preferências, talvez, de ordem particular. A mim, porém, Isaías sempre me impressionou profundamente pela beleza das promessas divinas de que foi portador, anunciando-nos o Messias, sobre cuja vinda tenho meditado desde a infância.

Simão Pedro esboçou um sorriso de viva satisfação e disse:

- Mas, não sabes que o Messias já veio?

Jeziel teve um brusco sobressalto na cadeira improvisada.

- Que dizeis? - inquiriu ansioso.

- Nunca ouviste falar em Jesus de Nazaré?

Embora recordasse vagamente as palavras ouvidas de Efraim, declarou:

- Nunca!

- Pois o profeta nazareno já nos trouxe a mensagem de Deus para todos os séculos.

E Simão Pedro, olhos acesos na chama luminosa dos que se sentem felizes ao recordar um tempo venturoso, falou-lhe da exemplificação do Senhor, traçando uma perfeita biografia verbal do Mestre sublime.

...

Jeziel "bebia-lhe as palavras, inteiramente empolgado, como se houvesse encontrado um mundo novo. A mensagem da Boa Nova penetrava-lhe o espírito desencantado, como um bálsamo suave". Ciente dos sofrimentos infligidos a Jesus e de sua crucificação, reporta-se às profecias de Isaías, que conhecia de cor, quando Pedro lhe coloca nas mãos os pergaminhos do evangelho, que eram as anotações de Levi sobre o Messias.

Cabe aqui observar a informação espiritual de Emmanuel, indicando que o primeiro evangelista a fazer o registro das palavras de Jesus foi Mateus, ainda que posteriormente tenha dado às suas anotações o acabamento definitivo do seu evangelho, como o conhecemos.

> Jeziel não leu; devorou. Assinalou, em voz alta, uma a uma, todas as passagens da narrativa, seguido pela atenção de Pedro intimamente satisfeito.
>
> Terminada a rápida análise, o jovem advertiu:
>
> – Encontrei o tesouro da vida, preciso examiná-lo com mais vagar, quero saturar-me da sua luz, pois aqui pressinto a chave dos enigmas humanos.
>
> Quase em lágrimas, leu o Sermão da Montanha, secundado pelas comovedoras lembranças de Pedro. Em seguida, ambos passaram a comparar os ensinamentos do Cristo com as profecias que o anunciavam.
>
> O jovem hebreu estava comovidíssimo e queria conhecer os mínimos episódios da vida do Mestre. Simão procurava satisfazê-lo, edificado e satisfeito.
>
> O generoso amigo de Jesus, tão incompreendido em Jerusalém, experimentava uma alegria orgulhosa por haver encontrado um jovem que se entusiasmava com os exemplos e ensinamentos do Mestre incomparável.

ΙΧΘΥΣ

ESTÊVÃO, SAULO E ABIGAIL

PEDRO ADOTA JEZIEL COMO filho e sugere que mude seu nome para Estêvão. O jovem dedica-se ao estudo dos ensinos do Mestre e depois é aceito no trabalho de socorro aos doentes e infelizes que eram atendidos na Casa do Caminho, localizada na estrada de Jerusalém ao porto de Jope. Ao lado da casa, no entanto, os discípulos construíram um pavilhão modesto, destinado aos serviços de divulgação da mensagem da Boa Nova. Estêvão, porém, revela sua maturidade e bondade no trato com todos, e na palavra abençoada e esclarecedora, ganhando notoriedade.

Vejamos a leitura:

> Começou para o jovem de Corinto uma vida nova. Aquelas mesmas virtudes espirituais que iluminavam a sua personalidade e que tanto haviam contribuído para a cura do patrício, que o restituíra à liberdade, difundiam entre os doentes e indigentes de Jerusalém os mais santos consolos. Grande parte dos enfermos, recolhidos ao casarão dos discípulos, recobraram a saúde. Velhos desalentados encontravam bom ânimo sob a influência da sua palavra inspirada na fonte divina do evangelho. Mães aflitas buscavam-lhe o conselho seguro; mulheres do povo, esgotadas pelo trabalho e angústias da vida, ansiosas de paz e consolação, disputavam o conforto da sua presença carinhosa e fraterna.
>
> Simão Pedro não cabia em si de contente, em face das vitórias do filho espiritual. Os necessitados tinham a impressão de haver recebido um novo arauto de Deus para alívio de suas dores.
>
> Em pouco tempo, Estêvão tornou-se famoso em Jerusalém, pelos seus feitos quase miraculosos. Considerado como escolhido do Cristo, sua ação resoluta e sincera arregimentara, em poucos meses, as mais vastas conquistas para o evangelho do amor e do perdão. Seu nobre esforço não se limitava à tarefa de

mitigar a fome dos desvalidos. Entre os apóstolos galileus, sua palavra resplandecia nas pregações da igreja, iluminada pela fé ardente e pura.

Quando quase todos os companheiros, a pretexto de não ferirem velhos princípios estabelecidos, deixavam de ampliar os comentários públicos para além das considerações agradáveis ao judaísmo dominante, Estêvão apresentava à multidão, desassombradamente, o Salvador do mundo na glória das novas revelações divinas, indiferente às lutas que iria provocar, comentando a vida do Mestre com o seu verbo inflamado de luz. Os próprios discípulos surpreendiam-se com a magia das suas profundas inspirações. Alma temperada na forja sublime do sofrimento, sua pregação estava cheia de lágrimas e alegrias, de apelos e aspirações.

Em poucos meses, seu nome era aureolado de uma veneração surpreendente. E, ao fim do dia, quando chegavam as orações da noite, o moço de Corinto, ao lado de Pedro e João, falava das suas visões e das suas esperanças, cheio do espírito daquele Mestre adorável, que, através do seu evangelho, lhe semeara no coração as estrelas abençoadas de um júbilo infinito.

Sua popularidade, no entanto, chegou aos ouvidos de Saulo de Tarso, o jovem doutor do Sinédrio, que Emmanuel nos descreve conforme resumo que fazemos a seguir:

Saulo era solteiro, com quase trinta anos, nascido em Tarso. Embora judeu, possuía cidadania romana. Na fisionomia cheia de virilidade e máscula beleza, os traços israelitas fixavam-se particularmente nos olhos profundos e percucientes, próprios dos temperamentos apaixonados e indomáveis, ricos de agudeza e resolução. Trajando a túnica do patriciado, falava de preferência o grego, a que se afeiçoara na cidade natal, ao convívio de mestres bem-amados, trabalhados pelas escolas de Atenas e Alexandria. Também era dedicado aos esportes, especialmente à corrida de bigas.

> Doutor da Lei Mosaica, tendo como mentor o rabino Gamaliel, trazia no coração a Lei, sempre desejoso de submeter Roma e Atenas aos seus princípios.
>
> Não era excessivamente sentimental ou dado às efusões dos carinhos. Espírito nobre e leal, tinha um profundo sentimento de autodomínio. Era sábio, voluntarioso e sincero, às vezes áspero e enérgico em demasia. Suas concepções da Lei não admitiam meios-termos. Sabia ordenar e desagradava-lhe qualquer expressão de desobediência aos seus propósitos. Tinha um temperamento indômito e inquieto.

O destino, porém, o aproximou de Abigail e ambos se apaixonaram. A família de Zacarias, que adotou Abigail, depois de fugir de Corinto foi para a região de Jope, na Judeia, e ali tornou-se próspera, graças ao apoio de amigos e ao plantio de legumes e frutas, bem como à criação de aves e animais. Foi numa das festas promovidas por Zacarias, à qual Saulo compareceu acompanhando Gamaliel, que os dois se encontraram. Extremamente apaixonado, propôs casamento a Abigail, a ser realizado brevemente.

Antes, porém, que isso acontecesse, Saulo e o amigo Sadoc dirigem-se à Casa do Caminho para constatar se eram verdadeiras as informações de que Estêvão pregava contra os princípios da Lei, caso em que poderia estabelecer a repressão junto ao Sinédrio. Reconhecido pelos discípulos como o jovem doutor da Lei, popular pela "sua oratória veemente e pelo acurado conhecimento das Escrituras", Paulo foi acolhido com gentileza e em lugar mais confortável.

Saulo, intimamente, considerava:

> Que podiam fazer aqueles homens ignorantes, irmanados a outros já envelhecidos, valetudinários e doentes? Que podiam significar de perigoso para a Lei de Israel aquelas crianças ao

abandono, aquelas mulheres semimortas, em cujo coração pareciam aniquiladas todas as esperanças? Experimentava grande mal-estar defrontando tantos rostos que a lepra havia devastado, que as úlceras malignas haviam desfigurado impiedosamente. Aqui, um velhote com chagas purulentas envolvidas em panos fétidos; além, um aleijado mal coberto de mulambos, ao lado de órfãos andrajosos que se acomodavam com humildade.

Sua impressão, contudo, iria mudar ao ouvir Estêvão, que chega acompanhado de Pedro e João, e é recebido com entusiasmo e sorrisos. Subindo num estrado, começou a falar. O que se passa a seguir determinou o início das perseguições aos discípulos de Jesus e, sem dúvida, foi Saulo quem as desencadeou e motivou uma repulsa ao Messias que se prolongou no tempo e com nefastas consequências.

Após orar e ler uma passagem das anotações de Mateus, Estêvão começa a falar, destacando Jesus como o Messias esperado. A seguir um resumo do que nos descreve Emmanuel:

> – Meus caros, eis que chegados são os tempos em que o Pastor vem reunir as ovelhas em torno do seu zelo sem limites. Éramos escravos das imposições pelos raciocínios, mas hoje somos livres pelo evangelho do Cristo Jesus. Nossa raça guardou, de épocas imemoriais, a luz do Tabernáculo e Deus nos enviou seu Filho sem mácula. Onde estão, em Israel, os que ainda não ouviram as mensagens da Boa Nova? Onde os que ainda não se felicitaram com as alegrias da nova fé? Deus enviou sua resposta divina aos nossos anseios milenários, a revelação dos Céus aclara os nossos caminhos. Consoante as promessas da profecia de todos quantos choraram e sofreram por amor ao Eterno, o Emissário Divino veio até ao antro de nossas dores amargas e justas, para iluminar a noite de nossas almas impenitentes, para que se nos desdobrassem os horizontes da redenção. O Messias atendeu aos problemas angustiosos da criatura humana, com a

solução do amor que redime todos os seres e purifica todos os pecados. Mestre do trabalho e da perfeita alegria da vida, suas bênçãos representam nossa herança. Moisés foi a porta, o Cristo é a chave. Com a coroa do martírio adquiriu, para nós outros, a láurea imortal da salvação. Éramos cativos do erro, mas seu sangue nos libertou. Na vida e na morte, nas alegrias de Caná, como nas angústias do Calvário, pelo que fez e por tudo que deixou de fazer em sua gloriosa passagem pela Terra, ele é o Filho de Deus iluminando o caminho.

...

Oh! esperanças eternas de Jerusalém, cantai de júbilo, regozijai-vos, embora não tivéssemos sido fiéis inteiramente à compreensão, por conduzir o Cordeiro Amado aos braços da cruz. Suas chagas, todavia, nos compraram para o céu, com o alto preço do sacrifício supremo!...

Isaías o contemplou, vergado ao peso de nossas iniquidades, florescendo na aridez dos nossos corações, qual flor do céu num solo adusto, mas, revelou também, que, desde a hora da sua extrema renúncia, na morte infamante, a sagrada causa divina prosperaria para sempre em suas mãos.

...

A Lei nos retinha no espírito de nação, sem conseguir apagar de nossa alma o desejo humano de supremacia na Terra. Muitos de nossa raça hão esperado um príncipe dominador, que penetrasse em triunfo a cidade santa, com os troféus sangrentos de uma batalha de ruína e morte; que nos fizesse empunhar um cetro odioso de força e tirania. Mas o Cristo nos libertou para sempre. Filho de Deus e emissário da sua glória, seu maior mandamento confirma Moisés, quando recomenda o amor a Deus acima de todas as coisas, de todo o coração e entendimento, acrescentando, no mais formoso decreto divino, que nos amemos uns aos outros, como ele próprio nos amou.

...

O Cristo é a substância da nossa liberdade. Dia virá em que o seu reino abrangerá os filhos do Oriente e do Ocidente, num amplexo de fraternidade e de luz. Então, compreenderemos que o evangelho é a resposta de Deus aos nossos apelos, em face da Lei de Moisés. A Lei é humana; o evangelho é divino. Moisés é o condutor; O Cristo, o Salvador. Os profetas foram mordomos fiéis; Jesus, porém, é o Senhor da Vinha. Com a Lei, éramos servos; com o evangelho, somos filhos livres de um Pai amoroso e justo!...

As referências à superioridade de Jesus despertaram a ira do impetuoso doutor:

O orador preparava-se para retomar a palavra, momentaneamente interrompida e aguardada com expectação de júbilo geral, quando o jovem doutor se levantou ousadamente e exclamou, quase colérico, frisando os conceitos com evidente ironia.

– Piedosos galileus, onde o senso de vossas doutrinas estranhas e absurdas? Como ousais proclamar a falsa supremacia de um nazareno obscuro sobre Moisés, na própria Jerusalém onde se decidem os destinos das tribos de Israel invencível? Quem era esse Cristo? Não foi um simples carpinteiro?

....

– Aonde iremos com semelhantes excessos de interpretação, em torno de um mistificador vulgar, que o Sinédrio puniu com a flagelação e a morte? Que dizer de um Salvador que não conseguiu salvar-se a si mesmo? Emissário revestido de celestes poderes, como não evitou a humilhação da sentença infamante? O Deus dos exércitos, que sequestrou a nação privilegiada ao cativeiro, que a guiou através do deserto abrindo-lhe a passagem do mar; que lhe saciou a fome com o maná divino e, por amor, transformou a rocha impassível em fonte de água viva, não teria meios, outros, de assinalar o seu enviado senão com uma cruz de martírio, entre malfeitores comuns? Tendes, nesta casa, a glória do Senhor Supremo, assim barateada? Todos os doutores do Templo conhecem a história do impostor que celebrizais com a simplicidade da vossa ignorância! Não vacilais em rebaixar nossos próprios valores, apresentando um Messias dilacerado e sangrento, sob os apupos do povo ... Lançais vergonha sobre Israel e desejais fundar um novo reino? Seria justo dardes a conhecer, inteiramente, a nós outros, o móvel das vossas fábulas piedosas.

Sem atemorizar-se, Estêvão prosseguia refutando e apresentando a excelência de Jesus...

> ... O Filho de Deus trouxe a luz da verdade aos homens, ensinando-lhes a misteriosa beleza da vida, com o seu engrandecimento pela renúncia. Sua glória resumiu-se em amar-nos, como Deus nos ama. Por essa mesma razão, ele ainda não foi compreendido.
>
> ...
>
> O evangelho é amor em sua expressão mais sublime. O Mestre deixou-se imolar transmitindo-nos o exemplo da redenção pelo amor mais puro. Pastor do imenso rebanho, ele não quer se perca uma só de suas ovelhas bem-amadas, nem determina a morte do pecador. O Cristo é vida, e a salvação que nos trouxe está na sagrada oportunidade da nossa elevação, como filhos de Deus, exercendo os seus gloriosos ensinamentos.

Diz Emmanuel que as respostas desassombradas desconcertaram o futuro rabino, habituado a triunfar nas esferas mais cultas, em todas as justas da palavra. Enérgico, ruborizado, evidenciando cólera profunda, não aceitou quando Estêvão encerrou suas palavras...

> – Exijo a continuação da arenga! Que o pregador espere, pois não terminei o que preciso dizer.
>
> ...
>
> Mistificadores, rejeitais as possibilidades de esclarecimento que

vos ofereço; galileus incultos, não quereis considerar o meu nobre cartel de desafio. Saberei vingar a Lei de Moisés, da qual se tripudia. Recusais a intimativa, mas não podereis fugir ao meu desforço.

Aprendereis a amar a verdade e a honrar Jerusalém, renunciando ao Nazareno insolente, que pagou na cruz os criminosos desvarios. Recorrerei ao Sinédrio para vos julgar e punir. O Sinédrio tem autoridade para desfazer vossas condenáveis alucinações.

Com autorização do Sinédrio, Saulo dá início às primeiras perseguições aos seguidores de Jesus. Arquitetou vasto plano, de modo a forçar Estêvão à polêmica desejada, na qual buscaria humilhá-lo diante de todos os maiorais do judaísmo dominador. Pediu a colaboração do seu conhecido Neemias e este compareceu ao Sinédrio denunciando o generoso pregador do evangelho como blasfemo e caluniador, acrescentando criminosas observações de própria conta. Na peça acusatória, Estêvão figurava como feiticeiro vulgar, mestre de preceitos subversivos em nome de um falso Messias que Jerusalém havia crucificado anos antes, mediante idênticas acusações.

Com isso, Estêvão foi obrigado a comparecer, defendendo-se com honradez e firmeza:

Compreendereis, um dia, que, para Deus, Israel significa a Humanidade inteira. ... O evangelho desconhece as complicações da casuística. Não desdenho Moisés, mas não posso deixar de proclamar a superioridade de Jesus Cristo. Podeis lavrar sentenças e proferir anátemas contra mim; entretanto, é necessário que alguém coopere com o Salvador no restabelecimento da verdade acima de tudo, e sem embargo das mais dolorosas consequências. Aqui estou para fazê-lo e saberei pagar, pelo Mestre, o preço da mais pura fidelidade.

É impressionante observar, no longo e ofensivo interrogatório que Saulo faz a Estêvão, a intrepidez, a serenidade, a fé e a coragem com que este argumenta com o evangelho de Jesus, mesmo com o risco de perder a vida. A mesma força interior que Paulo demonstrará depois que chamado pelo próprio Jesus, às portas de Damasco. O primeiro perseguidor e o primeiro mártir do cristianismo, portadores de um caráter semelhante, ainda que num primeiro momento em lados opostos. São exemplos legados para todos os cristãos de todos os tempos, para que prossigamos arrostando e vencendo os obstáculos, renunciando a nós mesmos pelo bem maior.

ΙΧΘΥΣ

AS PRIMEIRAS PERSEGUIÇÕES

Saulo tem autorização para prosseguir nas perseguições aos cristãos, agindo diretamente, como nos diz Emmanuel:

> Mais dois dias decorreram e as perseguições capitaneadas por Saulo de Tarso começaram a sacudir Jerusalém em todos os setores de suas atividades religiosas. Oseias Marcos e Samuel Natan foram presos, sem nota de culpa, a fim de responderem a rigoroso inquérito. Os cooperadores do movimento organizaram longas nominatas dos israelitas mais destacados que frequentavam as reuniões da igreja do "Caminho". O moço de Tarso determinara que se abrisse inquérito geral. Entretanto, como desejava dar uma demonstração de desassombro aos adversários, julgou que deveria iniciar as prisões de maior importância, depois do encarceramento de Oseias e Samuel, no reduto mesmo dos galileus obscuros, que haviam ousado afrontar a sua autoridade.

Foi pela manhã de um dia muito claro, que o futuro rabino, cercado de alguns companheiros e soldados, bateu à porta da casa humilde, fazendo grande alarde dos fins de sua visita insidiosa. Simão Pedro em pessoa foi atendê-lo com grande serenidade nos olhos. Indisfarçável pavor estabeleceu-se entre os mais tímidos, porquanto, dois jovens que acompanhavam o apóstolo se incumbiram de correr ao interior e espalhar a notícia.

- És tu Simão Pedro, antigo pescador de Cafarnaum? - perguntou Saulo com certa insolência.

- Eu mesmo - respondeu com firmeza.

- Estás preso! - disse o chefe da expedição num gesto de triunfo. E mandando que dois dos companheiros se adiantassem, ordenou fosse o apóstolo algemado incontinenti. Pedro não opôs a mínima resistência.

Impressionado com o temperamento pacífico que os continuadores do Nazareno testemunhavam sempre, Saulo objetou com escárnio:

- O Mestre do "Caminho" deve ter sido um alto modelo de inércia e covardia. Ainda não encontrei qualquer indício de dignidade nos seus discípulos, cujas faculdades de reação parecem mortas.

Recebendo em cheio tão acerba injúria, o ex-pescador respondeu serenamente:

- Enganai-vos quando assim julgais. O discípulo do evangelho é apenas inimigo do mal e, na sua tarefa coloca o amor acima de todos os princípios. Além do mais, nós consideramos que todo jugo, com Jesus, é suave.

Avançando casa adentro, Saulo prende também João e Filipe. Nessa primeira investida à casa dos Homens do Caminho, o jovem doutor vai deparar com Tiago Menor, filho de Alfeu, o discípulo que posteriormente seria motivo de discórdia com Paulo, por que aquele manteve uma conduta contemporizadora com a Lei de Moisés.

Emmanuel nos oferece uma visão mais ampla a respeito desse confronto entre Tiago e o apóstolo dos gentios, para nossa melhor compreensão. Diz ele:

> Seguros os três prisioneiros, faltava o filho de Alfeu. Alguém se lembrou de procurá-lo no tosco biombo que ocupava. Com efeito, lá o acharam ajoelhado, tendo diante dos olhos um rolo de pergaminhos em que se encontrava a Lei de Moisés. Via-se-lhe a palidez marmórea do rosto, quando Saulo se aproximou ríspido:
>
> – Que é isso? Há aqui alguém que cuide da Lei?
>
> O irmão de Levi levantou os olhos transbordantes de sincero receio e explicou humilde:
>
> – Senhor, jamais esqueci a Lei de nossos pais. Meus avós ensinaram-me a receber de joelhos as luzes do profeta santo.
>
> A atitude de Tiago não traduzia fingimento. Consagrando o máximo respeito ao libertador de Israel, sempre ouvira dizer que seus livros sagrados estavam tocados de virtude santa. Na expectativa do cárcere, atemorizara-se com o perigo iminente. Não pudera compreender, maiormente, como outros companheiros, o sentido divino e oculto das lições do evangelho. O sacrifício inspirava-lhe indisfarçáveis temores. Afinal, pensava ele na compreensão parcial do Cristo: – quem ficaria para superintender as obras começadas? O Mestre expirara na cruz e, naquele instante, os apóstolos de Jerusalém estavam presos.
>
> Precisava defender-se com os meios possíveis, ao seu alcance. Imaginou recorrer às virtudes sobrenaturais da Lei de Moisés, de acordo com as velhas crenças. Genuflexo, esperara os verdugos que se aproximavam.
>
> Em face da atitude imprevista de Tiago, Saulo de Tarso estava atônito. Só os espíritos profundamente aferrados ao judaísmo liam, de joelhos, os ensinamentos de Moisés. Em sã consciência, não poderia ordenar a prisão daquele homem. O argumento

que justificava sua tarefa, perante as autoridades políticas e religiosas de Jerusalém, era o combate aos inimigos das tradições.

- Mas não sois amigo do carpinteiro?

Com invejável presença de espírito o interpelado respondeu:

- Não me consta que a Lei nos impeça de ter amigos.

Saulo perturbou-se, mas prosseguiu:

- Mas, que escolheis? A Lei ou o evangelho? Qual dos dois aceitais em primeiro lugar?

- A Lei é a primeira revelação divina - disse Tiago com inteligência.

Ante a resposta que o desconcertava, de alguma sorte, o moço de Tarso refletiu um momento e acrescentou, dirigindo-se, aos circunstantes:

- Está bem. Este homem fica em paz.

O filho de Alfeu, intimamente satisfeito com o resultado de sua iniciativa, acreditava agora que a Lei de Moisés estava tocada de graças vivas e permanentes. A seu ver, fora o código do judaísmo o talismã que o conservara em liberdade. Desde esse dia, o irmão de Levi ia consolidar, para sempre, suas tendências supersticiosas. O fanatismo que os historiadores do cristianismo encontraram na sua personalidade enigmática teve aí sua origem.

ΙΧΘΥΣ

CONFLITO ENTRE SAULO E TIAGO

EM DIVERSAS OPORTUNIDADES PAULO confrontaria as exigências de Tiago quanto às práticas do judaísmo, especialmente em relação à circuncisão, práticas que considerava incompatíveis com a simplicidade inerente ao cristianismo.

Ao próprio Pedro não passou despercebida as mudanças de

Tiago, mas ponderou que tudo teria uma razão de ser e um benefício. Emmanuel anotou o entendimento de Pedro a esse respeito:

> Desde a primeira diligência do Sinédrio nesta casa, notei que Tiago sofrera profundas transformações. Entregou-se a uma vida de grande ascetismo e rigoroso cumprimento da Lei de Moisés.
>
> Pensei muito na mudança das suas atitudes, mas, por outro lado, considerei que ele não é mau. É companheiro zeloso, dedicado e leal. Calei-me para mais tarde concluir que tudo tem uma razão de ser. Quando as perseguições apertaram o cerco, a atitude de Tiago, embora pouco louvável, quanto à liberdade do evangelho, teve seu lado benéfico. Os delegados mais truculentos respeitaram-lhe o devocionismo moisaico e suas amizades sinceras no judaísmo nos permitiram a manutenção do patrimônio do Cristo. Eu e João tivemos horas angustiosas, na consideração desses problemas. Estaríamos sendo insinceros, falsearíamos a verdade?
>
> Ansiosamente rogamos a inspiração do Mestre. Com o auxílio de sua divina luz, chegamos a criteriosas conclusões. Seria justo lutar a videira ainda tenra com a figueira brava? Se fôssemos atender ao impulso pessoal de combater os inimigos da independência do evangelho, esqueceríamos fatalmente, a obra coletiva. Não é lícito que o timoneiro, por testemunhar a excelência de conhecimentos náuticos, atire o barco contra os rochedos, com prejuízo de vida para quantos confiaram no seu esforço. Consideramos, assim, que as dificuldades eram muitas e precisávamos, enquanto mínima fosse a nossa possibilidade de ação, conservar a árvore do evangelho ainda tenra, para aqueles que viessem depois de nós.
>
> Além do mais, Jesus ensinou que só conseguimos elevados objetivos neste mundo, cedendo alguma coisa de nós mesmos. Por intermédio de Tiago, o farisaísmo acede em caminhar conosco. Pois bem: consoante os ensinamentos do Mestre, cami-

nharemos as milhas possíveis. E julgo mesmo que, se Jesus assim nos ensinou, é porque na marcha temos a oportunidade de ensinar alguma coisa e revelar quem somos.

Enquanto Saulo o contemplava com redobrada admiração pelos judiciosos conceitos emitidos, o apóstolo rematava:

– Isso passa! A obra é do Cristo. Se fosse nossa, falharia por certo, mas nós não passamos de simples e imperfeitos cooperadores.

Saulo guardou a lição e recolheu-se pensativo. Pedro parecia-lhe muito maior agora, no seu foro íntimo. Aquela serenidade, aquele poder de compreensão dos fatos mínimos, davam-lhe ideia da sua profunda iluminação espiritual.

De qualquer maneira, Paulo sempre observava com indignação as mudanças de Tiago e da igreja de Jerusalém, porque sua personalidade era forte e sincera na defesa dos princípios cristãos abraçados.

Estando com Barnabé em Jerusalém quando Pedro estava ausente da cidade, depois de ser libertado da prisão, Saulo/Paulo foi acolhido e estranhou as modificações ocorridas na igreja. Narra Emmanuel:

> Saulo mostrava-se grandemente impressionado com tudo aquilo. Junto de Barnabé, tratou logo de ouvir a palavra de Tiago, o filho de Alfeu. O apóstolo recebeu-os de bom grado, mas, podiam-se-lhe notar desde logo os receios e inquietações. Repetiu as informações de Prócoro, em voz baixa, como se temesse a presença de delatores; alegou a necessidade de transigência com as autoridades; invocou o precedente da morte do filho de Zebedeu; referiu-se às modificações essenciais que introduzira na igreja. Na ausência de Pedro, criara novas disciplinas. Ninguém poderia falar do evangelho sem referir-se à Lei de Moisés. As pregações só poderiam ser ouvidas pelos circuncisos. A igreja estava equiparada às sinagogas. Saulo e o companheiro

ouviram-no com grande surpresa. Entregaram-lhe em silêncio o auxílio financeiro de Antioquia. A ausência eventual de Simão transformara a estrutura da obra evangélica. Aos dois recém-chegados tudo parecia inferior e diferente.

Pedro não deixa de manifestar suas angústias com relação à postura de Tiago, embora sempre concluindo por uma atitude de maior compreensão. Emmanuel nos oferece as palavras do ex-pescador de Cafarnaum quando de sua visita à igreja de Antioquia:

> – Em Jerusalém, nossas lutas são as mesmas. De um lado a igreja cheia de necessitados, todos os dias; de outro as perseguições sem tréguas. No centro de todas as atividades, permanece Tiago com as mais ríspidas exigências. Às vezes, sou tentado a lutar para restabelecer a liberdade dos princípios do Mestre; mas, como proceder? Quando a tempestade religiosa ameaça destruir o patrimônio que conseguimos oferecer aos aflitos do mundo, o farisaísmo esbarra na observância rigorosa do companheiro e é obrigado a paralisar a ação criminosa, encetada desde muito tempo. Se trabalhar por suprimir-lhe a influência, estarei precipitando a instituição de Jerusalém no abismo da destruição pelas tormentas políticas da grande cidade. E o programa do Cristo? e os necessitados? seria justo prejudicarmos os mais desfavorecidos por causa de um ponto de vista pessoal?
>
> E ante a atenção profunda de Paulo e Barnabé, o bondoso companheiro continuava:
>
> – Sabemos que Jesus não deixou uma solução direta ao problema dos incircuncisos, mas ensinou que não será pela carne que atingiremos o Reino, e sim pelo raciocínio e pelo coração. Conhecendo, porém, a atuação do evangelho na alma popular, o farisaísmo autoritário não nos perde de vista e tudo envida por exterminar a árvore do evangelho, que vem desabrochando entre os simples e os pacíficos. É indispensável, pois, todo o

cuidado de nossa parte, a fim de não causarmos prejuízos, de qualquer natureza, à planta divina.

A indignação de Paulo ganhou o apoio da sua paixão sincera pelo cristianismo na pureza legada por Jesus. Não se conformava ele com o constrangimento que Tiago impunha a Pedro e acabou levantando a questão em assembleia, pretendendo com isso compelir Simão a tomar uma decisão sobre essa questão que gerava conflito e dificultava o acolhimento dos gentios.

O ambiente carregara-se de nervosismo. Os gentios de Antioquia fitavam o orador, enternecidos e gratos. Os simpatizantes do farisaísmo, ao contrário, não escondiam seu rancor, em face daquela coragem quase audaciosa. Nesse instante, de olhos inflamados por sentimentos indefiníveis, Barnabé tomou a palavra, enquanto o orador fazia uma pausa, e considerou:

- Paulo, sou dos que lamentam tua atitude neste passo. Com que direito poderás atacar a vida pura do continuador de Cristo Jesus?

Isso, inquiria-o ele em tom altamente comovedor, com a voz embargada de lágrimas. Paulo e Pedro eram os seus melhores e mais caros amigos. Longe de se impressionar com a pergunta, o orador respondeu com a mesma franqueza:

- Temos, sim, um direito: - o de viver com a verdade, o de abominar a hipocrisia, e, o que é mais sagrado - o de salvar o nome de Simão das arremetidas farisaicas, cujas sinuosidades conheço, por constituírem o báratro escuro de onde pude sair para as claridades do evangelho da redenção.

A palestra do ex-rabino continuou rude e franca. De quando em quando, Barnabé surgia com um aparte, tornando a contenda mais remida.

Entretanto, em todo o curso da discussão, a figura de Pedro era a mais impressionante pela augusta serenidade do semblante tranquilo.

Naqueles rápidos instantes, o apóstolo galileu considerou a sublimidade da sua tarefa no campo de batalha espiritual, pelas vitórias do evangelho. De um lado estava Tiago, cumprindo elevada missão junto do judaísmo; de suas atitudes conservadoras surgiam incidentes felizes para a manutenção da igreja de Jerusalém, erguida como um ponto inicial para a cristianização do mundo; de outro lado estava a figura poderosa de Paulo, o amigo desassombrado dos gentios, na execução de uma tarefa sublime; de seus atos heroicos, derivava toda uma torrente de iluminação para os povos idólatras. Qual o maior a seus olhos de companheiro que convivera com o Mestre e dele recebera as mais altas lições? Naquela hora, o ex-pescador rogou a Jesus lhe concedesse a inspiração necessária para a fiel observância dos seus deveres. Sentiu o espinho da missão cravado em pleno peito, impossibilitado de se justificar com a só intencionalidade de seus atos, a menos que provocasse maior escândalo para a instituição cristã, que mal alvorecia no mundo. De olhos úmidos, enquanto Paulo e Barnabé se debatiam, teve a impressão de ver novamente o Senhor, no dia do Calvário. Ninguém o compreendera. Nem mesmo os discípulos amados. Em seguida, pareceu vê-lo expirante na cruz do martírio. Uma força oculta conduzia-o a ponderar o madeiro com atenção. A cruz do Cristo parecia-lhe, agora, um símbolo de perfeito equilíbrio. Uma linha horizontal e uma linha vertical, justapostas, formavam figuras absolutamente retas. Sim, o instrumento do suplício enviava-lhe uma silenciosa mensagem.

Era preciso ser justo, sem parcialidade ou falsa inclinação. O Mestre amara a todos, indistintamente. Repartira os bens eternos com todas as criaturas. Ao seu olhar compassivo e magnânimo, gentios e judeus eram irmãos. Experimentava, agora, singular acuidade para examinar conscienciosamente as circunstâncias. Devia amar a Tiago pelo seu cuidado generoso com os israelitas, bem como a Paulo de Tarso pela sua dedicação extraordinária a todos quantos não conheciam a ideia do Deus justo.

O ex-pescador de Cafarnaum notou que a maioria da assembleia lhe dirigia curiosos olhares. Os companheiros de Jerusalém deixavam perceber cólera íntima, na extrema palidez do rosto. Todos pareciam convocá-lo à discussão. Barnabé tinha os olhos vermelhos de chorar e Paulo parecia cada vez mais franco, verberando a hipocrisia com a sua lógica fulminante. O apóstolo preferiria o silêncio, de modo a não perturbar a fé ardente de quantos se arrebanhavam na igreja sob as luzes do evangelho; mediu a extensão da sua responsabilidade naquele minuto inesquecível. Encolerizar-se seria negar os valores do Cristo e perder suas obras; inclinar-se para Tiago seria a parcialidade; dar absoluta razão aos argumentos de Paulo, não seria justo. Procurou arregimentar na mente os ensinamentos do Mestre e lembrou a inolvidável sentença: – o que desejasse ser o maior, fosse o servo de todos. Esse preceito proporcionou-lhe imenso consolo e grande força espiritual.

A polêmica ia cada vez mais ardida. Extremavam-se os partidos. A assembleia estava repleta de cochichos abafados. Era natural prever uma franca explosão.

Simão Pedro levantou-se. A fisionomia estava serena, mas os olhos estavam orvalhados de lágrimas que não chegavam a correr.

Valendo-se de uma pausa mais longa, ergueu a voz, que logo apaziguou o tumulto:

– Irmãos! – disse nobremente – muito tenho errado neste mundo. Não é segredo para ninguém que cheguei a negar o Mestre no instante mais doloroso do evangelho. Tenho medido a misericórdia do Senhor pela profundidade do abismo de minhas fraquezas. Se errei entre os irmãos muito amados de Antioquia, peço perdão de minhas faltas. Submeto-me ao vosso julgamento e rogo a todos que se submetam ao julgamento do Altíssimo.

A estupefação foi geral. Compreendendo o efeito, o ex-pescador concluiu a justificativa, dizendo:

– Reconhecida a extensão das minhas necessidades espirituais e recomendando-me às vossas preces, passemos, irmãos, aos comentários do evangelho de hoje.

> A assistência estava assombrada com o desfecho imprevisto. Esperava-se que Simão Pedro fizesse um longo discurso em represália. Ninguém conseguia recobrar-se da surpresa.

Pedro foi o grande líder do cristianismo nascente, apesar de alguns estudiosos creditarem tal papel a Tiago Menor. Foi o "pescador de almas" quem soube manter a coesão da igreja de Jerusalém, a primeira e base do trabalho de divulgação da Boa Nova, e da qual surgiu a igreja de Antioquia. Depois de negar o Cristo na hora extrema, tornou-se de fato a "pedra" sobre a qual seria erguida a igreja do evangelho. Nas grandes dificuldades do movimento nascente, demonstrou paciência e serenidade. "Revelando sua imensa capacidade para nortear uma ideia e congraçar os numerosos prosélitos em divergência, Simão Pedro tinha uma palavra adequada para cada situação, um esclarecimento justo para o problema mais singelo".

Naquele momento crítico, percebeu que não era chegada a hora de uma decisão a favor de um ou de outro companheiro, porque isso poderia implicar no rompimento dos laços fraternais e colocaria em perigo os avanços do evangelho, alcançados com grandes sacrifícios.

Nosso irmão Emmanuel destaca:

> A atitude ponderada de Simão Pedro salvara a igreja nascente. Considerando os esforços de Paulo e de Tiago, no seu justo valor, evitara o escândalo e o tumulto no recinto do santuário. À custa de sua abnegação fraternal, o incidente passou quase inapercebido na história da cristandade primitiva, e nem mesmo a referência leve de Paulo na epístola aos Gálatas, a despeito da forma rígida, expressional do tempo, pode dar ideia do perigo iminente de escândalo que pairou sobre a instituição cristã, naquele dia memorável.

Em outra oportunidade, persistindo a controvérsia com referência à circuncisão e à influência das sinagogas na Igreja de Jerusalém, o apóstolo Simão Pedro compartilha com Paulo, em particular, suas angústias e dúvidas passadas:

> – A situação é, de fato, muito delicada. Principalmente depois do sacrifício de alguns companheiros mais amados e prestimosos, as dificuldades religiosas em Jerusalém multiplicam-se todos os dias.
>
> E vagueando o olhar pelo aposento, como se quisesse traduzir fielmente o seu pensamento. continuou:
>
> – Quando se agravou a situação, cogitei da possibilidade de me transferir para outra comunidade; em seguida, pensei em aceitar a luta e reagir; mas, uma noite, tão bela como esta, orava eu neste quarto, quando percebi a presença de alguém que se aproximava devagarinho. Eu estava de joelhos quando a porta se abriu com imensa surpresa para mim.
>
> Era o Mestre! Seu rosto era o mesmo dos formosos dias de Tiberíades. Fitou-me grave e terno, e falou: – "Pedro, atende aos 'filhos do Calvário', antes de pensar nos teus caprichos!" A maravilhosa visão durou um minuto, mas, logo após, pus-me a recordar os velhinhos, os necessitados, os ignorantes e doentes que nos batem à porta. O Senhor recomendava-me atenção para os portadores da cruz. Desde então, não desejei mais que servi-los.

Finalmente, a questão da circuncisão dos gentios foi resolvida pelo próprio Pedro:

> Quando o ex-pescador reconheceu que as divergências prosseguiriam indefinidamente, levantou-se e pediu a palavra, fazendo a generosa e sábia exortação de que os Atos dos Apóstolos (capítulo 15º, versículos 7 e 11) fornecem notícia:
>
> – Irmãos – começou Pedro, enérgico e sereno – , bem sabeis

que, de há muito, Deus nos elegeu para que os gentios ouvissem as verdades do evangelho e cressem no seu Reino.

O Pai, que conhece os corações, deu aos circuncisos e aos incircuncisos a palavra do Espírito Santo. No dia glorioso do Pentecostes as vozes falaram na praça pública de Jerusalém, para os filhos de Israel e dos pagãos. O Todo-Poderoso determinou que as verdades fossem anunciadas indistintamente. Jesus afirmou que os cooperadores do Reino chegariam do Oriente e do Ocidente. Não compreendo tantas controvérsias, quando a situação é tão clara aos nossos olhos.

O Mestre exemplificou a necessidade de harmonização constante: palestrava com os doutores do Templo; frequentava a casa dos publicanos; tinha expressão de bom ânimo para todos os que se baldavam de esperança; aceitou o derradeiro suplício entre os ladrões. Por que motivo devemos guardar uma pretensão de isolamento daqueles que experimentam a necessidade maior? Outro argumento que não deveremos esquecer é o da chegada do evangelho ao mundo, quando já possuíamos a Lei. Se o Mestre no-lo trouxe, amorosamente, com os mais pesados sacrifícios, seria justo enclausurarmo-nos nas tradições convencionais, esquecendo o campo de trabalho? Não mandou o Cristo que pregássemos a Boa Nova a todas as nações? Claro que não poderemos desprezar o patrimônio dos israelitas. Temos de amar nos filhos da Lei, que somos nós, a expressão de profundos sofrimentos e de elevadas experiências que nos chegam ao coração através de quantos precederam o Cristo, na tarefa milenária de preservar a fé no Deus único; mas esse reconhecimento deve inclinar nossa alma para o esforço na redenção de todas as criaturas. Abandonar o gentio à própria sorte seria criar duro cativeiro, ao invés de praticar aquele amor que apaga todos os pecados. É pelo fato de muito compreendermos os judeus e de muito estimarmos os preceitos divinos, que precisamos estabelecer a melhor fraternidade com o gentio, convertendo-o em elemento de frutificação divina. Cremos que Deus nos purifica o coração pela fé e não pelas ordenanças do mundo. Se hoje rendemos graças pelo triunfo glorioso do evangelho, que instituiu a nossa liberdade, como impor aos novos discípulos um jugo que, intimamente, não podemos suportar? Suponho, então, que a circuncisão não deva constituir ato obrigatório para quantos se convertam ao amor de Jesus Cristo, e creio que só nos salvaremos pelo favor divino do Mestre, estendido generosamente a nós e a eles também.

A palavra do apóstolo caíra na fervura das opiniões como forte jato de água fria. Paulo estava radiante, ao passo que Tiago não conseguia ocultar o desapontamento.

E foi somente quase no final de suas experiências dolorosas que Paulo e Tiago conseguem um diálogo de esclarecimento e compreensão. Tiago tem a iniciativa de retomar as questões do passado, relativamente à sua postura judaica na vivência do movimento cristão:

> Sim, Paulo, compreendo tua justa aversão. O Sinédrio, com isso, pretende achincalhar nossas convicções. Sei que a tortura na praça pública te doeria menos; entretanto, supões que isso não represente, para mim uma dor de muitos anos?... Acreditarias, acaso, que minhas atitudes nascessem de um fanatismo inconsciente e criminoso? Compreendi, muito cedo, desde a primeira perseguição, que a tarefa de harmonização da igreja, com os judeus, estava mais particularmente em minhas mãos. Como sabes, o farisaísmo sempre viveu numa exuberante ostentação de hipocrisia; mas, convenhamos, também, que é o partido dominante, tradicional, das nossas autoridades religiosas. Desde o primeiro dia, tenho sido obrigado a caminhar com os fariseus muitas milhas para conseguir alguma coisa na manutenção da igreja do Cristo. Fingimento? Não julgues tal. Muitas vezes o Mestre nos ensinou, na Galileia, que o melhor testemunho está em morrer devagarinho, diariamente, pela vitória da sua causa; por isso mesmo, afiançava que Deus não deseja a morte

do pecador, porque é na extinção de nossos caprichos de cada dia que encontramos a escada luminosa para ascender ao seu infinito amor. A atenção que tenho dedicado aos judeus é gêmea do carinho que consagras aos gentios. A cada um de nós confiou Jesus uma tarefa diferente na forma, mas idêntica no fundo. Se muitas vezes tenho provocado falsas interpretações das minhas atitudes, tudo isso é mágoa para meu espírito habituado à simplicidade do ambiente galileu. De que nos valeria o conflito destruidor, quando temos grandiosos deveres a cuidar? Importa-nos saber morrer, para que nossas ideias se transmitam e floresçam nos outros. As lutas pessoais, ao contrário, estiolam as melhores esperanças. Criar separações e proclamar seus prejuízos, dentro da igreja do Cristo, não seria exterminarmos a planta sagrada do evangelho por nossas próprias mãos?

A palavra de Tiago toava imantada de bondade e sabedoria e valia por consoladora revelação. Os galileus eram muito mais sábios que qualquer dos rabinos mais cultos de Jerusalém. Ele, que chegara ao mundo religioso através de escolas famosas, que tivera sempre na mocidade, a inspiração de um Gamaliel, admirava agora aqueles homens aparentemente rústicos, vindos das choupanas de pesca, que, em Jerusalém, alcançavam inesquecíveis vitórias intelectuais, somente porque sabiam calar quando oportuno, aliando à experiência da vida uma enorme expressão de bondade e renúncia, à feição do Divino Mestre.

O convertido de Damasco entreviu o filho de Alfeu por um novo prisma. Seus cabelos grisalhos, o rugoso e macilento rosto, falavam de trabalhos árduos e incessantes. Agora, percebia que a vida exige mais compreensão que conhecimento. Presumia conhecer o apóstolo galileu com o seu cabedal psicológico, e, no entanto, chegava à conclusão de que apenas naquele instante pudera compreendê-lo no título que lhe competia.

A narrativa de Emmanuel nos deu a perceber que as divergências entre Tiago e Paulo foram sérias e por um tempo colocaram em risco a plantinha da Boa Nova, mas os conflitos intramuros foram superados com a intercessão ponderada e sábia de Pedro e também com a parcial aceitação dos dois companheiros ardorosos em suas convicções, embora com o mesmo ideal de vivência do evangelho.

No transcorrer dessa notável obra veremos também que os hábitos e costumes judaicos permaneceram assombrando a simplicidade do cristianismo, porque os judeus convertidos, se admitiam Jesus como o Messias Salvador, tinham dificuldade de se libertar das práticas exteriores e dos rituais que consideravam necessários à comunhão com Deus.

Essa dificuldade é própria da nossa natureza ainda imperfeita e mesmo hoje, no movimento espírita, a enfrentamos, porquanto muitos não conseguem se adaptar à proposta espírita de uma vivência religiosa desprovida de intermediários, de certos rituais exteriores, de adoração, imagens ou paramentos.

ΙΧΘΥΣ

AS PERSEGUIÇÕES PROSSEGUEM

EMBORA UM POUCO LONGO o parêntese, mas que considerei oportuno intercalar, agora retorno àquele momento das primeiras prisões determinadas por Saulo. Já estavam recolhidos Estêvão, Pedro, Filipe e João, os principais responsáveis pela Casa do Caminho.

Enquanto isso, Saulo prosseguia nas suas perseguições:

> ... o jovem tarsense desdobrou as energias na primeira perseguição experimentada pelas expressões individuais e coletivas do cristianismo nascente. Mais do que se poderia supor, Jerusalém regurgitava de criaturas que se interessavam pelas

> ideias do Messias Nazareno. Saulo prevaleceu-se dessa circunstância para fazer sentir, mais uma vez, o perigo ideológico que o evangelho representava. Numerosas prisões foram efetuadas. Na cidade, iniciara-se um êxodo de grandes proporções. Os amigos do "Caminho", com possibilidades financeiras, preferiam encetar vida nova na Idumeia ou na Arábia, na Cilícia ou na Síria. Os que podiam, escapavam ao rigor dos inquéritos violentos, iniciados com retumbâncias de escândalo público. As personalidades mais eminentes eram metidas na prisão, incomunicáveis, mas os anônimos e humildes, os da plebe, sofriam grandes vexames nas dependências do tribunal onde se faziam os interrogatórios. Os guardas assalariados por Saulo, para a execução do nefando trabalho, excediam-se nos abusos.
>
> ....
>
> Saulo tornara-se a mola central do movimento terrível e execrado por todos os simpatizantes do "Caminho". Multiplicando energias, visitava diariamente os núcleos do serviço a que costumava chamar "expurgo de Jerusalém", desenvolvendo atividade pasmosa, dentro da qual mantinha a vigilância constante das autoridades administrativas, encorajava os auxiliares e prepostos, instigava outros perseguidores dos princípios de Jesus, sem deixar arrefecer-se o zelo religioso do Sinédrio.

Gamaliel, o mentor de Saulo, tendo visitado a instituição e dado conta da obra de caridade que ali se estabelecera, onde inclusive encontra um patrício que fora abastado e agora estava com lepra e socorrido por aqueles homens simples, intercede em favor dos prisioneiros junto a Saulo.

O antigo mestre sempre exerceu grande influência sobre Saulo, que deveria depois ocupar seu lugar no Sinédrio. Espírito de bom-senso, lê o evangelho e compreende a sua superioridade em relação ao judaísmo. Ao ver o amigo naquela situação de sofrimento, foi colhido de surpresa.

Narra Emmanuel:

> O grande rabino estava atônito diante do que ali via e ouvia. Com a sinceridade que lhe era peculiar, não podia dissimular sua amizade agradecida ao pobre enfermo; mas, sem recursos para retirá-lo daquele pobre albergue, via-se na contingência de estender seu reconhecimento a Simão Pedro e demais companheiros do ex-pescador de Cafarnaum. Só agora reconhecia que o judaísmo não havia cogitado desses pousos de amor. Encontrando ali o amigo leproso, desejou sinceramente ampará-lo. Mas como? Pela primeira vez pensou na dolorosa eventualidade de enviar um ente amado ao vale dos imundos. Ele que aconselhara esse recurso a tanta gente, ali estava considerando, agora, a situação de um amigo querido. O episódio abalava-o profundamente.

Com efeito, Gamaliel foi tocado na intimidade a ponto de tornar-se um cristão e deixar o Sinédrio. Posteriormente, sua palavra amiga e esclarecedora pôde novamente orientar e auxiliar Saulo, quando convertido em Paulo.

É com esse espírito que o velho doutor da Lei procura seu discípulo, como nos conta Emmanuel:

> Então, Gamaliel vai inquirir Saulo sobre o desfecho que pretendia dar ao processo contra os homens do "Caminho":
>
> - Qual a sentença a ser proposta para os prisioneiros? - interrogou o velhinho com bondoso interesse, logo que se viram distanciados dos grupos rumorosos.
>
> - Sendo eles galileus - disse Saulo enfático da sua autoridade - , não lhes será conferido o direito da palavra no recinto; de maneira que já deliberei a punição que lhes cabe. Vou propor a morte dos três, com a de Estêvão, pelo apedrejamento.
>
> - Que dizes? - exclamou Gamaliel, surpreso.
>
> - Não vejo outro recurso - disse o moço tarsense - , precisamos extirpar pela raiz os males que começam. Acredito que, se

encararmos o movimento com tolerância, teremos o prestígio do judaísmo abalado por nossas próprias mãos.

– Entretanto, Saulo – replicou o velho mestre com profunda bondade – , devo invocar o ascendente que tenho em tua formação espiritual, para defender estes homens da pena de morte.

O moço caprichoso fez-se lívido. Não se habituara a transigir nos seus conceitos e decisões. Sua vontade era sempre tirânica e inflexível. Mas Gamaliel fora de todos os tempos o seu melhor amigo. Aquelas mãos rugosas lhe haviam ministrado os exemplos mais santos. Delas recebera vasto potencial de socorro em todos os dias da vida. Compreendeu que defrontava um obstáculo poderoso na consecução integral de seus desejos. O venerando rabino percebeu a perplexidade e logo insistiu:

– Ninguém mais do que eu conhece a generosidade do teu coração e sou o primeiro a reconhecer que tuas resoluções obedecem ao zelo inexcedível na defesa de nossos princípios milenários; mas o "Caminho", Saulo, parece ter uma grande finalidade na renovação dos nossos valores humanos e religiosos. Quem, entre nós, se havia lembrado de amparar os infortunados com o provimento de um lar afetuoso e fraterno? Antes da tua diligência corretiva, visitei essa instituição singela e pude confortar-me na observação do seu excelente programa.

O jovem doutor estava pálido, ouvindo tais conceitos, que, a seu ver, eram positivo sinal de fraqueza.

– Mas será possível – disse admirado – que também vós tenhais lido o evangelho dos galileus?

– Estou a lê-lo – confirmou Gamaliel sem titubear – e pretendo meditar mais demoradamente os fenômenos que ocorrem em nosso tempo. Pressinto grandes transformações em toda parte. Tenciono retirar-me da vida pública em breves dias, a fim de tomar o caminho do deserto. É claro, porém, que estas minhas palavras devem ser guardadas por ti, em penhor de mútua confiança.

Sumamente impressionado, o moço de Tarso não sabia o que responder. Presumia o mestre respeitável mentalmente prejudicado por excesso de lucubrações. O mestre, porém, como se lhe adivinhasse o pensamento, acrescentou:

– Não me suponhas mentalmente debilitado. A velhice no corpo não me apagou a capacidade de pensar e discernir por mim mesmo. Compreendo o escândalo que se levantaria em Jerusalém se um rabino do Sinédrio modificasse publicamente as convicções mais íntimas. Mas é preciso convir que estou falando a um filho espiritual. E expondo, sinceramente, o meu ponto de vista, faço-o tão só para defender homens generosos e justos de uma sentença iníqua e indevida.

– Vossa revelação – exclamou Saulo de roldão – decepciona-me profundamente!

– Conheces-me de menino e sabes que o homem sincero não se poderá preocupar com os que o elogiem ou o lamentem no cumprimento de um sagrado dever.

E, imprimindo carinhoso acento à voz, acentuava solícito:

– Não me faças ir contigo, nesta assembleia, aos debates públicos escandalosos e atentatórios da feição amorosa que toda verdade deve trazer consigo. Libertarás estes homens em atenção ao nosso passado de mútuo entendimento. É só o que te peço. Deixa-os em paz, por amor aos nossos laços afetivos. Daqui a alguns dias não precisarás conceder mais coisa alguma ao velho mestre. Serás meu substituto neste cenáculo, porquanto tenciono abandonar a cidade em breves dias.

E como Saulo hesitasse, continuou:

– Não precisarás refletir muito tempo. O sumo sacerdote está ciente de que eu pediria tua clemência para os prisioneiros.

– Mas... e a minha autoridade? – interrogou o rapaz com orgulho. – Como conciliar a indulgência com a necessidade de reprimir o mal?

– Toda a autoridade é de Deus. Nós somos simples instrumentos, meu filho. Ninguém se diminuirá por ser bom e tolerante. Quanto à providência mais digna, cabível no caso, é conceder liberdade a todos eles.

– Todos? – perguntou Saulo num gesto de grande admiração.

– Como não? – confirmou o venerável doutor da Lei. – Pedro é um homem generoso, Filipe é um pai de família extremamente dedicado ao cumprimento de seus deveres, João é um moço simples, Estêvão se consagrou aos pobres.

– Sim, sim – interrompeu o moço tarsense. – Concordo com a libertação dos três primeiros, com uma condição. Por serem casados, Pedro e Filipe poderão continuar em Jerusalém, restringindo suas atividades ao socorro dos doentes e necessitados; João será banido; mas Estêvão deverá sofrer a sentença decisiva. Já propus, publicamente, a lapidação, e não vejo motivos para transigir, mesmo porque, para escarmento, pelo menos um dos discípulos do carpinteiro deve morrer.

Gamaliel compreendeu a força daquela resolução pela veemência das palavras que a traduziam. Saulo deixara bem claro que não transigiria, quanto ao taumaturgo. O velho rabino não insistiu. Para evitar um escândalo, entendeu que Estêvão pagaria com o sacrifício. Aliás, considerando o temperamento voluntarioso do ex-discípulo, a quem a cidade havia conferido atribuições tão vastas, já não era pouco obter clemência para os três homens justos, consagrados ao bem comum.

Compreendendo a situação, acentuou o respeitável rabino.

– Pois bem, seja assim!

ΙΧΘΥΣ

A MORTE DE ESTÊVÃO E ABIGAIL

Permanecendo preso por dois meses, Estêvão foi levado à lapidação nas proximidades do altar dos holocaustos; estava desfigurado, embora sereno. O passo tardio, o cansaço extremo, as equimoses das mãos e dos pés, patenteavam os pesados tormentos físicos que sofrera. A barba crescida alterara-lhe o aspecto fisionômico, todavia, os olhos tinham a mesma fulgurância de cristalina bondade.

Saulo considerava que a morte de Estêvão seria um dos feitos mais importantes para a sua carreira e solicitara que Abigail estivesse presente. À singeleza do relato dos Atos dos Apóstolos, Emmanuel nos acrescenta detalhes sobre a execução daquele que é considerado o primeiro mártir do cristianismo:

> A gritaria tomava proporções assustadoras. Alguns fariseus mais irritados, burlando os guardas, aproximaram-se de Estêvão tentando arrastá-lo sem compaixão. Entretanto, ao primeiro puxão na gola rota, um pedaço da túnica rafada ficava-lhes nas mãos. Foi necessário a intervenção da força armada para que o moço de Corinto não fosse estraçalhado, ali mesmo, pela multidão furiosa e delirante. Saulo, em altas vozes, ordenou a intervenção dos soldados. Queria a execução do discípulo do evangelho, mas, com todo o cerimonial previsto.
>
> Estêvão tinha agora o rosto enrubescido, envergonhado. Seminu, foi auxiliado por um legionário romano a recompor os sobejos da veste em frangalhos, acima dos rins, para não ficar inteiramente nu. Com a mão trêmula, pelos maus-tratos recebidos, procurava limpar a saliva que os mais exaltados lhe haviam esputado em pleno rosto. Forte pancada no ombro causava-lhe intensa dor no braço todo. Compreendeu que lhe chegavam os últimos instantes de vida. A humilhação doía-lhe fundo. Mas recordou as descrições de Simão a respeito de Jesus, no derradeiro transe. Em frente de Herodes Antipas, o Cristo sofrera dos israelitas idênticas ironias. Fora açoitado, ridicularizado, ferido. Quase nu, suportara todos os agravos sem uma queixa, sem uma expressão menos digna. Ele que amara os infelizes, que trabalhara por fundar uma doutrina de concórdia e de amor para todos os homens, que abençoara os mais desgraçados e os acolhera com carinho, recebera o galardão da cruz

em suplícios imensuráveis. E Estêvão pensou: – "Quem sou eu e quem era o Cristo?" Essa íntima interrogação propiciava-lhe certo consolo. O Príncipe da Paz fora arrastado pelas ruas de Jerusalém, sob o escárnio das maiores injúrias, e era o Messias esperado, o Ungido de Deus!

Por que, sendo ele homem falível, portador de numerosas fraquezas, haveria de hesitar no momento do testemunho? E, com o pranto a escorrer-lhe no rosto lacerado, escutava a voz cariciosa do Mestre no coração:

"Todo aquele que desejar participar do meu reino, negue-se a si mesmo, tome sua cruz e siga os meus passos". Era preciso negar-se para aceitar o sacrifício proveitoso. Ao fim de todos os martírios, deveria encontrar o amor glorioso de Jesus, com a beleza da sua ternura imortal. O pregador humilhado e ferido recordou o passado de trabalhos e esperanças.

Parecia-lhe rever a infância saudosa, na qual o zelo materno lhe incutira os fundamentos da fé confortadora; depois, as nobres aspirações da mocidade, a dedicação paterna, o amor da irmãzinha que as circunstâncias do destino lhe haviam arrebatado. Ao pensar em Abigail, experimentou certa angústia no coração. Agora, que deveria enfrentar a morte, desejava revê-la para as últimas recomendações. Relembrou a derradeira noite em que haviam permutado tantas impressões de ternura, tantas promessas fraternais, na lôbrega prisão de Corinto.

Apesar dos movimentos renovadores da fé, de cujos trabalhos compartilhava ativamente em Jerusalém, jamais pudera esquecer o dever de procurá-la, fosse onde fosse. Enquanto em derredor se multiplicavam impropérios no turbilhão de gritos e ameaças revoltantes, o sentenciado chorava com as suas recordações. Socorrendo-se das promessas do Cristo no evangelho, experimentava brando alívio. A ideia de que a irmãzinha ficaria no mundo, entregue a Jesus, suavizava-lhe as angústias do coração.

Mal não saíra de suas dolorosas reminiscências, ouviu a voz imperiosa de Saulo dirigindo-se aos guardas:

– Algemai-o novamente, tudo está consumado, sigamos para o átrio. O discípulo de Simão Pedro, estendendo os pulsos para receber as algemas, sofreu pancadas tão fortes de um soldado inescrupuloso, que dos pulsos feridos começou a jorrar muito sangue.

Estêvão, porém, não fez o menor gesto de resistência. De quando em quando, levantava os olhos como se implorasse os recursos do Céu para os seus minutos supremos. Não obstante os apupos e as chagas que o dilaceravam, experimentava uma paz espiritual desconhecida. Todos aqueles sofrimentos do cerimonial eram pelo Cristo. Aquela hora era a sua oportunidade divina. O Mestre de Nazaré havia convocado o seu coração fiel ao público testemunho dos valores espirituais da sua gloriosa doutrina. Confiante, raciocinava: – "Se o Messias aceitara a morte infamante do Calvário para salvar todos os homens, não seria uma honra dar a vida por ele? "Seu coração, sempre ávido de dar testemunho ao Senhor, desde que lhe conhecera o evangelho de redenção, não deveria rejubilar-se com o ensejo de oferecer-lhe a própria vida? Entretanto, a ordem de caminhar arrancou-o dos mais elevados pensamentos.

O generoso pregador do "Caminho" hesitava nos passos cambaleantes, mas tinha sereno e firme o olhar, revelando desassombro nos derradeiros lances do testemunho.

Naquelas primeiras horas da tarde, o sol de Jerusalém era um braseiro ardente. Não obstante o calor insuportável, a massa deslocou-se com profundo interesse. Tratava-se do primeiro processo concernente às atividades do "Caminho", após a morte do seu fundador. Destacando-se de todas as correntes judaicas ali presentes, em penhor de prestígio à Lei de Moisés, os fariseus faziam grande alarde do feito. Ladeando o condenado, faziam questão de atirar-lhe em rosto as mais pesadas injúrias.

Ele, porém, embora evidenciasse profunda tristeza, caminhava seminu, sereno, imperturbável.

A sala de reuniões do Sinédrio não distava muito do átrio do Templo, onde se realizaria a macabra cerimônia. Apenas alguns metros e a caminhada terminava, justamente no local onde se erguia o enorme altar dos holocaustos.

Tudo estava preparado a caráter, como Saulo deixara perceber em seus propósitos.

Ao fundo do pátio espaçoso, Estêvão foi atado a um tronco, para que o apedrejamento se efetuasse na hora precisa.

Os executores seriam os representantes das diversas sinagogas da cidade, de vez que era função honrosa atribuída a quantos estivessem em condições de operar na defesa de Moisés e de seus princípios. Cada sinagoga indicara o seu delegado e, ao iniciar a cerimônia, como chefe do movimento, Saulo recebia um por um, junto da vítima, guardando nas mãos, de acordo com a pragmática, os mantos brilhantes, enfeitados de púrpura.

Mais uma ordem do moço tarsense e a execução começou entre gargalhadas. Cada verdugo mirava friamente o ponto preferido, esforçando-se para tirar maior partido.

Risos gerais seguiam-se a cada golpe.

– Poupemos-lhe a cabeça – dizia um dos mais exaltados – , a fim de que o espetáculo não perca a intensidade e o interesse.

Cada expressão do judaísmo acompanhava o verdugo indicado pelos maiorais da sinagoga, com atenção e entusiasmo, aos berros de "Morra o traidor! o feiticeiro!"

– Fere no coração, em nome dos cilícios! – exclamava alguém, do meio da turba.

– Separa-lhe a perna pelos idumeus! – secundava outra voz impudente.

Mais ou menos afastado da turba, seguindo de perto os movimentos do condenado, Saulo de Tarso apreciava a vibração popular, satisfeito e confortado. De qualquer maneira, a morte do pregador do Cristo representava o seu primeiro grande triunfo na conquista das atenções de Jerusalém e de suas prestigiosas corporações políticas. Naquela hora em que focalizava tantas aclamações do povo de sua raça, orgulhava-se com a decisão que o levara a perseguir o "Caminho", sem consideração e sem tréguas. Aquela tranquilidade de Estêvão, no entanto, não deixava de o impressionar bem no imo do coração voluntarioso e inflexível. Onde poderia ele haurir tal serenidade? Sob as pedras que o alvejavam, aqueles olhos encaravam os algozes sem pestanejar, sem revelar temor nem turbação!

De fato, amarrado de joelhos ao tronco do suplício, o moço de Corinto guardava impressionante característica de paz nos olhos translúcidos, de onde as lágrimas silenciosas corriam abundantes. O peito descoberto era uma chaga sangrenta. As vestes esfrangalhadas colavam-se ao corpo, empastadas de suor e sangue.

O mártir do "Caminho" sentia-se amparado por forças poderosas e intangíveis. A cada novo golpe, sentia recrudescer os padecimentos infinitos que lhe azorragavam o corpo macerado, mas, no íntimo, guardava a impressão de uma lenidade sublime. O coração batia descompassadamente. O tórax estava coberto de feridas profundas, as costelas fraturadas.

Nesta hora suprema, recordava os mínimos laços de fé que o prendiam a uma vida mais alta. Lembrou todas as orações prediletas da infância. Fazia o possível por fixar na retina o quadro da morte do pai supliciado e incompreendido. Intimamente, repetia o Salmo 23º de David, qual o fazia junto da irmã, nas situações que pareciam insuperáveis. "O Senhor é meu pastor. Nada me faltará..." As expressões dos Escritos Sagrados, como as promessas do Cristo no evangelho, estavam-lhe no âmago do coração. O corpo quebrantava-se no tormento, mas o espírito estava tranquilo e esperançoso.

Agora, tinha a impressão de que duas mãos cariciosas passavam de leve sobre as chagas doloridas, proporcionando-lhe branda sensação de alívio. Sem qualquer receio, percebeu que lhe havia chegado o suor da agonia.

Dedicados amigos, do plano espiritual, rodeavam o mártir nos seus minutos supremos.

No auge das dores físicas, como se houvesse transposto infinitos abismos de percepção, o moço de Corinto notou que alguma coisa se lhe havia rasgado na alma ansiosa. Seus olhos pareciam mergulhar em quadros gloriosos de outra vida. A legião de emissários de Jesus, que o cercava carinhosamente, figurou-se-lhe a corte celestial. No caminho de luz desdobrado à sua frente, reconheceu que alguém se aproximava abrindo-lhe os braços generosos. Pelas descrições que ouvira de Pedro, percebeu que contemplava o próprio Mestre em toda a resplendência de suas glórias divinas. Saulo observou que os olhos do condenado estavam estáticos e fulgurantes. Foi quando o herói cristão, movendo os lábios, exclamou em alta voz:

– Eis que vejo os céus abertos e o Cristo ressuscitado na grandeza de Deus!...

Viram, então, que duas mulheres jovens aproximavam-se do perseguidor com gestos íntimos. Dalila entregou Abigail ao irmão, despedindo-se logo para atender ao chamado de outra amiga. A noiva terna cingia uma túnica à moda grega, que mais lhe realçava o formoso rosto. Fosse pela dolorosa cena em curso, ou pela presença da mulher amada, percebia-se que Saulo estava um tanto perplexo e sensibilizado. Dir-se-ia que a coragem indomável de Estêvão o levara a considerar a tranquilidade desconhecida que deveria reinar no espírito do mártir.

Em face da gritaria que a rodeava e notando a miserável situação da vítima, a jovem mal pôde conter um grito de espanto. Que homem era aquele, atado ao tronco do suplício? Aquele peito arfante, empastado de sangue, aqueles cabelos, aquele rosto pálido que a barba crescida desfigurava, não seriam de seu irmão? Ah! como falar das ansiedades imensas na surpresa imprevista de um minuto? Abigail tremia. Seus olhos aflitos acompanhavam os menores movimentos do herói, que parecia indiferente, no êxtase que o absorvia. Embalde Saulo chamava-lhe a atenção, discretamente, de modo a poupá-la de penosas impressões. A moça parecia nada ver além do sentenciado a esvair-se no sangue do martírio. Lembrava-se agora...

Em se afastando do calabouço, depois da morte do pai, foi assim mesmo que deixara Jeziel na posição do suplício. O tronco execrável, as algemas impiedosas e o pobrezinho de joelhos!

Tinha ímpetos de atirar-se à frente dos algozes, esclarecer a situação, saber a identidade daquele homem.

Nesse instante, ignorando-se alvo de tão singular atenção, o pregador do "Caminho" saiu de sua impressionante imobilidade. Vendo que Jesus contemplava, melancolicamente, a figura do doutor de Tarso, como a lamentar seus condenáveis desvios, o discípulo de Simão experimentou pelo verdugo sincera amizade no coração. Ele conhecia o Cristo e Saulo não.

Assomado de fraternidade real e querendo defender o perseguidor, exclamou de modo impressionante:

– Senhor, não lhe imputes este pecado!...

Isso dito, voltou os olhos para fixá-los no verdugo, amorosamente. Eis, porém, que divisou junto dele a figura da irmã, trajada como nos dias de júbilo, na casa paterna. Era ela, a irmãzinha amada, por cujo afeto tantas vezes lhe palpitara o coração, de saudade e de esperança. Como explicar sua presença? Quem sabe havia sido também levada ao reino do Mestre e regressava com ele, em espírito, para trazer-lhe as boas-vindas, de um mundo melhor? Quis bradar sua alegria infinita, atraí-la, ouvir-lhe a voz nos cânticos de David, morrer embalado pelo seu carinho; mas a garganta já não timbrava. A emoção dominara-o na hora extrema. Sentiu que o Mestre de Nazaré acariciava-lhe a fronte, onde a última pedrada abrira uma flor de sangue. Ouvia, muito longe, vozes argentinas que cantavam hinos de amor sobre os gloriosos motivos do Sermão da Montanha. Incapaz de resistir por mais tempo ao suplício, o discípulo do evangelho sentia-se desfalecer.

Abigail reconhece seu irmão em Estêvão e implora a Saulo que lhe permitisse conversar com ele. Saulo é colhido de surpresa, e para tirar a dúvida pediu que o prisioneiro fosse levado a uma sala alegando que tentaria a sua confissão uma última vez.

Abigail conversa com Estêvão e este, antes de morrer, lhe dirige palavras confortadoras, anotadas por Emmanuel e que eu resumo:

– Não chores!... Eu estou com o Cristo!... Jesus... é o nosso Salvador... E, agora, chamam-me Estêvão... Sei que vou morrer... mas a alma é imortal... Jesus é justo e misericordioso... prometeu estar conosco até à consumação dos séculos... mais tarde compreenderás; a mim, ensinou-me amar os próprios verdugos... Cristo os abençoe... Não tenho no teu noivo um inimigo, tenho um irmão... Saulo deve ser bom e generoso; defendeu Moisés até o fim... Quando conhecer a Jesus, servi-lo-á com o mesmo fervor... Sê para ele a companheira amorosa e fiel...

Abalado com a descoberta de que Estêvão era irmão de sua amada noiva, Saulo lhe diz que não poderia com ela conviver e rompe o noivado.

Abigail não consegue convencer Saulo a mudar seu pensamento. Triste, adoece. Quando Saulo reconsidera e a procura novamente, a doença está avançada e Abigail desencarna, serena. Havia se tornado cristã.

Antes de sua morte, Abigail dirige a Saulo algumas palavras...

– Francamente, querido, eu também desejaria reviver!... Ser tua, entretecer teus sonhos de juventude, inventar estrelas para o céu da tua existência; tudo isso constitui meu ideal de mulher!... Ah! se pudesse, buscaria os teus parentes com amor, haveria de conquistá-los para o meu coração, ao preço de um grande afeto; mas, pressinto que os planos de Deus são diferentes, no que concerne aos nossos destinos. Jesus chamou-me para a sua família espiritual...

.... E, contudo, é preciso morrer para vivermos verdadeiramente. Jesus nos ensinou que a semente caindo na terra fica só, mas se morrer dá muitos frutos!... Não te rebeles contra os desígnios supremos que me arrebatam do teu convívio material! Se nos uníssemos pelo matrimônio, talvez tivéssemos muitas alegrias; teríamos um lar com os nossos filhos; mas destruindo nossas esperanças de uma felicidade passageira na Terra, Deus nos multiplica os sonhos generosos... Enquanto esperarmos a união indissolúvel, auxiliar-te-ei de onde estiver e te consagrarás ao Eterno, em esforços sublimes e redentores...

Saulo ficou transtornado com a morte da amada, agora adepta do Cristo, fato que mais o revoltou.

Diz Emmanuel:

Desde o martírio de Estêvão, agravara-se em Jerusalém o movimento de perseguição a todos os discípulos ou simpatizantes do "Caminho". Como se fora tocado de verdadeira alucinação, ao substituir Gamaliel nas funções religiosas mais importantes da cidade, Saulo de Tarso deixava-se fascinar por sugestões de fanatismo cruel.

Impiedosas devassas foram ordenadas a respeito de todas as famílias que revelassem inclinação e simpatia pelas ideias do Messias Nazareno. A igreja modesta, onde a bondade de Pedro prosseguia socorrendo os mais desgraçados, era rigorosamente guardada por soldados, com ordem de impedir as prédicas que representavam o brando consolo dos infelizes.

Obcecado pela ideia de resguardar o patrimônio farisaico, o moço tarsense entregava-se aos maiores desmandos e tiranias. Homens de bem foram expulsos da cidade por meras suspeitas. Operários honestos e até mães de família eram interpelados em escandalosos processos públicos, que o perseguidor fazia questão de movimentar. Iniciou-se um êxodo de grandes proporções, como Jerusalém de há muito não via. A cidade começou a despovoar-se de trabalhadores. O "Caminho" havia seduzido para as suas doces consolações a alma do povo, cansada na incompreensão e no sacrifício.

Livre das prestigiosas advertências de Gamaliel, que se retirara para o deserto, e sem a carinhosa assistência de Abigail, que lhe facultava generosas inspirações, o futuro rabino parecia um louco, em cujo peito o coração estivesse ressequido. Debalde, mulheres indefesas suplicavam-lhe piedade; inutilmente, crianças misérrimas pediram complacência para os pais, abandonados como prisioneiros infelizes.

O moço de Tarso parecia dominado por uma indiferença criminosa. As rogativas mais sinceras encontravam no seu espírito um rochedo áspero. Incapaz de compreender as circunstâncias que lhe haviam modificado os planos e esperanças da vida, imputava o insucesso dos seus sonhos de mocidade àquele Cristo que não conseguira entender. Odiá-lo-ia enquanto vivesse. Não sendo possível encontrá-lo para uma vingança direta, persegui-lo-ia na pessoa dos seus caudatários, através de todos os caminhos. A seu ver, era ele, o carpinteiro anônimo, o causador dos seus fracassos em relação ao amor de Abigail, agora envenenado no seu coração impulsivo por sentimentos estranhos, que, dia a dia, cavavam profundos abismos entre sua figura inolvidável e as lembranças que lhe eram mais carinhosas.

Saulo procurou se informar sobre a nova crença de Abigail e soube pela família que ela recebera o auxílio e o conforto de Ananias, um velhinho bondoso, pobre e honesto, um eremita que vivia a meditar no deserto. Após interrogar e mandar torturar um prisioneiro, descobriu que Ananias teria ido para Damasco.

Conseguindo autorização do Sinédrio para fazer perseguições fora de Jerusalém, Saulo se encaminha para a Síria na companhia de três auxiliares.

ΙΧΘΥΣ

JESUS BUSCA SAULO, EM DAMASCO

DAMASCO FICA NUM PLANALTO situado a 690 metros acima do nível do mar, e é limitada pela cordilheira Antilíbano a oeste e pelo deserto da Síria a leste. A cidade fica no oásis de Ghutah e o local pode ter sido ocupado possivelmente em torno de 6.300 a.C. Era a principal cidade da antiga Síria. Localizada na rota do comércio da antiguidade, seu amplo suprimento de água fez dela uma importante cidade para o comércio e agricultura. No primeiro século, Damasco estava debaixo do governo romano, mas no tempo da conversão de Saulo estava aparentemente sendo governada por um rei local chamado Aretas (2 Cor 11:32). Havia uma grande comunidade judia em Damasco. A viagem de Jerusalém para Damasco era por uma extensa planície da Síria, numa distância aproximada de 320 quilômetros.

É justamente às portas dessa antiga cidade que o Cristo em pessoa irá convocar Saulo para o seu apostolado, dando início a uma fase importante à divulgação do seu evangelho.

Emmanuel entra na intimidade dos fatos e dos personagens, avançando além do que Lucas deu a relatar em seu Atos dos Apóstolos:

> Ao fim de três dias, a pequena caravana se deslocou de Jerusalém para a extensa planície da Síria.
>
> Na véspera da chegada, quase a termo da viagem difícil e penosa, o moço tarsense sentia agravarem-se as recordações amargas que lhe assomavam constantes. Forças secretas impunham-lhe profundas interrogações. Passava em revista os primeiros sonhos da juventude... Sua alma desdobrava-se em perguntas atrozes. Desde a adolescência que encarecia a paz interior... Onde encontrar aquela serenidade... Desde os impulsos iniciais da juventude, abominava o pecado. Consagrara-se ao ideal de servir a Deus com todas as suas forças. Não hesitara na execução de tudo que considerava dever, ante as ações mais violentas e rudes ... tinha inúmeros admiradores e amigos, tinha igualmente poderosos adversários... Onde, então, a paz

espiritual que tanto almejava nos esforços comuns? ... Os enigmas do destino empolgavam-lhe a mente. O mistério da dor e dos destinos diferenciais crivava-o de enigmas insolúveis e sombrias interrogações. Entretanto, aqueles adeptos do carpinteiro crucificado ostentavam uma serenidade desconhecida! ... Estêvão era uma inteligência poderosa e mostrara, ao morrer, uma paz impressionante, acompanhada de valores espirituais que infundiam assombro.

...

Ele próprio não saberia explicar o que se passava. Todo o seu passado laborioso aclarava-se, nitidamente, naquele exame introspectivo. Dentre todas as figuras familiares, a lembrança de Estêvão e de Abigail destacava-se, como a solicitá-lo para mais fortes interrogações. Por que haviam adquirido, os dois irmãos de Corinto, tal ascendência em todos os problemas do seu ego? ... Que força os unira nos labirintos do mundo, para que o seu coração nunca mais os esquecesse? A verdade dolorosa é que se encontrava sem paz interior, não obstante a conquista e gozo de todas as prerrogativas e privilégios, entre os vultos mais destacados da sua raça.

...

Atormentado pelas indagações profundas que lhe assoberbavam a mente, pareceu despertar de um grande pesadelo. Devia ser meio-dia. Muito distante ainda, a paisagem de Damasco apresentava os seus contornos: pomares espessos, cúpulas cinzentas que se esboçavam ao longe. Bem montado, evidenciando o aprumo de um homem habituado aos prazeres do esporte, Saulo ia à frente, em atitude dominadora.

Em dado instante, todavia, quando mal despertara das angustiosas cogitações, sente-se envolvido por luzes diferentes da tonalidade solar. Tem a impressão de que o ar se fende como uma cortina, sob pressão invisível e poderosa. Intimamente, considera-se presa de inesperada vertigem após o esforço mental, persistente e doloroso. Quer voltar-se, pedir o socorro dos companheiros, mas não os vê, apesar da possibilidade de suplicar o auxílio.

- Jacob!... Demétrio!... Socorram-me!... - grita desesperadamente. Mas a confusão dos sentidos lhe tira a noção de equilíbrio e tomba do animal, ao desamparo, sobre a areia ardente.

A visão, no entanto, parece dilatar-se ao infinito. Outra luz lhe banha os olhos deslumbrados, e no caminho, que a atmosfera rasgada lhe desvenda, vê surgir a figura de um homem de majestática beleza, dando-lhe a impressão de que descia do céu ao seu encontro. Sua túnica era feita de pontos luminosos, os cabelos tocavam nos ombros, à nazarena, os olhos magnéticos, imanados de simpatia e de amor, iluminando a fisionomia grave e terna, onde pairava uma divina tristeza.

O doutor de Tarso contemplava-o com espanto profundo, e foi quando, numa inflexão de voz inesquecível, o desconhecido se fez ouvir:

- Saulo!... Saulo!... por que me persegues?

O moço tarsense não sabia que estava instintivamente de joelhos. Sem poder definir o que se passava, comprimiu o coração numa atitude desesperada. Incoercível sentimento de veneração apossou-se inteiramente dele. Que significava aquilo? De quem o vulto divino que entrevia no painel do firmamento aberto e cuja presença lhe inundava o coração precípite de emoções desconhecidas?

Enquanto os companheiros cercavam o jovem genuflexo, sem nada ouvirem nem verem, não obstante haverem percebido, a princípio, uma grande luz no alto, Saulo interrogava em voz trêmula e receosa:

- Quem sois vós, Senhor?

Aureolado de uma luz balsâmica e num tom de inconcebível doçura, o Senhor respondeu:

- Eu sou Jesus!...

Então, viu-se o orgulhoso e inflexível doutor da Lei curvar-se para o solo, em pranto convulsivo. Dir-se-ia que o apaixonado rabino de Jerusalém fora ferido de morte, experimentando num momento a derrocada de todos os princípios que lhe conformaram o espírito e o nortearam, até então, na vida. Diante dos olhos tinha, agora, e assim, aquele Cristo magnânimo e incompreendido! Os pregadores do "Caminho" não estavam iludidos! A palavra de Estêvão era a verdade pura! A crença de Abigail era a senda real. Aquele era o Messias! A história maravilhosa da sua ressurreição não era um recurso lendário para fortificar as energias do povo. Sim, ele, Saulo, via-o ali no esplendor de suas glórias divinas!

E que amor deveria animar-lhe o coração cheio de augusta misericórdia, para vir encontrá-lo nas estradas desertas, a ele, Saulo, que se arvorara em perseguidor implacável dos discípulos mais fiéis!... Na expressão de sinceridade da sua alma ardente, considerou tudo isso na fugacidade de um minuto. Experimentou invencível vergonha do seu passado cruel. Uma torrente de lágrimas impetuosas lavava-lhe o coração. Quis falar, penitenciar-se, clamar suas infindas desilusões, protestar fidelidade e dedicação ao Messias de Nazaré, mas a contrição sincera do espírito arrependido e dilacerado embargava-lhe a voz.

Foi quando notou que Jesus se aproximava e, contemplando-o carinhosamente, o Mestre tocou-lhe os ombros com ternura, dizendo com inflexão paternal:

– Não recalcitres contra os aguilhões!...

Saulo compreendeu. Desde o primeiro encontro com Estêvão, forças profundas o compeliam a cada momento, e em qualquer parte, à meditação dos novos ensinamentos. O Cristo chamara-o por todos os meios e de todos os modos.

Sem que pudessem entender a grandeza divina daquele instante, os companheiros de viagem viram-no chorar mais copiosamente. O moço de Tarso soluçava. Ante a expressão doce e persuasiva do Messias Nazareno, considerava o tempo perdido em caminhos escabrosos e ingratos. Doravante necessitava reformar o patrimônio dos pensamentos mais íntimos; a visão de Jesus ressuscitado, aos seus olhos mortais, renovava-lhe integralmente as concepções religiosas. Certo, o Salvador apiedara-se do seu coração leal e sincero, consagrado ao serviço da Lei, e descera da sua glória estendendo-lhe as mãos divinas.

Ele, Saulo, era a ovelha perdida no resvaladouro das teorias escaldantes e destruidoras. Jesus era o Pastor amigo que se dignava fechar os olhos para os espinheiros ingratos, a fim de salvá-lo carinhosamente. Num ápice, o jovem rabino considerou a extensão daquele gesto de amor. As lágrimas brotaram-lhe do coração amargurado, como a linfa pura, de uma fonte desconhecida. Ali mesmo, no santuário augusto do espírito, fez o protesto de entregar-se a Jesus para sempre. Recordou, de súbito, as provações rígidas e dolorosas. A ideia de um lar morrera com Abigail. Sentia-se só e acabrunhado. Doravante, porém, entregar-se-ia ao Cristo, como simples escravo do seu amor. E tudo envidaria para provar-lhe que sabia compreender o seu sacrifício, amparando-o na senda escura das iniquidades humanas, naquele instante decisivo do seu destino. Banhado em pranto, como nunca lhe acontecera na vida, fez, ali mesmo, sob o olhar assombrado dos companheiros e ao calor escaldante do meio-dia, a sua primeira profissão de fé.

– Senhor, que quereis que eu faça?

Aquela alma resoluta, mesmo no transe de uma capitulação incondicional, humilhada e ferida em seus princípios mais estimáveis, dava mostras de sua nobreza e lealdade. Encontrando a revelação maior, em face do amor que Jesus lhe demonstrava solícito, Saulo de Tarso não escolhe tarefas para servi-lo, na renovação de seus esforços de homem.

Entregando-se-lhe de alma e corpo, como se fora ínfimo servo, interroga com humildade o que desejava o Mestre da sua cooperação. Foi aí que Jesus, contemplando-o mais amorosamente e dando-lhe a entender a necessidade de os homens se harmonizarem no trabalho comum da edificação de todos, no amor universal, em seu nome, esclareceu generosamente:

– Levanta-te, Saulo! Entra na cidade e lá te será dito o que te convém fazer!...

ΙΧΘΥΣ

SAULO E ANANIAS

EMMANUEL PROSSEGUE A NARRATIVA esclarecendo que os servidores não compreendiam o que se passava; que Saulo explicou que tinha visto Jesus e que estava cego, mas consideraram que ele não estava bem, por causa do sol forte e da longa viagem. O doutor da lei, em lágrimas, disse que não se preocupassem com ele e pediu a um deles que o levasse até Damasco e que os demais retornassem.

Na cidade, pediu que o companheiro conversasse com seu amigo Sadoc, mas este considerou que Saulo estava perturbado e não quis recebê-lo, indicando que ficassem na estalagem de Judas, para onde os dois se dirigiram. O amigo é dispensado e Saulo se recolhe no quarto durante três dias a pensar.

E continua:

> No terceiro dia de preces fervorosas, eis que o hoteleiro anuncia alguém que o procura. Seria Sadoc? Saulo tem sede de uma voz carinhosa e amiga. Manda entrar. Um velhinho de semblante calmo e afetuoso ali está, sem que o convertido possa ver-lhe as cãs respeitáveis e o sorriso generoso.
>
> O mutismo do visitante indiciava o desconhecido.
>
> – Quem sois? – pergunta o cego admirado.
>
> – Irmão Saulo – replica o interpelado com doçura – , o Senhor, que te apareceu no caminho, enviou-me a esta casa para que tornes a ver e recebas a iluminação do Espírito Santo.
>
> Ouvindo-o, o moço de Tarso tateou ansiosamente nas sombras. Quem seria aquele homem que sabia os feitos lá da estrada! Algum conhecido de Jacob? Mas... aquela inflexão de voz enternecida e carinhosa?
>
> – Vosso nome? – perguntou quase aterrado.
>
> – Ananias.
>
> A resposta era uma revelação. A ovelha perseguida vinha buscar o lobo voraz. Saulo compreendeu a lição que o Cristo

lhe ministrava. A presença de Ananias revoca-lhe à memória os apelos mais sagrados. Fora ele o iniciador de Abigail na doutrina e o motivo da viagem a Damasco, onde encontrara Jesus e a verdade renovadora. Tomado de profunda veneração, quis avançar, ajoelhar-se ante o discípulo do Senhor, que lhe chamava ternamente "irmão", oscular-lhe enternecido as mãos benfazejas, mas apenas tateou o vácuo, sem conseguir a execução do gratíssimo desejo.

- Quisera beijar vossa túnica - falou com humildade e reconhecimento - , mas, como vedes, estou cego!...

- Jesus mandou-me, justamente para que tivesses, de novo, o dom da vista.

Comovidíssimo, o velho discípulo do Senhor notou que o perseguidor cruel dos apóstolos do "Caminho" estava totalmente transformado. Ouvindo-lhe a palavra plena de fé, Saulo de Tarso deixava transparecer, no semblante, sinais de profunda alegria interior. Dos olhos ensombrados, manaram lágrimas cristalinas. O moço apaixonado e caprichoso aprendera a ser humano e humilde.

- Jesus é o Messias eterno! Depus minha alma em suas mãos!... - disse entre compungido e esperançoso. - Penitencio-me do meu caminho!...

Ananias batiza Saulo para a nova fé em Cristo e, impondo-lhe as mãos nos olhos, devolve-lhe a visão, em nome de Deus.

E como se entrassem em jogo forças poderosas e invisíveis, sentiu que das pálpebras doridas caíam substâncias pesadas como escamas, à proporção que a vista lhe voltava, embebendo-se de luz. Através da janela aberta, viu o céu claro de Damasco, experimentando indefinível ventura naquele oceano de claridades deslumbrantes. A aragem da manhã, como perfume do Sol, vinha banhar-lhe a fronte, traduzindo para o seu coração uma bênção de Deus.

– Vejo!... Agora vejo!... Glória ao redentor de minha alma!... – exclamava estendendo os braços num transporte de gratidão e de amor.

O evento fora de grande emoção para ambos, que se abraçaram trêmulos de alegria. Saulo sentiu-se revigorado e disse:

– Ressuscitastes-me para Jesus – exclamou jubiloso – ; serei dele eternamente. Sua misericórdia suprirá minhas fraquezas, compadecer-se-á de minhas feridas, enviará auxílios à miséria de minhalma pecadora, para que a lama do meu espírito se converta em ouro do seu amor.

...

Saulo rogou e Ananias contou-lhe tudo o que sabia de Jesus, por intermédio dos apóstolos e também sobre o que ele próprio presenciou na crucificação e os acontecimentos posteriores. Falou de Estêvão e também de Abigail, dizendo que esta havia lhe falado do amor por Saulo. Saulo, tendo visto Jesus redivivo, compreendia que Abigail não poderia estar morta. "Agora, pertenceria para sempre àquele Cristo amoroso e justo, que era o Messias prometido".

Saulo se interessa pelo evangelho e Ananias lhe apresenta alguns pergaminhos com as anotações de Levi, que ele procurou copiar.

E como que já iluminado daquele espírito missionário que lhe assinalou as menores ações, para o resto da vida, ponderava atento:

– Precisamos estudar um meio de difundir a nova revelação com a maior amplitude possível. Jesus é um socorro do Céu. Tardar na sua mensagem é delongar o desespero dos homens. Aliás, a palavra "evangelho" significa "boas notícias". É indispensável espalhar essas notícias do plano mais elevado da vida.

> ...
>
> – Até aqui, ocupava o meu tempo no estudo e na exegese da Lei de Moisés; agora, porém, encherei as horas com o espírito do Cristo. Trabalharei nesse mister até ao fim dos meus dias. Buscarei iniciar meu trabalho aqui mesmo em Damasco.

No seu entusiasmo de jovem sincero e determinado, propôs logo iniciar o trabalho falando publicamente de Jesus na sinagoga, sendo, porém, advertido por Ananias:

> – Para ser sincero – disse Ananias com a sua experiência dos homens – , acho que deves ser muito prudente nesta nova fase religiosa. É possível que teus amigos da sinagoga não estejam preparados para receber a luz da verdade toda. A má-fé tem sempre caminhos para tentar a confusão do que é puro.
>
> ...
>
> – Sim, não digo que fujas do testemunho – explicou, calmo, o velho discípulo – mas devo encarecer a maior prudência nas atitudes, não pela doutrina do Cristo, superior e invulnerável a quaisquer ataques dos homens, mas, por ti mesmo.

ΙΧΘΥΣ

PRIMEIRAS INICIATIVAS DE SAULO

Mas, como aconteceria no futuro em diversas outras vezes, Saulo seguiria os próprios pensamentos e impulsos, conseguindo assim divulgar a Boa Nova apesar de todos os obstáculos. No entanto, Saulo era ainda um simples e jovem aprendiz entusiasmado, sem as experiências da sabedoria e do sofrimento que só o tempo concede às criaturas.

Assim, no dia seguinte dirige-se à Sinagoga, onde encontra o amigo Sadoc, que se convertera no perseguidor dos homens do Caminho em Damasco, por causa do próprio Saulo. Ao narrar sua vivência ao antigo amigo, Saulo vai experimentar as primeiras dificuldades da empreitada. Nos dias de hoje, não poucas pessoas igualmente suportam o escárnio ou a oposição quando se transferem para as hostes espíritas, porque para muitos o espiritismo é "coisa de louco", uma vez que não admitem a vida após a morte do corpo, a existência dos espíritos ou a comunicação com eles.

Assim narra Emmanuel o diálogo entre os dois, para nos positivar que os cristãos devemos ter a coragem da fé, a certeza de que Jesus é de fato o caminho, a verdade e a vida para a plenitude espiritual.

> – Será possível – objetou (Sadoc) com zombaria – que tua índole sentimental, tão contrária a manifestações de misticismo, tenha capitulado nesse terreno? Acreditarias mesmo em tais visões? Não poderias imaginar-te vítima de algum desfaçado adepto do carpinteiro? Tuas atitudes de agora nos causarão profunda vergonha. Que dirão os homens irresponsáveis, que nada conhecem da Lei de Moisés? E a nossa posição no partido dominante da raça? Os colegas do farisaísmo hão de arregalar os olhos, quando souberem da tua clamorosa defecção.
>
> Quando aceitei o encargo de perseguir os companheiros do operário de Nazaré, reprimindo-lhes as atividades perigosas, fi-lo pela amizade que te consagrava; e não te doerá a traição dos votos anteriores? Considera como se dificultará nosso escopo, quando se espalhar a notícia de que capitulaste perante esses homens sem cultura e sem consciência.
>
> Saulo fitou o amigo, revelando imensa preocupação no olhar ansioso. Aquelas acusações eram as premissas do acolhimento que o aguardava no cenáculo dos velhos companheiros de lutas e edificações religiosas.

- Não - disse ele sentindo fundamente cada palavra - , não posso aceitar as tuas arguições. Repito que vi Jesus de Nazaré e devo proclamar que nele reconheço o Messias prometido pelos nossos profetas mais eminentes.

Enquanto o outro fazia largo gesto admirativo, ao observar aquela inflexão de certeza e sinceridade, Saulo continuava convicto:

- Quanto ao mais, considero que, a todo tempo, devemos e podemos reparar os erros do passado. E é com esse ardor de fé que me proponho regenerar minhas próprias estradas.

Trabalharei, doravante, pela minha certeza em Cristo Jesus. Não é justo que me perca em ponderações sentimentalistas, olvidando a verdade; e assim procederei em benefício dos meus próprios amigos. Os amantes das realidades da vida sempre foram os mais detestados, ao tempo em que viveram. Que fazer? Até aqui, minhas pregações nasciam dos textos recebidos dos antepassados veneráveis, mas, hoje, minhas asserções se baseiam não somente nos repositórios da tradição, senão também na prova testemunhal.

Sadoc não conseguiu ocultar a surpresa.

- Mas... a tua posição? E os teus parentes? E o nome? E tudo que recebeste dos que rodeiam tua personalidade com fervorosos compromissos? - perguntou Sadoc revocando-o ao passado.

Agora, estou com o Cristo e todos nós lhe pertencemos. Sua palavra divina convocou-me a esforços mais ardentes e ativos. Aos que me compreenderem devo, naturalmente, a gratidão mais sagrada; entretanto, para os que não possam entender guardarei a melhor atitude de serenidade, considerando que o próprio Messias foi levado à cruz.

Apesar da relutância do amigo, Saulo pediu para fazer uso da palavra, sendo acolhido dada a sua condição de rabino. Então, pela primeira vez, fala em público sobre Jesus e revela a sua nova condição de discípulo:

– Varões de Israel! começou em tom solene – em nome do Todo-Poderoso, venho anunciar-vos hoje, pela primeira vez, as verdades da nova revelação. Temos ignorado, até agora, o fato culminante da vida da Humanidade. O Messias prometido já veio, consoante o afirmaram os profetas que se glorificaram na virtude e no sofrimento. Jesus de Nazaré é o Salvador dos pecadores.

Uma bomba que estourasse no recinto, não causaria maior espanto. Todos fixavam o orador, atônitos. A assembleia estava obstúpida. Saulo, contudo, prosseguia intrépido, depois de uma pausa:

– Não vos assombreis com o que vos digo. Conheceis minha consciência pela retidão de minha vida, pela minha fidelidade às leis divinas. Pois bem: é com este patrimônio do passado que vos falo hoje, reparando as faltas involuntárias que cometi nos impulsos sinceros de uma perseguição cruel e injusta. Em Jerusalém fui o primeiro a condenar os apóstolos do "Caminho"; provoquei a união de romanos e israelitas para a repressão, sem tréguas, a todas as atividades que se prendessem ao Nazareno; varejei lares sagrados, encarcerei mulheres e crianças, submeti alguns à pena de morte, ocasionei um vasto êxodo das massas operárias que trabalhavam pacificamente na cidade para seu progresso; criei para todos os espíritos mais sinceros um regime de sombras e terrores. Fiz tudo isso, na falsa suposição de defender a Deus, como se o Pai Supremo necessitasse de míseros defensores!... Mas, de viagem para esta cidade, autorizado pelo Sinédrio e pela Corte Provincial, para invadir os lares alheios e perseguir criaturas inofensivas e inocentes, eis que Jesus me aparece às vossas portas e me pergunta, em pleno meio-dia, na paisagem desolada e deserta: – Saulo, Saulo, por que me persegues?

...

– O doutor de Tarso graceja!...

– Covarde! Blasfemo! Cão do "Caminho"!... Fora o traidor de Moisés!...

Grande tumulto generalizado se agravava quando o levita mais idoso pediu que todos o acompanhassem numa prece e encerrou as pregações daquele dia.

Saulo não esperava aquela reação, suportando-a com serenidade. No entanto, o orgulho ainda lhe dominava a personalidade.

Diz Emmanuel:

> Intimamente, sentia-se ferido no seu amor-próprio. Os remanescentes do "homem velho" exigiam revide e reparação imediata, ali mesmo, à vista de todos. Quis falar novamente, exigir a palavra, obrigar os companheiros a ouvi-lo, mas sentia-se presa de emoções incoercíveis, que lhe infirmavam os ímpetos explosivos. Imóvel, notou que velhos afeiçoados de Damasco abandonavam o recinto calmamente, sem lhe fazer sequer uma ligeira saudação.
>
> Observou, também, que os levitas de Citium pareciam entendê-lo, através de um olhar de simpatia, ao mesmo tempo que Sadoc fixava-o com ironia e risinhos de triunfo. Era o repúdio que chegava. Acostumado aos aplausos onde quer que aparecesse, fora vítima da própria ilusão, acreditando que, para falar com êxito, sobre Jesus, bastavam os louros efêmeros já conquistados ao mundo. Enganara-se. Seus cômpares punham-no à margem, como inútil.
>
> Nada lhe doía mais que ser assim desaproveitado, quando lhe ardia nalma a devoção sacerdotal. Preferia que o esbofeteassem, que o prendessem, que o flagelassem, mas não lhe tirassem o ensejo de discutir sem peias, a todos vencendo e convencendo com a lógica de suas definições. Aquele abandono feria-o fundo, porque, antes de qualquer consideração, reconhecia não laborar em benefício pessoal, por vaidade ou egoísmo, mas pelos próprios correligionários atidos às concepções rígidas e inflexíveis da Lei. Aos poucos a sinagoga ficara deserta, sob o calor ardente das primeiras horas da tarde. Saulo sentou-se num banco tosco e chorou. Era a luta entre a vaidade de outros tem-

> pos e a renúncia de si mesmo, que começava. Para conforto da alma opressa, recordou a narrativa de Ananias, no capítulo em que Jesus dissera ao velho discípulo que lhe mostraria quanto importava sofrer por amor ao seu nome.

A singeleza do Atos dos Apóstolos não permite se avaliar as lutas encetadas por Saulo para deixar o homem velho orgulhoso e realizar em si a iluminação interior. Foi um longo e doloroso processo, um trabalho hercúleo que só uma vontade disciplinada poderia realizar numa existência. Sim, importava que Saulo sofresse por amor ao nome de Jesus, mas não apenas para a pregação da Boa Nova, mas igualmente para modificar-se, transmutar-se em luz. É uma regra divina a que todos estamos sujeitos.

Estudando a vida dos discípulos do Cristo, especialmente a de Paulo, podemos entender melhor a mensagem do "Espírito amigo", sobre a paciência, inserta no capítulo IX de *O Evangelho segundo o Espiritismo*:

> A dor é uma bênção que Deus envia a seus eleitos; não vos aflijais, pois, quando sofrerdes; antes, bendizei de Deus onipotente que, pela dor, neste mundo, vos marcou para a glória no céu.

É a dor do esforço, da luta, da subida, da resistência ao mal. É uma dor que valoriza a experiência, que registra com profundidade a lição e seu ensinamento. Só os espíritos conscientes dão valor a essa dor e, por isso, não lamentam e nem se revoltam, mas enaltecem e agradecem.

Procurando se aconselhar com Ananias após a frustrada tentativa, Saulo ouve do bom amigo:

> – Sim – explicava o ancião paciente – , o Senhor conferiu-te a tarefa do semeador; tens muito boa vontade, mas, que faz um

homem recebendo encargos dessa natureza? Antes de tudo, procura ajuntar as sementes no seu mealheiro particular, para que o esforço seja profícuo.

...

– Quero dizer que um homem de vida pura e reta, sem os erros da própria boa intenção, está sempre pronto a plantar o bem e a justiça no roteiro que perlustra; mas aquele que já se enganou, ou que guarda alguma culpa, tem necessidade de testemunhar no sofrimento próprio, antes de ensinar. Os que não forem integralmente puros, ou nada sofreram no caminho, jamais são bem compreendidos por quem lhes ouve simplesmente a palavra. Contra os seus ensinos estão suas próprias vidas. Além do mais, tudo que é de Deus reclama grande paz e profunda compreensão. No teu caso, deves pensar na lição de Jesus permanecendo trinta anos entre nós, preparando-se para suportar nossa presença durante apenas três. Para receber uma tarefa do Céu, David conviveu com a Natureza apascentando rebanhos; para desbravar as estradas do Salvador, João Batista meditou muito tempo nos ásperos desertos da Judeia.

...

– Quando hajas sofrido mais – continuava o benfeitor e amigo sincero – , terás apurado a compreensão dos homens e das coisas. Só a dor nos ensina a ser humanos. Quando a criatura entra no período mais perigoso da existência, depois da matinal infância e antes da noite da velhice; quando a vida exubera energias, Deus lhe envia os filhos, para que, com os trabalhos, se lhe enterneça o coração. Pelo que me hás confessado, é possível não venhas a ser pai, mas terás os filhos do Calvário em toda parte. Não viste Simão Pedro, em Jerusalém, rodeado de infelizes? Naturalmente, encontrarás um lar maior na Terra, onde serás chamado a exercer a fraternidade, o amor, o perdão... É preciso morrer para o mundo, para que o Cristo viva em nós...

Mais calmo e agradecido, Saulo compreendeu a orientação e decidiu que, antes de procurar Jerusalém, iria buscar o deserto para meditar sobre as lições recebidas.

Naquela mesma noite, Saulo é conduzido a participar, pela primeira vez como um adepto de Jesus, de uma reunião da igreja de Damasco, que Emmanuel descreve:

> Damasco não tinha propriamente uma igreja; entretanto, contava numerosos crentes irmanados pelo ideal religioso do "Caminho". O núcleo de orações era em casa de uma lavadeira humilde, companheira de fé, que alugava a sala para poder acudir a um filho paralítico. Profundamente admirado, o moço tarsense enxergou ali a miniatura do quadro observado pela primeira vez, quando tivera a curiosidade invencível de assistir às célebres pregações de Estêvão em Jerusalém. Em torno da mesa rústica, juntavam-se míseras criaturas da plebe, que ele sempre mantivera separada da sua esfera social. Mulheres analfabetas com crianças ao colo, velhos pedreiros rudes, lavadeiras que não conseguiam conjugar duas palavras certas. Anciães de mãos trêmulas, amparando-se a cajados fortes, doentes misérrimos que exibiam a marca de enfermidades dolorosas. A cerimônia parecia ainda mais simples que as de Simão Pedro e seus companheiros galileus. Ananias chefiava e presidia o ato. Sentando-se à mesa, qual patriarca no seio da família, rogou as bênçãos de Jesus para a boa vontade de todos. Em seguida, fez a leitura dos ensinos de Jesus, respigando algumas sentenças do Mestre Divino nos pergaminhos esparsos. Depois de comentar a página lida, ilustrando-a com a exposição de fatos significativos, do seu conhecimento, ou da sua experiência pessoal, o velho discípulo do evangelho deixava o lugar, percorria as filas de bancos e impunha as mãos sobre os doentes e necessitados. Comumente, segundo o hábito das primeiras células cristãs do primeiro século, ao memorar as alegrias de Jesus quando servia o repasto aos discípulos, fazia-se modesta distribuição de pão

> e água pura, em nome do Senhor. Saulo serviu-se do bolo simples, enternecidamente. Para sua alma, o cibo mesquinho tinha o sabor divino da fraternidade universal. A água clara e fresca da bilha grosseira soube-lhe a fluido de amor que partia de Jesus, comunicando-se a todos os seres. Ao fim da reunião, Ananias orava fervorosamente. Depois de contar a visão de Saulo e a sua própria, nos comentários singelos daquela noite, pedia ao Salvador protegesse o novo servo em demanda a Palmira, a fim de meditar mais demoradamente na imensidão de suas misericórdias. Ouvindo-lhe a rogativa que o calor da amizade revestia de amavio singular, Saulo chorou de reconhecimento e gratidão, comparando as emoções do rabino que fora, com as do servo de Jesus que agora queria ser. Nas reuniões suntuosas do Sinédrio, jamais ouvira um companheiro exorar ao Céu com aquela sinceridade superior. Entre os mais afeiçoados só encontrara elogios vãos, prontos a se transformarem em calúnias torpes, quando lhes não podia conceder favores materiais. Em toda parte, admiração superficial, filha do jogo dos interesses inferiores. Ali, a situação era outra. Nenhuma daquelas criaturas desfavorecidas da sorte viera pedir-lhe facilidades; todos pareciam satisfeitos ao serviço de Deus, que assim os congregava a termo de trabalhos exaustivos e penosos. E, por fim, ainda rogavam a Jesus lhe concedesse paz de espírito para o seu empreendimento.

Guardadas as devidas ressalvas quanto às possibilidades dos tempos atuais, em relação às condições de conforto e tecnologia, as igrejas modernas e os centros espíritas devem reproduzir a simplicidade e a fraternidade daqueles primeiros tempos apostólicos, com a valorização das pessoas, algumas sedentas de conhecimento, outras buscando conforto para as suas aflições.

Foi ali, naquele agrupamento de pessoas simples, que Saulo vai ter uma exata compreensão da força da Boa Nova:

Consolado e satisfeito de haver encontrado amigos na verdadeira acepção da palavra, Saulo chegou à estalagem de Judas, despedindo-se de todos profundamente comovido. Ele próprio surpreendia-se com o sabor de intimidade com que as expressões lhe afloravam aos lábios. Agora compreendia que a palavra "irmão", largamente usada entre os adeptos do "Caminho", não era fútil e vã. Os companheiros de Ananias conquistaram-lhe o coração. Nunca mais esqueceria os irmãos de Damasco.

ΙΧΘΥΣ

NO DESERTO DE PALMIRA

COM O CORAÇÃO REPLETO, Saulo dirige-se para Palmira e lá se encontra com o velho mestre Gamaliel, agora um dos homens do "Caminho", mas considerado pelos familiares como um doente amado e que merecia todo o cuidado, longe do escárnio dos que não lhe podiam compreender o passado ilustre. É que a mudança radical de Gamaliel, assim como a de Saulo, não era compreendida e aceita pelos que consideravam devaneio e loucura seguir Jesus, que fora condenado e crucificado como mero criminoso.

Saulo procura se aconselhar com Gamaliel, expondo a este suas dificuldades iniciais na divulgação da Boa Nova, o desprezo recebido e as manifestações de ridículo. O bondoso e sábio mestre confortou Saulo e sugeriu que trabalhasse para o próprio sustento:

> – Foste humilde tecelão antes de conquistares os títulos honoríficos de Jerusalém... Agora que te candidatas a servir ao Messias na Jerusalém da Humanidade, é bom que voltes a ser modesto tecelão. As tarefas apagadas são grandes mestras do espírito de submissão. Não te sintas humilhado regressando ao

tear que nos surge, presentemente, qual amigo generoso. Estás sem dinheiro, sem recursos materiais... À primeira vista, considerando tua situação de realce no mundo, seria justo recorrer a parentes ou amigos. Mas não estás doente, nem envelhecido. Tens a saúde e a força. Não será mais nobre convertê-las em elemento de socorro a ti mesmo? Todo trabalho honesto está selado com a bênção de Deus.

As reflexões inteligentes de Saulo também acolhiam plenamente a sugestão de Gamaliel.

O moço tarsense pôs-se a meditar na elevação dos alvitres recebidos. Iniciaria uma existência nova. Tomaria o tear com humildade. Alegrava-se, ao recordar que o Mestre não desdenhara, por sua vez, o banco de carpinteiro. O deserto lhe proporcionaria consolação, trabalho, silêncio. Ganharia não mais o dinheiro fácil da admiração indevida, mas os recursos necessários à existência, com o subido valor dos obstáculos vencidos. Gamaliel tinha razão. Não era lícito rogar o favor dos homens quando Deus lhe havia feito o maior de todos os favores, iluminando-lhe a consciência para sempre. É verdade que em Jerusalém havia sido cruel verdugo, mas contava apenas trinta anos. Buscaria reconciliar-se com todos a quem havia ofendido no seu rigorismo sectário. Sentia-se jovem, trabalharia para Jesus enquanto lhe restassem energias.

A lição para nós, espíritas, é clara e sempre atual. No movimento espírita não deve haver profissionalismo e nosso dever é trabalhar para o próprio sustento. A divulgação doutrinária pode ser feita com eficiência no tempo que nos sobra dos compromissos familiares e profissionais. É obra urgente, mas não apressada, no dizer do venerando Dr. Bezerra de Menezes, e não só de um indivíduo, mas de todos que compreendem o espiritismo e o aceitam como o próprio cristianismo redivivo.

Buscando ajuda com o irmão, Gamaliel conseguiu com ele emprego para Saulo, que então vai trabalhar como tecelão no Oásis de Dan, na companhia do casal Áquila e Prisca. Os dois operários acolheram Saulo com fraternidade e simpatia, demonstrando nobres qualidades espirituais. Ambos se revelaram seguidores do evangelho e tinham por hábito o seu estudo ao final do trabalho diário, para o qual Saulo foi convidado e participava com alegria.

Áquila e Prisca seriam importantes companheiros de Paulo e dedicados trabalhadores do cristianismo nascente. Logo no primeiro contato Saulo sente que entre eles há fortes laços afetivos. Apesar de terem sido vítimas das perseguições iniciadas por Saulo, o perdoam e o acolhem fraternalmente.

> Saulo compreendeu a bênção que havia recebido. Tinha a impressão de encontrar naquelas duas almas fraternas, que nunca mais se haviam de separar espiritualmente da grandeza de sua missão, dois habitantes de um mundo diferente que, até então, não lhe fora dado conhecer na vida.
>
> Áquila e Prisca, antes que esposos, pareciam verdadeiros irmãos. No primeiro dia de esforço conjunto, o ex-doutor da Lei observou-lhes o respeito mútuo, a perfeita conformidade de ideias, a elevada noção de deveres que lhes caracterizava as menores atitudes e, sobretudo, a alegria sã que irradiava dos seus menores gestos. Seus costumes puros e generosos encantavam-lhe a alma desiludida das hipocrisias humanas. As refeições eram simples; cada objeto tinha o seu aproveitamento e lugar adequado, e as palavras, quando saíam do círculo da alegria comum, jamais incidiam em maledicência ou frivolidade.

Saulo permanecerá no oásis três anos no afanoso trabalho de tecelão, mas igualmente no aprimoramento espiritual, na convivência com o casal e no estudo diário do evangelho. Já não era mais aquele formoso jovem judeu, dado aos esportes, de porte orgulhoso.

Diz Emmanuel:

> O ex-rabino modificara o próprio aspecto, ao contato direto das forças agressivas da Natureza. A epiderme queimada pelo sol dava a impressão de um homem acostumado à inclemência do deserto. A barba crescida transformara-lhe o semblante. As mãos afeitas ao trato dos livros tornaram-se calosas e rudes. Entretanto, a solidão, as disciplinas austeras, o tear laborioso, lhe haviam enriquecido a alma de luz e serenidade. Os olhos calmos e profundos atestavam os novos valores do espírito. Entendera, finalmente, aquela paz desconhecida que Jesus desejara aos discípulos; sabia, agora, interpretar a dedicação de Pedro, a tranquilidade de Estêvão no instante da morte ignominiosa, o fervor de Abigail, as virtudes morais dos frequentadores do "Caminho", que perseguira em Jerusalém. A autoeducação, na ausência dos recursos da época, ensinara-lhe à alma ansiosa o segredo sublime de se entregar ao Cristo, para repousar em seus braços misericordiosos e invisíveis. Desde que se consagrara ao Mestre, de alma e coração, os remorsos, as dores, as dificuldades como que se afastaram do seu espírito. Recebia todo trabalho como um bem, toda necessidade como elemento de ensino.

O homem velho começava a ficar para trás, dando lugar à chegada de um espírito melhorado e voltado à vivência do evangelho. É um processo de reconstrução interior, dolorosa, porque se faz necessário desvestir-se dos hábitos arraigados, dos preconceitos e dos vícios acumulados. Não se põe remendo novo em roupa velha havia dito Jesus. Paulo estava, pois, confeccionando nova roupa espiritual, adequando-a aos ensinamentos do Mestre. A exemplo de Saulo e de muitos cristãos primitivos, quem se depara com os ensinamentos de Jesus ou com os novos revelados pelo espiritismo, igualmente deve recolher-se para as reflexões íntimas, mas confiando que Deus sempre oferece, às almas sinceras, oásis reconfortantes e, não raro, a companhia de bondosos amigos que estão conosco nos momentos mais graves, de dor e dúvidas acerbas.

Após três anos consecutivos passados no deserto, os três amigos deixam o oásis em direção a Palmira, de onde Saulo segue para Damasco.

ΙΧΘΥΣ

DE RETORNO A DAMASCO

Emmanuel vai dizer do novo estado de ânimo que tomara conta de Saulo. Não obstante tenha deixado o casal amigo, daquele momento em diante ele teria a companhia espiritual de Estêvão, fato que nenhum livro de história poderia noticiar. Todo trabalhador sincero na obra de Jesus deve sempre confiar na presença constante de bondosos amigos que da Espiritualidade o inspiram e protegem, embora não o isentem das lutas redentoras.

> Desde o instante em que se desligara da companhia amorável de Áquila e sua mulher, quando se sentiu absolutamente só para os grandes empreendimentos do seu novo destino, encontrou energias interiores até então imprevistas, por desconhecidas.
>
> Não podia definir aquele estado espiritual, mas o caso é que dali por diante, sob a direção de Jesus, Estêvão conservava-se a seu lado como companheiro fiel.
>
> Aquelas exortações, aquelas vozes brandas e amigas que o assistiram em todo o curso apostolar e atribuídas diretamen-

> te ao Salvador, provinham do generoso mártir do "Caminho", que o seguiu espiritualmente durante trinta anos, renovando--lhe constantemente as forças para execução das tarefas redentoras do evangelho.
>
> Jesus quis, dessarte, que a primeira vítima das perseguições de Jerusalém ficasse para sempre irmanada ao primeiro algoz dos prosélitos de sua doutrina de vida e redenção.
>
> Ao invés dos sentimentos de remorso e perplexidade em face do passado culposo; da saudade e desalento que, às vezes, lhe ameaçavam o coração, sentia agora radiosas promessas no espírito renovado, sem poder explicar a sagrada origem de tão profundas esperanças. Não obstante as singulares alterações fisionômicas que a vida, o regime e o clima do deserto lhe produziram, entrou em Damasco com alegria sincera na alma agora devotada, absolutamente, ao serviço de Jesus.

Saulo foi acolhido com carinho e bondade por Ananias e os irmãos do "Caminho", que lhe ofereceram hospitalidade. Em breve, foi informado das novidades sobre a doutrina e dos primeiros embates entre os judeus e os amigos do Cristo, principalmente por causa da circuncisão:

> Os fariseus formalistas, da sinagoga, não mais se insurgiam contra as atividades do "Caminho", desde que o seguidor de Jesus fosse, antes de tudo, fiel observador dos princípios de Moisés. Somente Ananias e alguns poucos perceberam a sutileza dos casuístas que provocavam deliberadamente a confusão em todos os setores, atrasando a marcha vitoriosa da Boa Nova redentora. O ex-doutor da Lei reconheceu que, na sua ausência, o processo de perseguição tornara-se mais perigoso e mais imperceptível, porquanto, às características cruéis, mas francas, do movimento inicial, sucediam as manifestações de hipocrisia farisaica, que, a pretexto de contemporização e benignidade, mergulhariam a personalidade de Jesus e a grandeza de suas

lições divinas em criminoso e deliberado olvido. Coerente com as novas disposições do foro íntimo, não pretendia voltar à sinagoga de Damasco, para não parecer um mestre pretensioso a pugnar pela salvação de outrem, antes de cuidar do aperfeiçoamento próprio; mas, diante do que via e coligia com alto senso psicológico, compreendeu que era útil arrostar todas as consequências e demonstrar as disparidades do formalismo farisaico com o evangelho: o que era a circuncisão e o que era a nova fé.

Expondo a Ananias o projeto de fomentar a discussão em torno do assunto, o velhinho generoso estimulou-lhe os propósitos de restabelecer a verdade em seus legítimos fundamentos.

Foi assim que, no segundo sábado de sua chegada, Saulo dirigiu-se à sinagoga de Damasco e, oportunamente, subiu à tribuna e começou a falar da Lei de Moisés, das promessas de Isaías, mas quando apresenta Jesus como o Messias e passa a abordar o problema da circuncisão, é reconhecido e a assembleia fica furiosa, os mais exaltados o acusavam de traidor e clamavam por sua prisão. Saulo, porém, recusou-se a ser preso alegando que não tinham contra ele a ordem escrita, deixando a sinagoga.

Saulo procurou Ananias para se aconselhar e este lhe recomendou prudência, porque os judeus não iriam desistir de sua prisão, sugerindo uma fuga pelos muros da cidade, num cesto de vime, fato que ficou relatado em Atos dos Apóstolos.

Emmanuel, com o seu olhar espiritual, assim descreve a ocorrência em destaque na história do cristianismo primitivo, inclusive noticiando as dúvidas do próprio Saulo quanto ao acerto da empreitada:

> – Saulo, terias medo de fugir num cesto de vime?
>
> – Por quê? – disse o moço sorridente. – Moisés não começou a vida num cesto sobre as águas?
>
> O velho achou graça na alusão e esclareceu o projeto. Não

muito longe dali, havia grandes árvores junto dos muros da cidade. Alçariam o fugitivo num grande cesto, e depois, com insignificantes movimentos, ele poderia descer do outro lado, em condições de encetar a viagem para Jerusalém, conforme pretendia. O ex-rabino experimentou imensa alegria. Na mesma hora, a dona da casa foi buscar o concurso dos três irmãos de mais confiança. E quando o céu se fez mais sombrio, depois das primeiras horas da meia-noite, um pequeno grupo se reunia junto à muralha, em ponto mais distante do centro da cidade. Saulo beijou as mãos de Ananias, quase com lágrimas. Despediu-se em voz baixa dos amigos, enquanto um lhe entregava volumoso pacote de bolos de cevada. Na copa da árvore frondosa e escura, o mais jovem esperava o sinal. O moço tarsense entrou na sua embarcação improvisada e a evasão se deu no âmbito silencioso da noite.

Do outro lado, saiu lesto do cesto, deixando-se empolgar por estranhos pensamentos. Seria justo fugir assim? Não havia cometido crime algum. Não seria covarde deixar de comparecer perante a autoridade civil para os esclarecimentos necessários? Ao mesmo tempo, considerava que sua conduta não provinha de sentimentos pueris e inferiores, pois ia a Jerusalém desassombrado, buscaria avistar-se com os antigos companheiros, falar-lhes-ia abertamente, concluindo que também não seria razoável entregar-se inerme ao fanatismo tirânico da Sinagoga de Damasco.

Aos primeiros raios de sol, o fugitivo ia longe. Levava consigo os bolos de cevada como única provisão, e o evangelho presenteado por Gamaliel como lembrança de tanto tempo de solidão e de luta.

Saulo segue a pé de Damasco para Jerusalém e tem a oportunidade de parar na Galileia, desejando conhecer os locais onde o Mestre iniciou as suas lutas, ouvindo a palavra dos seus moradores.

Vejamos as palavras de Emmanuel a respeito desse momento:

> Naquele tempo, já o ardoroso apóstolo dos gentios desejava inteirar-se de todos os fatos referentes à vida de Jesus, ansiava por coordená-los com segurança, de maneira a legar aos irmãos em Humanidade o melhor repositório de informações sobre o Emissário Divino.
>
> Quando chegou a Cafarnaum, um crepúsculo de ouro entornava maravilhas de luz na bucólica paisagem. O ex-rabino desceu religiosamente às margens do lago. Embebeu-se na contemplação das águas marulhosas. Pensando em Jesus, no poder do seu amor, chorou, dominado por singular emoção. Queria ter sido pescador humilde para captar os ensinamentos sublimes na fonte de suas palavras generosas e imortais.
>
> Por dois dias ali permaneceu em suave embevecimento. Sem revelar-se, procurou Levi, que o recebeu de boa vontade. Mostrou-lhe sua dedicação e conhecimento do evangelho, falou da oportunidade de suas anotações. O filho de Alfeu alegrou-se ao contágio daquela palavra inteligente e confortadora. Saulo viveu em Cafarnaum horas deliciosas para o seu espírito emotivo. Fora ao local das pregações do Mestre; mais adiante, a casinha de Simão Pedro; além, a coletoria onde o Mestre fora chamar Levi para o desempenho de importante papel entre os apóstolos. Abraçou homens fortes, da localidade, que tinham sido cegos e leprosos, curados pelas mãos misericordiosas do Messias; foi a Dalmanuta, onde conheceu Madalena. Enriqueceu o mundo impresssivo de suas observações colhendo informes inéditos.

Interessante observar a preocupação que Saulo teve, desde o início, de legar ao futuro as informações sobre a vida de Jesus, seus ensinamentos e feitos. Como se lê em outro trecho da obra, pretendia ele escrever seu próprio evangelho e também sobre os atos dos discípulos, para que pudessem servir de exemplo aos irmãos; no entanto, não o podendo fazer pessoalmente, delegou essa tarefa ao médico e companheiro Lucas.

Também se nota que, decorridos cerca de cinco anos da crucificação de Jesus, alguns discípulos continuavam na Galileia, dentre eles o evangelista Mateus (Levi) e Maria Madalena, que Saulo conheceu em Dalmanuta.

Prosseguindo de regresso para Jerusalém, Saulo enfrentará outros obstáculos e testes para a sua humildade, porquanto não será compreendido pelo amigo Alexandre e nem de pronto recebido na Casa do Caminho. Era natural... como poderiam imaginar uma transformação dessa natureza?... Para o amigo, estava doente, para os discípulos de Jesus poderia estar mascarando propósitos para a perseguição.

Resolvidos pela prudência, os discípulos decidiram que Barnabé fosse se entrevistar com Saulo na pensão onde se hospedara. O escolhido cumpriu a tarefa e sentiu sinceridade nos relatos que Saulo fez da sua conversão e ficou sensibilizado, logo com ele se identificando. Conduzido para a Casa do Caminho, foi agora acolhido com bondade. Era um importante momento, em que Saulo propõe fosse aceito no trabalho da Boa Nova, juntando-se ao grupo dos discípulos diretos do Senhor.

É assim que Emmanuel relata esse primeiro encontro sob o manto do mesmo ideal com Jesus:

> Em breves momentos, vencendo o constrangimento do primeiro contato com os amigos pessoais do Mestre, depois de tão longa ausência, o moço tarsense, atendendo-lhes ao pedido, relatava a jornada de Damasco com todos os pormenores do grande acontecimento, evidenciando singular emotividade nas lágrimas que lhe banhavam o rosto. Sensibilizara-se, sobremaneira, ao relembrar tamanhas graças. Pedro e Timon já não tinham dúvidas. A visão do ex-rabino tinha sido real. Ambos, em

companhia de Barnabé, seguiram a descrição até ao fim, com olhos cheios de pranto. Efetivamente, o Mestre voltara, a fim de converter o grande perseguidor da sua doutrina. Requisitando Saulo de Tarso para o redil do seu amor, revelara, mais uma vez, a lição imortal do perdão e da misericórdia.

Terminada a narrativa, o ex-doutor da Lei estava cansado e abatido. Instado a explanar suas novas esperanças, seus projetos de trabalho espiritual, bem como o que pretendia fazer em Jerusalém, confessou-se desde logo profundamente reconhecido por tanto interesse afetuoso e falou com certa timidez:

- Necessito entrar numa fase ativa de trabalho com que possa desfazer meu passado culposo. É verdade que fiz todo o mal à igreja de Jesus, em Jerusalém; mas, se a misericórdia de Jesus dilatar minha permanência no mundo, empregarei o tempo em estender esta casa de amor e paz a outros lugares da Terra.

- Sim - replicou Simão ponderadamente - , certo que o Messias renovará tuas forças, de modo a poderes atender a tão nobre cometimento, na época oportuna.

Saulo parecia confortar-se com a palavra de encorajamento; deixando perceber que desejava consolidar a confiança dos ouvintes, arrancou das dobras da túnica rafada um rolo de pergaminhos e, apresentando-o ao ex-pescador de Cafarnaum, disse sensibilizado:

- Aqui está uma relíquia da amizade de Gamaliel, que trago invariavelmente comigo. Pouco antes de morrer, ele deu-me a cópia das anotações de Levi, concernentes à vida e feitos do Salvador. Tinha em grande conta estas notas, porque as recebeu desta casa, na primeira visita que lhe fez.

Simão Pedro, evocando gratas recordações, tomou os pergaminhos com vivo interesse. Saulo verificava que o presente de Gamaliel tivera a finalidade prevista pelo generoso doador. Desde esse instante, os olhos do antigo pescador fixaram-se nele com mais confiança.

Manifestando o desejo de colaborar na divulgação da Boa Nova em Jerusalém, Saulo foi aconselhado por Pedro a desistir, diante dos grandes obstáculos a enfrentar. Mas o Saulo impulsivo ainda falava mais alto. Com a saúde refeita, procurou a sinagoga dos cilicianos e usou da palavra, mas foi recebido com ironia e tratado como um demente. Deixou o local com pensamentos que convidavam a assumir um movimento em favor de Jesus; seria a oportunidade de reparação e auxiliaria Pedro na sua tarefa em prol dos necessitados. Assim envolvido, resolve entrar no Sinédrio, onde recordou os fatos que levaram Estêvão à morte no mesmo local ao qual agora regressava. Mergulhou em preces suplicando a inspiração do Cristo, momento em que teve uma experiência mediúnica, conforme narra Emmanuel:

> ... Foi aí que o convertido de Damasco, exteriorizando as faculdades espirituais, fruto das penosas disciplinas, observou que um vulto luminoso surgia inopinadamente a seu lado, falando-lhe com inefável ternura:
>
> - Retira-te de Jerusalém, porque os antigos companheiros não aceitarão, por enquanto, o testemunho!
>
> Sob o pálio de Jesus, Estêvão seguia-lhe os passos na senda do discipulado, embora a posição transcendental de sua assistência invisível. Saulo, naturalmente, cuidou que era o próprio Cristo o autor da carinhosa advertência...

Contando a ocorrência a Pedro e as próprias intenções, Saulo ouve o conselho do discípulo mais experiente. Nesse diálogo, Emmanuel nos apresenta o pensamento de Pedro sobre o companheiro Judas, até hoje recriminado como um traidor de Jesus, sem que se tenha por ele um olhar de maior compreensão. Vejamos:

> - Estêvão não se entregou ao sacrifício? Sinto que nos falta

aqui uma coragem igual à do mártir, sucumbido às pedradas da minha ignorância.

- Não, Saulo - replicou Pedro com firmeza - , não seria razoável pensar assim. Tenho maior experiência da vida, embora não tenha cabedais de inteligência semelhantes aos teus. Está escrito que o discípulo não poderá ser maior que o mestre. Aqui mesmo, em Jerusalém, vimos Judas cair numa cilada igual a esta. Nos dias angustiosos do Calvário, em que o Senhor provou a excelência e a divindade do seu amor e, nós, o amargo testemunho da exígua fé, condenamos o infortunado companheiro. Alguns irmãos nossos mantêm, até o presente, a opinião dos primeiros dias; mas, em contato com a realidade do mundo, cheguei à conclusão de que Judas foi mais infeliz que perverso. Ele não acreditava na validade das obras sem dinheiro, não aceitava outro poder que não fosse o dos príncipes do mundo. Estava sempre inquieto pelo triunfo imediato das ideias do Cristo. Muitas vezes, vimo-lo altercar, impaciente, pela construção do Reino de Jesus, adstrito aos princípios políticos do mundo. O Mestre sorria e fingia não entender as insinuações, como quem estava senhor do seu divino programa. Judas, antes do apostolado, era negociante. Estava habituado a vender a mercadoria e receber o pagamento imediato. Julgo, nas meditações de agora, que ele não pôde compreender o evangelho de outra forma, ignorando que Deus é um credor cheio de misericórdia, que espera generosamente a todos nós, que não passamos de míseros devedores. Talvez amasse profundamente o Messias, contudo, a inquietação fê-lo perder na oportunidade sagrada. Tão só pelo desejo de apressar a vitória, engendrou a tragédia da cruz, com a sua falta de vigilância.

Saulo ouvia assombrado aquelas considerações justas e o bondoso apóstolo continuava:

- Deus é a Providência de todos. Ninguém está esquecido. Para que ajuízes melhor da situação, admitamos que fosses mais feliz que Judas. Figuremos tua vitória pessoal no feito. Concedamos que pudesses atrair para o Mestre toda a cidade.

E depois? Deverias e poderias responder por todos os que aderissem ao teu esforço? A verdade é que poderias atrair, nunca, porém, converter. Como não te fosse possível atender a todos, em particular, acabarias execrado pela mesma forma. Se Jesus, que tudo pode neste mundo sob a égide do Pai, espera com paciência a conversão do mundo, por que não poderemos esperar, de nossa parte? A melhor posição da vida é a do equilíbrio. Não é justo desejar fazer nem menos, nem mais do que nos compete, mesmo porque o Mestre sentenciou que a cada dia bastam os seus trabalhos.

O convertido de Damasco estava surpreso a mais não poder. Simão apresentava argumentos irretorquíveis. Sua inspiração assombrava-o.

Aqui cabe que façamos um apontamento sobre os discípulos de Jesus, sempre considerados como homens simples, meros pescadores, com origem numa região desprovida de cultura. No entanto, com os conhecimentos que a doutrina espírita nos oferece, é possível afirmarmos que uma tarefa de tal envergadura - a difusão da Boa Nova - não seria delegada a espíritos vulgares, mas sim aos integrantes da falange espiritual do próprio Cristo, escolhidos e preparados antes da reencarnação. Esses, portanto, possuíam as virtudes apropriadas aos propósitos amorosos do evangelho do Senhor, que não veio para os sãos e nem para os letrados, mas para os simples e humildes de coração. Bem por isso é que o ex-doutor da Lei, de vasta cultura e poliglota, espantou-se com a sábia argumentação de Pedro.

Seguindo o conselho do apóstolo, Saulo retorna para Tarso e logo procura a casa da família, tentando explicar a sua modificação. O pai, no entanto, lhe recusa abrigo, mas manda lhe entregar uma bolsa com dinheiro. Procurando um lugar afastado para chorar e orar, Saulo começa a adormecer e tem uma experiência espiritual, à qual ele irá se referir na 2ª Epístola aos Coríntios (cap. 12, vs. 2 a 4): "Conheço um homem em Cristo que há 14 anos (se no corpo não sei, se fora do corpo não sei; Deus o sabe) foi arrebatado até ao terceiro céu. E sei que o tal homem foi arrebatado ao paraíso e ouviu palavras inefáveis, de que ao homem não é lícito falar". Emmanuel vai detalhar essa ocorrência, que aqui vamos trazer para que recordemos que Saulo nunca esteve sozinho na sua árdua missão, como ninguém estará quando busca fazer o bem.

> Quando deu acordo de si, a noite havia fechado de todo. O céu oriental resplandecia de estrelas. Ventos suaves sopravam de longe, refrescando-lhe a fronte incandescida. Acomodou-se como pôde, entre as pedras agrestes, sem coragem de eximir-se ao silêncio da Natureza amiga. Não obstante prosseguir no curso de suas amargas reflexões, sentia-se mais calmo. Confiou ao Mestre as preocupações acerbas, pediu o remédio da sua misericórdia e procurou manter-se em repouso. Após a prece ardente, cessou de chorar, figurando-se-lhe que uma força superior e invisível lhe balsamizava as chagas da alma opressa.
>
> Breve, em doce quietude do cérebro dolorido, sentiu que o sono começava a empolgá-lo. Suavíssima sensação de repouso proporcionava-lhe grande alívio. Estaria dormindo? Tinha a impressão de haver penetrado uma região de sonhos deliciosos. Sentia-se ágil e feliz. Tinha a impressão de que fora arrebatado a uma campina tocada de luz primaveril, isenta e longe deste mundo. Flores brilhantes, como feitas de névoa colorida, desabrochavam ao longo de estradas maravilhosas, rasgadas na região banhada de claridades indefiníveis.
>
> Tudo lhe falava de um mundo diferente. Aos seus ouvidos toavam harmonias suaves, dando ideia de cavatinas executadas ao longe, em harpas e alaúdes divinos. Desejava identificar a paisagem, definir-lhe os contornos, enriquecer observações, mas um sentimento profundo de paz deslumbrava-o inteiramente. Devia ter penetrado um reino maravilhoso, porquanto

os portentos espirituais que se patenteavam a seus olhos excediam todo entendimento.

Mal não havia despertado desse deslumbramento, quando se sentiu presa de novas surpresas com a aproximação de alguém que pisava de leve, acercando-se de mansinho. Mais alguns instantes, viu Estêvão e Abigail à sua frente, jovens e formosos, envergando vestes tão brilhantes e tão alvas que mais se assemelhavam a peplos de neve translúcida.

Incapaz de traduzir as sagradas comoções de sua alma, Saulo de Tarso ajoelhou-se e começou a chorar. Os dois irmãos, que voltavam a encorajá-lo, aproximaram-se com generoso sorriso.

- Levanta-te, Saulo! - disse Estêvão com profunda bondade.

- Que é isso? Choras? - perguntou Abigail em tom blandicioso. - Estarias desalentado quando a tarefa apenas começa?

O moço tarsense, agora de pé, desatou em pranto convulsivo. Aquelas lágrimas não eram somente um desabafo do coração abandonado no mundo. Traduziam um júbilo infinito, uma gratidão imensa a Jesus, sempre pródigo de proteção e benefícios. Quis aproximar-se, oscular as mãos de Estêvão, rogar perdão para o nefando passado, mas foi o mártir do "Caminho" que, na luz de sua ressurreição gloriosa, aproximou-se do ex-rabino e o abraçou efusivamente, como se o fizesse a um irmão amado. Depois, beijando-lhe a fronte, murmurou com ternura:

- Saulo, não te detenhas no passado! Quem haverá, no mundo, isento de erros? Só Jesus foi puro!...

A amada de sua alma, Abigail, também lhe endereça estímulos amorosos, que seriam um norte para Saulo a vida toda, e que por serem úteis a todas as criaturas, segue em resumo o que foi registrado por Emmanuel:

- Nunca nos faltará um lar... Tê-lo-emos no coração de quantos vierem à nossa estrada. Quanto aos filhos, temos a família imensa que Jesus nos legou em sua misericórdia... Os filhos do

Calvário são nossos também... Eles estão em toda parte, esperando a herança do Salvador.

– Não te entregues ao desalento, nossos antepassados conheceram o Deus dos Exércitos, que era o dono dos triunfos sangrentos, do ouro e da prata do mundo; nós, porém, conhecemos o Pai, que é o Senhor de nosso coração.

– É preciso ser fiel a Deus, Saulo! Ainda que o mundo inteiro se voltasse contra ti, possuirias o tesouro inesgotável do coração fiel. A paz triunfante do Cristo é a da alma laboriosa, que obedece e confia...

– Concorda com Jesus e trabalha. O caminho para Deus está subdividido em verdadeira infinidade de planos. O espírito passará sozinho de uma esfera para outra. Toda elevação é difícil, mas somente aí encontramos a vitória real. Recorda a "porta estreita" das lições evangélicas e caminha.

– Saulo, para certeza da vitória no escabroso caminho, lembra-te de que é preciso dar: Jesus deu ao mundo quanto possuía e, acima de tudo, deu-nos a compreensão intuitiva das nossas fraquezas, para tolerarmos as misérias humanas...

– Ama, trabalha, espera e perdoa!

Aquele encontro foi decisivo para que Saulo nunca desanimasse ante as lutas da vida e na sua tarefa de levar a Boa Nova a todas as gentes. Soube ele ouvir e seguir os conselhos recebidos. Em nossas vidas, de uma forma ou outra – pode ser um livro, uma palestra, a palavra de alguém que nos ama –, todos somos alentados por Deus para prosseguirmos enfrentando as adversidades, as dores, porque são meios pelos quais adquirimos qualidades superiores. E então, Saulo se renova:

Experimentando uma paz até então desconhecida, acreditou que renascia naquele momento para uma existência muito diversa. Singular serenidade tocava-lhe o espírito. Uma compreensão diferente felicitava-o para o reinício da jornada no mundo. Guardaria o lema de Abigail, para sempre. O amor, o trabalho, a esperança e o perdão seriam seus companheiros inseparáveis. Cheio de dedicação por todos os seres, aguardaria as oportunidades que Jesus lhe concedesse, abstendo-se de provocar situações, e, nesse passo, saberia tolerar a ignorância ou a fraqueza alheias, ciente de que também ele carregava um passado condenável, que, nada obstante, merecera a compaixão do Cristo.

Com o dinheiro que o pai lhe dera, Saulo adquire um tear e torna-se um solitário e humilde tecelão em Tarso e vizinhança, "esperando devotadamente que Jesus o convocasse ao testemunho".

IXΘΥΣ

O CHAMADO PARA ANTIOQUIA

Então, três anos depois, por sugestão de Pedro, Barnabé procura Saulo solicitando sua ajuda na Igreja de Antioquia, que estava sob a direção dele e necessitava de colaboradores no serviço. É nessa igreja que Saulo irá iniciar o seu trabalho apostólico, com dificuldades que soube enfrentar humildemente. É no trabalho ali desenvolvido que Saulo se inspirará para estruturar uma rotina de serviço nas igrejas que fundará em diversos locais visitados ao longo de suas viagens.

Antioquia, localizada na Turquia, foi fundada nos finais do século IV a.C. por Seleuco I Nicator, que a tornou a capital do seu império. Escavações arqueológicas têm descoberto numerosas ruínas do passado. O circo, um dos maiores dos tempos romanos, a acrópole, numerosos banhos, vilas e cemitérios romanos e belos pisos de mosaico que datam do período apostólico.

Flávio Josefo descreve Antioquia como tendo sido a terceira maior cidade do império e também do mundo, com uma população estimada em mais de meio milhão de habitantes, depois de Roma e Alexandria. Cresceu a ponto de se tornar o principal centro comercial e industrial da Síria Romana. Júlio César, Augusto e Tibério utilizavam-na como centro de operações. Sua beleza se destacava graças às riquezas romanas, desde a estética grega até o luxo oriental.

A maioria da população era síria (gentios), embora houvesse numerosa colônia judaica. A cultura era tipicamente grego-helenista.

Emmanuel, em outra oportunidade, também descreve a vida em Antioquia, como o resumo que segue:

> Antioquia, cidade cosmopolita, tornara-se um foco de grandes devassidões. Na sua paisagem enfeitada de mármores preciosos, que deixavam entrever a opulência dos habitantes, proliferava toda a espécie de abusos. Os fortunosos entregavam-se aos prazeres licenciosos, desenfreadamente. Os bosques artificiais reuniam assembleias galantes, onde criminosa tolerância caracterizava todos os propósitos. A riqueza pública ensejava grandes possibilidades às extravagâncias. A cidade estava cheia de mercadores que se guerreavam sem tréguas, de ambições inferiores, de dramas passionais.

Saulo ficou feliz com o convite e acompanhou Barnabé de volta para Antioquia, onde passou a cooperar ativamente nos serviços mais simples, atendendo aos doentes.

Emmanuel nos apresenta a Igreja de Antioquia:

> A igreja não era rica, mas a boa vontade dos componentes parecia provê-la de graças abundantes.
>
> ... diariamente, à noite, se reuniam, na casa singela onde fun-

cionava a célula do "Caminho", grandes grupos de pedreiros, de soldados paupérrimos, de lavradores pobres, ansiosos todos pela mensagem de um mundo melhor. As mulheres de condição humilde compareciam, igualmente, em grande número. A maioria dos frequentadores interessavam-se por conselhos e consolações, remédios para as chagas do corpo e do espírito.

Geralmente, eram Barnabé e Manahen os pregadores mais destacados, ministrando o evangelho às assembleias heterogêneas.

A instituição de Antioquia era, então, muito mais sedutora que a própria igreja de Jerusalém. Vivia-se ali num ambiente de simplicidade pura, sem qualquer preocupação com as disposições rigoristas do judaísmo. Havia riqueza, porque não faltava trabalho. Todos amavam as obrigações diuturnas, aguardando o repouso da noite nas reuniões da igreja, qual uma bênção de Deus. Os israelitas, distantes do foco das exigências farisaicas, cooperavam com os gentios, sentindo-se todos unidos por soberanos laços fraternais. Raríssimos os que falavam na circuncisão e que, por constituírem fraca minoria, eram contidos pelo convite amoroso à fraternidade e à união. As assembleias eram dominadas por ascendentes profundos de amor espiritual. A solidariedade estabelecera-se com fundamentos divinos. As dores e os júbilos de um pertenciam a todos. A união de pensamentos em torno de um só objetivo dava ensejo a formosas manifestações de espiritualidade. Em noites determinadas, havia fenômenos de "vozes diretas". A instituição de Antioquia foi um dos raros centros apostólicos onde semelhantes manifestações chegaram a atingir culminância indefinível. A fraternidade reinante justificava essa concessão do Céu. Nos dias de repouso, a pequena comunidade organizava estudos evangélicos no campo. A interpretação dos ensinos de Jesus era levada a efeito em algum recanto ameno e solitário da Natureza, quase sempre às margens do Orontes.

A cidade estava repleta de paisagens morais menos dignas, mas o grupo humilde dos discípulos anônimos aumentava sempre em legítimos valores espirituais. A igreja tornou-se venerável por suas obras de caridade e pelos fenômenos de que se constituíra organismo central.

Viajantes ilustres visitavam-na cheios de interesse. Os mais generosos faziam questão de lhe amparar os encargos de beneficência social.

O comportamento de Saulo é um grande exemplo para todos os que chegam a uma casa espírita com o entusiasmo de um colaborador, ensinando que é necessário abrir o coração e conquistar as pessoas com o serviço amoroso e humilde. Saulo, em determinado momento, resolveu participar das pregações, mas o verbo fácil de antes não lhe chegava e não conseguia expressar as ideias; por isso, foi afastado discretamente dessa atividade. No entanto, aceitou a situação e não desanimou, preparando-se mais. Assim Emmanuel narra o seu esforço:

> Se não era possível regressar, de pronto ao labor da pregação, preparar-se-ia, de novo, para isso. Nesse intuito, retinha irmãos humildes na sua tenda de trabalho e, enquanto as mãos teciam com segurança, entabulava conversas sobre a missão do Cristo. À noite, promovia palestras na igreja com a cooperação de todos os presentes. Enquanto não se organizava a direção superior para o trabalho das assembleias, sentava-se com os operários e soldados que compareciam em grande número. Interessava a atenção das lavadeiras, das jovens doentes, das mães humildes. Lia, às vezes, trechos da lei e do evangelho, estabelecia comparações, provocava pareceres novos. Dentro daquelas atividades constantes, a lição do Mestre parecia sempre tocada de luzes progressivas. Em breve, o ex-discípulo de Gamaliel tornava-se um amigo amado de todos. Saulo sentia-se imensamente feliz. Tinha enorme satisfação sempre que via a tenda pobre repleta de irmãos que o procuravam, tomados de simpatia. As encomendas não faltavam. Havia sempre trabalho suficiente para não se tornar pesado a ninguém.

Foi ali em Antioquia que surgiu o médico Lucas, que iria se tornar grande colaborador de Paulo e destacado discípulo de Jesus, tendo escrito o evangelho que leva o seu nome e também o livro Atos dos Apóstolos. Saulo, já tendo recobrado sua capacidade de argumentação, conseguiu incutir em Lucas as mais sadias convicções, conversando com ele diariamente. Foi Lucas que, com sua inteligência, sugeriu que os seguidores de Jesus fossem identificados como cristãos. Vejamos como Emmanuel fala sobre isso:

> – Irmãos, afastando-me de vós, levo o propósito de trabalhar pelo Mestre, empregando nisso todo o cabedal de minhas fracas forças. Não tenho dúvida alguma quanto à extensão deste movimento espiritual. Para mim, ele transformará o mundo inteiro. Entretanto, pondero a necessidade de imprimirmos a melhor expressão de unidade às suas manifestações. Quero referir-me aos títulos que nos identificam a comunidade. Não vejo na palavra "caminho" uma designação perfeita, que traduza o nosso esforço, Os discípulos do Cristo são chamados "viajores", "peregrinos", "caminheiros". Mas há viandantes e estradas de todos os matizes. O mal tem, igualmente, os seus caminhos, Não seria mais justo chamarmo-nos – cristãos – uns aos outros?
>
> Este título nos recordará a presença do Mestre, nos dará energia em seu nome e caracterizará, de modo perfeito, as nossas atividades em concordância com os seus ensinos.
>
> ...
>
> O alvitre de Lucas estendeu-se rapidamente a todos os núcleos evangélicos, inclusive Jerusalém, que o recebeu com especial simpatia. Dentro de breve tempo, em toda parte, a palavra "cristianismo" substituía a palavra "caminho".

ΙΧΘΥΣ

PERSEGUIÇÕES EM JERUSALÉM

Em Jerusalém, porém, recrudesceram as perseguições aos cristãos. Tiago Maior fora morto. Emmanuel resume a carta que Pedro enviara narrando os tristes acontecimentos:

> Em longa missiva, Pedro relatava a Barnabé os últimos fatos que o acabrunhavam. Escrevia na data em que Tiago, filho de Zebedeu, sofrera a pena de morte, em grande espetáculo público. Herodes Agripa não lhe tolerara as pregações cheias de sinceridade e apelos justos. O irmão de João vinha da Galileia com a primitiva franqueza dos anúncios do novo Reino. Inadaptado ao convencionalismo farisaico, levara muito longe o sentido de suas exortações profundas. Verificou-se perfeita repetição dos acontecimentos que assinalaram a morte de Estêvão. Os judeus exasperaram-se contra as noções de liberdade religiosa. Sua atitude, sincera e simples, foi levada à conta de rebeldia. Tremendas perseguições irromperam sem tréguas. A mensagem de Pedro relatava também as penosas dificuldades da Igreja. A cidade sofria fome e epidemias. Enquanto a perseguição cruel apertava o cerco, inumeráveis filas de famintos e doentes batiam-lhe às portas. O ex-pescador solicitava de Antioquia os socorros possíveis.

Saulo e Barnabé vão levar os recursos conseguidos a Jerusalém e receberam tristes notícias.

> Imensas surpresas aguardavam os emissários de Antioquia, que já não encontraram Simão Pedro em Jerusalém. As autoridades haviam efetuado a prisão do ex-pescador de Cafarnaum, logo após a dolorosa execução do filho de Zebedeu. Amargas provações haviam caído sobre a Igreja e seus discípulos. Saulo e Barnabé foram recebidos especialmente por Prócoro, que os

informou de todos os sucessos. Por haver solicitado pessoalmente o cadáver de Tiago para dar-lhe sepultura, Simão Pedro fora preso, sem compaixão e com todo o desrespeito, pelos criminosos sequazes de Herodes. Mas, dias depois, um anjo visitara o cárcere do apóstolo, restituindo-o à liberdade. O narrador referiu-se ao feito, com os olhos fulgurantes de fé. Contou o júbilo dos irmãos quando Pedro surgiu à noite com o relato da sua libertação. Os companheiros mais ponderados induziram-no, então, a sair de Jerusalém e esperar na Igreja incipiente de Jope a normalidade da situação. Prócoro contou como o apóstolo relutara em aquiescer a esse alvitre dos mais prudentes. João e Filipe haviam partido. As autoridades apenas toleravam a Igreja em consideração à personalidade de Tiago, que, pelas suas atitudes de profundo ascetismo impressionava a mentalidade popular, criando em torno dele uma atmosfera de respeito intangível. Na mesma noite da libertação, por atender-lhe a insistência, Pedro fora conduzido à igreja pelos amigos. Desejava ficar, despreocupado das consequências; mas, quando viu a casa cheia de enfermos, de famintos, de mendigos andrajosos, houve de ceder a Tiago a direção da comunidade e partir para Jope, a fim de que os pobrezinhos não tivessem a situação agravada por sua causa.

As mudanças impostas por Tiago à Igreja de Jerusalém, com a manutenção das práticas judaicas, como já nos referimos anteriormente, fez com que os amigos mais dedicados ao evangelho passassem a se reunir na casa de Maria, irmã de Barnabé, que a procurou naquela situação. É assim que Emmanuel descreve a ocorrência:

A ausência eventual de Simão transformara a estrutura da obra evangélica. Aos dois recém-chegados tudo parecia inferior e diferente. Barnabé, sobretudo, notara algo, em particular. É que o filho de Alfeu, elevado à chefia provisória, não os convidou para se hospedarem na igreja. À vista disso, o discípulo de Pedro foi procurar a casa de sua irmã Maria Marcos, mãe do futuro evangelista, que os recebeu com grande júbilo. Saulo sentiu-se bem no ambiente de fraternidade pura e simples. Barnabé, por sua vez, reconheceu que a casa da irmã se tornara o ponto predileto dos irmãos mais dedicados ao evangelho. Ali se reuniam, à noite, às ocultas, como se a verdadeira igreja de Jerusalém houvesse transferido sua sede para um reduzido círculo familiar. Observando as assembleias íntimas do santuário doméstico, o ex-rabino recordou a primeira reunião de Damasco. Tudo era afabilidade, carinho, acolhimento. A mãe de João Marcos era uma das discípulas mais desassombradas e generosas. Reconhecendo as dificuldades dos irmãos de Jerusalém, não vacilara em colocar seus bens à disposição de todos os necessitados, nem hesitou em abrir as portas para que as reuniões evangélicas, em sua feição mais pura, não sofressem solução de continuidade.

ΙΧΘΥΣ

O EVANGELISTA JOÃO MARCOS

João Marcos era ainda muito jovem e sua mãe o preparava para o apostolado. Diante da situação de Jerusalém pediu que o filho fosse levado pelo tio para Antioquia. Emmanuel nos descreve a ocorrência, que acho importante destacar, porque nos dá a conhecer os primeiros fatos que ensejaram o engajamento do evangelista Marcos nas atividades do cristianismo.

Maria expôs ao irmão o seu grande sonho. Queria dar o filho, ainda muito jovem, a Jesus. De há muito vinha preparando o menino para o apostolado. Todavia, Jerusalém afogava-se em lutas religiosas, sem tréguas. As perseguições surgiam e ressurgiam. A organização cristã da cidade experimentava profundas alternativas. Só a paciência de Pedro conseguia manter a continuidade do ideal divino. Não seria melhor que João Marcos se transferisse para Antioquia, junto do tio? Barnabé não se opôs ao plano da irmã entusiasmada. O jovem, a seu turno, seguia as conversações, mostrando-se satisfeito. Chamado a opinar, Saulo percebeu que os irmãos deliberavam sem consultar o interessado. O rapaz acompanhava os projetos, sempre jovial e sorridente. Foi aí que o ex-doutor da Lei, profundo conhecedor da alma humana, desviou a palavra, procurando interessá-lo mais diretamente.

- João - disse bondosamente - , sentes, de fato, verdadeira vocação para o ministério?

- Sem dúvida! - confirmou o adolescente algo perturbado.

- Mas, como defines teus propósitos? - tornou a perguntar o ex-rabino.

- Penso que o ministério de Jesus é uma glória - respondeu um tanto acanhado sob o exame daquele olhar ardente e inquiridor.

Saulo refletiu um instante e sentenciou:

- Teus intuitos são louváveis, mas é preciso não esqueceres que a mínima expressão de glória mundana apenas chega após o serviço. Se assim acontece no mundo, que não será com o trabalho para o reino do Cristo? Mesmo porque, na Terra, todas as glórias passam e a de Jesus é eterna!...

O jovem anotou a observação e, embora desconcertado pela profundez dos conceitos, acrescentou:

- Sinto-me preparado para os labores do evangelho e, além disso, mamãe faz muito gosto que eu aprenda os melhores ensinamentos nesse sentido, a fim de tornar-me um pregador das verdades de Deus.

ΙΧΘΥΣ

A BOA NOVA PARA OS GENTIOS

ASSIM, SAULO E BARNABÉ seguem de volta para Antioquia, agora acompanhados de João Marcos. No caminho, os dois discípulos mantêm uma conversação que iria mudar completamente o serviço de divulgação da Boa Nova e constituiria a verdadeira tarefa de Saulo, aquela para a qual certamente fora convocado pessoalmente por Jesus.

Emmanuel descreve o diálogo, não encontrado em outra qualquer narrativa histórica ou mediúnica:

> – Tenho uma ideia que parece vir de mais alto – disse o ex-doutor da Lei sinceramente comovido.
>
> E continuou:
>
> – Suponho que o cristianismo não atingirá seus fins, se esperarmos tão só dos israelitas anquilosados no orgulho da Lei. Jesus afirmou que seus discípulos viriam do Oriente e do Ocidente. Nós, que pressentimos a tempestade, e eu, principalmente, que a conheço nos seus paroxismos, por haver desempenhado o papel de verdugo, precisamos atrair esses discípulos. Quero dizer, Barnabé, que temos necessidade de buscar os gentios onde quer que se encontrem. Só assim reintegrar-se-á o movimento em função de universalidade.
>
> O discípulo de Simão Pedro fez um movimento de espanto.
>
> O ex-rabino percebeu o gesto de estranheza e ponderou de modo conciso:
>
> – É natural prever com isso muitos protestos e lutas enormes; no entanto, não consigo vislumbrar outros recursos. Não é justo esquecer os grandes serviços da Igreja de Jerusalém aos pobres e necessitados, e creio mesmo que a assistência piedosa dos seus trabalhos tem sido, muitas vezes, sua tábua de salvação. Existem, porém, outros setores de atividade, outros horizontes essenciais. Poderemos atender a muitos doentes, ofertar

um leito de repouso aos mais infelizes; mas sempre houve e haverá corpos enfermos e cansados, na Terra. Na tarefa cristã, semelhante esforço não poderá ser esquecido, mas a iluminação do espírito deve estar em primeiro lugar. Se o homem trouxesse o Cristo no íntimo, o quadro das necessidades seria completamente modificado.

"A compreensão do evangelho e da exemplificação do Mestre renovaria as noções de dor e sofrimento. O necessitado encontraria recursos no próprio esforço, o doente sentiria, na enfermidade mais longa, um escoadouro das imperfeições; ninguém seria mendigo, por que todos teriam luz cristã para o auxílio mútuo, e, por fim, os obstáculos da vida seriam amados como corrigendas benditas de Pai amoroso a filhos inquietos."

Barnabé pareceu entusiasmar-se com a ideia. Mas, depois de pensar um minuto, acrescentou:

- Entretanto, esse empreendimento não deveria partir de Jerusalém?

- Penso que não - sentenciou Saulo, de pronto. - Seria absurdo agravar as preocupações de Pedro. Excede a tudo esse movimento de pessoas necessitadas e abatidas, convergentes de todas as províncias, a lhe baterem às portas. Simão está impossibilitado para o desdobramento dessa tarefa.

- Mas, e os outros companheiros? - inquiriu Barnabé revelando espírito de solidariedade.

- Os outros, certo, hão de protestar. Principalmente agora, que o judaísmo vai absorvendo os esforços apostólicos, é justo prever muitos clamores. Contudo, a própria Natureza dá lições neste sentido. Não clamamos tanto contra a dor? E quem nos traz maiores benefícios? Às vezes, nossa redenção está naquilo mesmo que antes nos parecia verdadeira calamidade. É indispensável sacudir o marasmo da instituição de Jerusalém, chamando os incircuncisos, os pecadores, os que estejam fora da Lei. De outro modo, dentro de alguns poucos anos, Jesus será apresentado como aventureiro vulgar.

Naturalmente, depois da morte de Simão, os adversários dos

princípios ensinados pelo Mestre acharão grande facilidade em deturpar as anotações de Levi. A Boa Nova será aviltada e, se alguém perguntar pelo Cristo, daqui a cinquenta anos, terá como resposta que o Mestre foi um criminoso comum, a expiar na cruz os desvios da vida. Restringir o evangelho a Jerusalém será condená-lo à extinção, no foco de tantos dissídios religiosos, sob a política mesquinha dos homens. Necessitamos levar a notícia de Jesus a outras gentes, ligar as zonas de entendimento cristão, abrir estradas novas...

E Saulo, além de propor a expansão do evangelho pelo trabalho pessoal, igualmente vai sugerir o que seriam verdadeiros livros noticiando não só os ensinamentos de Jesus, como também as ocorrências do cristianismo:

– Será mesmo justo que também façamos anotações do que sabemos de Jesus e de sua divina exemplificação. Outros discípulos, por exemplo, poderiam escrever o que viram e ouviram, pois, com a prática, vou reconhecendo que Levi não anotou mais amplamente o que se sabe do Mestre. Há situações e fatos que não foram por ele registrados. Não conviria também que Pedro e João anotassem suas observações mais íntimas? Não hesito em afirmar que os pósteros hão de rebuscar muitas vezes a tarefa que nos foi confiada.

Barnabé rejubilava-se com perspectivas tão sedutoras. As advertências de Saulo eram mais que justas. Haveria que prestar informações amplas ao mundo.

– Tens razão – disse admirado – , precisamos pensar nesses serviços, mas como?

– Ora – esclareceu Saulo tentando aplainar as dificuldades – , se quiseres chefiar qualquer esforço neste sentido, podes contar com a minha cooperação incondicional. Nosso plano seria desenvolvido na organização de missões abnegadas, sem outro fito que servir, de forma absoluta, à difusão da Boa Nova do

Cristo. Começaríamos, por exemplo, em regiões não de todo desconhecidas, formaríamos o hábito de ensinar as verdades evangélicas aos mais vários agrupamentos; em seguida, terminada essa experiência, demandaríamos outras zonas, levaríamos a lição do Mestre a outras gentes.

O companheiro ouvia-o, afagando sinceras esperanças. Tomado de novo ânimo, disse ao convertido de Damasco, esboçando o primeiro número do programa:

– De há muito, Saulo, tenho necessidade de voltar à minha terra, a fim de resolver certos problemas de família. Quem sabe poderíamos iniciar o serviço apostólico através das aldeias e cidades de Chipre? Conforme o resultado, prosseguiríamos por outras zonas. Estou informado de que a região em que demora Antioquia da Pisídia é habitada por gente simples e generosa, e suponho que colheríamos belos resultados no empreendimento.

– Poderás contar comigo – respondeu Saulo de Tarso, resoluto. – A situação requer o concurso de irmãos corajosos e a igreja do Cristo não poderá vencer com o comodismo. Comparo o evangelho a um campo infinito, que o Senhor nos deu a cultivar. Alguns trabalhadores devem ficar ao pé dos mananciais, velando-lhes a pureza, outros revolvem a terra em zonas determinadas; mas não há dispensar a cooperação dos que precisam empunhar instrumentos rudes, desfazer cipoais intensos, cortar espinheiros para ensolarar os caminhos.

Barnabé reconheceu a excelência do projeto, mas considerou:

– Todavia, temos ainda a examinar a questão do dinheiro. Tenho alguns recursos, mas insuficientes para atender a todas as despesas. Por outro lado, não seria possível sobrecarregar as igrejas...

– Absolutamente! – adiantou o ex-rabino – onde estacionarmos, poderei exercer o meu ofício. Por que não? Qualquer aldeia paupérrima tem sempre teares de aluguel. Montarei, então, uma tenda móvel!

Barnabé achou graça no expediente e ponderou:

– Teus sacrifícios não serão pequenos. Não receias as dificuldades imprevisíveis?

> – Por quê? – interrogou Saulo com firmeza. – Certo, se Deus não me permitiu a vida em família foi para que me dedicasse exclusivamente ao seu serviço. Por onde passarmos, montaremos a tenda singela. E onde não houver tapetes, a consertar e a tecer, haverá sandálias.
>
> O discípulo de Simão Pedro entusiasmou-se. O resto da viagem foi dedicado aos projetos da futura excursão.

Apresentada a proposta à Igreja, depois de algumas considerações e temores com a ausência dos companheiros, todos concordaram. E, fato comum à igreja, "a voz do Espírito Santo se fez ouvir no ambiente de simplicidade pura, inculcando fossem Barnabé e Saulo destacados para a evangelização dos gentios".

Emmanuel anota, em seguida, o estado de alegria de Saulo:

> Aquela recomendação superior, aquela voz que provinha dos arcanos celestes, ecoou no coração do ex-rabino como um cântico de vitória espiritual. Sentia que acabava de atravessar imenso deserto para encontrar de novo a mensagem doce e eterna do Cristo. Por conquistar a dignidade espiritual, só experimentara padecimentos, desde a cegueira dolorosa de Damasco.
>
> Ansiara por Jesus. Tivera sede abrasadora e terrível. Pedira em vão a compreensão dos amigos, debalde buscara o terno aconchego da família. Mas, agora, que a palavra mais alta o chamava ao serviço, deixava-se empolgar por júbilos infinitos. Era o sinal de que havia sido considerado digno dos esforços confiados aos discípulos. Refletindo como as dores passadas lhe pareciam pequeninas e infantis, comparadas à alegria imensa que lhe inundava a alma, Saulo de Tarso chorou copiosamente, experimentando maravilhosas sensações. Nenhum dos irmãos presentes, nem mesmo Barnabé, poderia avaliar a grandiosidade dos sentimentos que aquelas lágrimas revelavam. Tomado de profunda emoção, o ex-doutor da Lei reconhecia que Jesus se dignava de aceitar suas oblatas de boa vontade, suas lutas e

sacrifícios. O Mestre chamava-o e, para responder ao apelo, iria aos confins do mundo.

ΙΧΘΥΣ

JOÃO MARCOS E SUA DESISTÊNCIA

ANTES DE PROPOREM OS novos trabalhos à Igreja, Saulo quis saber de João Marcos sobre seu interesse em colaborar na viagem. O jovem afirmou que "seguiria o trabalho de Jesus, fosse onde fosse".

Mas Saulo insistiu para saber de sua determinação:

> - E se houver muitos obstáculos? - perguntou Saulo avisadamente.
>
> - Saberei vencê-los - respondeu João, convicto.
>
> - Mas é possível venhamos a experimentar dificuldades sem conta - continuava o ex-rabino preparando-lhe o espírito. Se o Cristo, que era sem pecado, encontrou uma cruz entre apodos e flagelos, quando ensinava as verdades de Deus, que não devemos esperar em nossa condição de almas frágeis e indigentes?
>
> - Hei de encontrar as forças necessárias.
>
> Saulo contemplou-o, admirado da firme resolução que suas palavras deixaram transparecer, e observou:
>
> - Se deres um testemunho tão grande como a coragem que revelas, não tenho dúvidas quanto à grandeza de tua missão.

Saulo parecia intuir que Marcos não teria ânimo forte o suficiente para as grandes dificuldades que teriam de enfrentar na pregação do evangelho para um povo refratário e por ásperos lugares. Iniciada a viagem em direção a Chipre, o jovem colaborava em várias atividades, mas, vez por outra, se mostrava entristecido e queixoso.

> Não esperava encontrar tão vultosa cota de trabalho.
>
> ...
>
> Além disso, fiel observador do judaísmo, não obstante a paixão pelo evangelho, o filho de Maria Marcos sentia grandes escrúpulos, com a largueza de vistas do tio e do missionário, relativamente aos gentios. Desejava servir a Jesus, sim, de todo o coração, mas não podia distanciar o Mestre das tradições do berço.
>
> - Mas que fazermos com essa gente tão estranha? - perguntou o rapaz contrariado.
>
> - Sabemos, em Jerusalém, que esse país é povoado por criaturas supinamente ignorantes. E, ao demais, que ali existem ladrões por toda parte.
>
> ...
>
> - Supunha que não iríamos além da Panfília. Como, pois, chegar até Antioquia? Não temos recursos para atravessar tamanhos precipícios. As florestas estão infestadas de bandidos, o rio encachoeirado não faculta o trânsito de barcas. E as noites? Como dormir? Essa viagem não se pode tentar sem animais e servos, coisa que não temos.

Saulo ofereceu seus argumentos, procurando orientá-lo e mostrar que os obstáculos eram naturais; que Jesus também os enfrentou ao vir ter conosco; e que eles estavam apenas iniciando os primeiros passos na caminhada.

Marcos, no entanto, resolveu regressar a Jerusalém, de qualquer modo, sem que fosse possível demovê-lo da decisão.

João Marcos, no entanto, de fato tinha amor por Jesus e não abandonaria a tarefa. Em Jerusalém, tornou-se um auxiliar das atividades evangélicas junto a Pedro, com quem certamente colheu as informações necessárias para escrever o seu evangelho. Diz Emmanuel que João acompanhava Simão quando de sua visita à igreja de Antioquia.

Quando Saulo resolve fazer a segunda viagem às igrejas, Barnabé diz que aceitara o pedido da irmã para uma nova tentativa de adaptação do filho ao serviço do evangelho. Saulo, embora não tivesse se magoado, não concordou e isso foi motivo para Barnabé dizer que então não poderia acompanhá-lo.

Dada a sua relevância nos trabalhos cristãos, segue o diálogo entre os dois, como narrado por Emmanuel:

> Apresentado o relatório verbal dos esforços em perspectiva, Saulo e Barnabé entraram a cogitar das últimas disposições particulares.
>
> - Agora - disse o ex-levita de Chipre - , espero concordes com o que resolvi relativamente a João.
>
> - João Marcos? - interrogou Paulo admirado.
>
> - Sim, desejo levá-lo conosco, a fim de afeiçoá-lo à tarefa.
>
> O ex-rabino franziu o sobrecenho num gesto muito seu, quando contrariado, e exclamou:
>
> - Não concordo; teu sobrinho está ainda muito jovem para o cometimento.
>
> - Entretanto, prometi à minha irmã acolhê-lo em nossos labores.
>
> - Não pode ser.
>
> Estabeleceu-se entre os dois uma contenda de palavras, na qual Barnabé deixava perceber seu descontentamento. O ex-rabino procurava justificar-se, ao passo que o discípulo de Pedro alegava o compromisso assumido e impugnava, com tal ou qual amargura, a atitude do companheiro. O ex-doutor, contudo, não se deixou convencer. A readmissão de João Marcos, dizia, não era justa. Poderia falhar novamente, fugir aos compromissos assumidos, desprezar a oportunidade do sacrifício. Lembrava as perseguições de Antioquia de Pisídia, as enfermidades inevitáveis, as dores morais experimentadas em Icônio, o apedrejamento cruel na praça de Listra. Acaso o rapaz estaria preparado, em tão pouco tempo, para compreender o alcance

de todos esses acontecimentos, em que a alma era compelida a regozijar-se com o testemunho?

Barnabé estava magoado, de olhos úmidos.

- Afinal, disse em tom comovedor, nenhum desses argumentos me convence e me esclarece, em consciência. Primeiramente, não vejo por que desfazer nossos laços afetivos...

O ex-rabino não o deixou terminar e concluiu:

- Isso nunca. Nossa amizade está muito acima destas circunstâncias. Nossos elos são sagrados.

- Pois bem - acentuou Barnabé - , como interpretar, então, tua recusa? Por que negarmos ao rapaz uma nova experiência de trabalho regenerativo? Não será falta de caridade desprezar um ensejo talvez providencial?

Saulo fixou demoradamente o amigo e acrescentou:

- Minha intuição, neste sentido, é diversa da tua. Quase sempre, Barnabé, a amizade a Deus é incompatível com a amizade ao mundo. Levantando-nos para a execução fiel do dever, as noções do mundo se levantam contra nós. Parecemos maus e ingratos. Mas, ouve-me: ninguém encontrará fechadas as portas da oportunidade, porque é o Todo-Poderoso quem no-las abre. A ocasião é a mesma para todos, mas os campos devem ser diferentes. No trabalho propriamente humano, as experiências podem ser renovadas todos os dias. Isso é justo. Mas considero que, no serviço do Pai, se interrompemos a tarefa começada, é sinal de que ainda não temos todas as experiências indispensáveis ao homem completo. Se a criatura ainda não sabe todas as noções mais nobres, relativas à sua vida e deveres terrestres, como consagrar-se com êxito ao serviço divino? Naturalmente que não podemos ajuizar se este ou aquele já terminou o curso de suas demonstrações humanas e que, de hoje por diante, esteja apto ao serviço do evangelho, porque, neste particular, cada um se revelará por si. Creio, mesmo, que teu sobrinho atingirá essa posição, com mais algumas lutas. Nós, entretanto, somos forçados a considerar que não vamos tentar uma experiência, mas um testemunho. Compreendes a diferença?

Barnabé compreendeu o imenso alcance daquelas razões concisas, irrefutáveis, e calou-se para dizer daí a momentos:

– Tens razão. Desta vez não poderei, portanto, ir contigo.

Paulo sentiu toda a tristeza que transbordava daquelas palavras e, depois de meditar longo tempo, acentuou:

– Não nos entristeçamos. Estou refletindo na possibilidade de tua partida, com João Marcos, para Chipre. Ele encontraria, ali, um campo adequado aos trabalhos que lhe são necessários e, ao mesmo tempo, cuidaria da organização que fundamos na ilha. Dentro deste plano, continuaríamos em cooperação perfeita, mesmo no que se refere à coleta para a igreja de Jerusalém. Desnecessário será dizer da utilidade de tua presença em Nea Pafos e Salamina. Quanto a mim, tomaria a Silas, internando-me pelo Tauro, e a igreja de Antioquia ficará com a cooperação de Barsabás e Tito.

Barnabé ficou contentíssimo. O projeto pareceu-lhe admirável. Paulo continuava, a seus olhos, como o companheiro das soluções oportunas.

E dentro de breves dias, a caminho de Chipre, onde serviria a Jesus até que partisse, mais tarde, para Roma, Barnabé foi com o sobrinho para Selêucia, depois de se abraçarem, ele e Saulo, como dois irmãos muito amados, que o Mestre chamava a diferentes destinos.

Realmente, como reconheceu Barnabé, Saulo era um discípulo bem consciente da grandeza da tarefa, das metas a serem alcançadas e dos sacrifícios que exigiam. Não era, de fato, algo para um mero aprendiz. As lutas requeriam uma personalidade forte e determinada, corajosa e capaz de enfrentar fossem quais fossem os obstáculos e os sofrimentos.

No final da vida, já em Roma, em prisão domiciliar, Saulo envia a sua última epístola, dirigida a Timóteo, e nela solicita ajuda para que João Marcos fosse "à sede do Império, a fim de auxiliá-lo no serviço apostólico" – evidenciando que João soube reconquistar a admiração do apóstolo –, o que não aconteceu, uma vez que em pouco tempo Saulo foi preso e assassinado a espada.

IXΘYΣ

O INÍCIO DA TAREFA

A PRIMEIRA VIAGEM DE pregação do evangelho aos gentios começou com Saulo e Barnabé, acompanhados de João Marcos, saindo de Antioquia em direção à ilha de Chipre, local escolhido porque Barnabé era de lá e aproveitaria para rever familiares. Seguiram a pé até o porto de Selêucia e lá pegaram um navio para a ilha. Em terra, percorreram várias cidades e Barnabé aproveitava para falar nas sinagogas sobre Jesus.

Diz Emmanuel que Saulo observava que "o companheiro explanava o assunto com respeito algo excessivo às tradições judaicas. Via-se claramente que desejava, antes de tudo, conquistar as simpatias do auditório; em alguns pontos, demonstrava o temor de encetar o trabalho, abrindo as lutas tão em desacordo com o seu temperamento. Os israelitas mostraram-se surpreendidos, mas satisfeitos."

Apesar disso, Saulo considerou que "fazer reparos a Barnabé seria ingratidão e indisciplina; mas, concordar com o sorriso dos compatrícios perseverantes nos erros do fingimento farisaico seria negar fidelidade ao evangelho." Na dúvida, procurou "resignar-se e esperou".

Barnabé, por sua vez, apesar de exausto, conhecendo as deficiências do verbo de Saulo nos serviços da igreja de Antioquia, "temia confiar ao ex-rabino as responsabilidades diretas do ensino".

IXΘYΣ

PRIMEIRA IGREJA PARA OS GENTIOS

Na cidade de Nea Pafos, no entanto, novos acontecimentos iriam permitir que nessa localidade fosse erguida a primeira igreja decorrente dos esforços de Saulo e Barnabé junto aos gentios.

Barnabé, dessa vez, apresentou o evangelho com brilhantismo e beleza, e o próprio Saulo se comoveu profundamente. O êxito atraiu muita gente.

Diz Emmanuel:

> A segunda assembleia reuniu os elementos mais finos; judeus e romanos aglomeravam-se ansiosos. O ex-levita fez nova apologia do Cristo, bordando conceitos de maravilhosa beleza espiritual. O ex-doutor da Lei, com os trabalhos informativos da missão, atendia prazerosamente a todas as consultas, pedidos, informações.
>
> Nenhuma cidade manifestara tamanho interesse, quanto aquela; os romanos, em grande número, iam solicitar esclarecimentos quanto aos objetivos dos mensageiros, recebiam notícias do Cristo, revelando júbilos e esperanças; desfaziam-se em gestos de espontânea bondade. Entusiasmados com o êxito, Saulo e Barnabé organizaram reuniões em casas particulares, especialmente cedidas para esse fim pelos simpatizantes da doutrina de Jesus, onde encetaram formoso movimento de curas. Com alegria infinita, o tecelão de Tarso viu chegar a extensa fileira dos "filhos do Calvário". Eram mães atormentadas, doentes desiludidos, anciães sem nenhuma esperança, órfãos sofredores, que agora procuravam a missão. A notícia das curas julgadas impossíveis encheu Nea Pafos de grande assombro. Os missionários impunham as mãos, fazendo preces fervorosas ao Messias Nazareno; de outras vezes, distribuíam água pura, em seu nome. Extremamente cansado e achando que o novo auditório não requeria maior erudição, Barnabé encarregou o companheiro das pregações da Boa Nova;

mas, com grande surpresa, verificou que Saulo se modificara radicalmente. Seu verbo parecia inflamado de nova luz; tirava do evangelho ilações tão profundas que o ex-levita o escutava agora sem dissimular o próprio espanto. Notava, particularmente, o carinho do ex-doutor no apresentar os ensinamentos do Cristo aos mendigos e sofredores. Falava como alguém que houvesse convivido com o Senhor, por largos anos. Referia-se a certos lances das lições do Mestre com um manancial de lágrimas nos olhos. Prodigiosas consolações derramavam-se no espírito das turbas. Dia e noite, havia operários e estudiosos copiando as anotações de Levi.

Os acontecimentos abalaram a opinião da cidade em peso. Os resultados eram os mais confortadores.

O sucesso levou-os a ser convidados a ir ao palácio do procônsul Sérgio Paulo, um romano relativamente moço, que se se encontrava doente e rogava ajuda, dizendo que vinha sendo tratado sem resultado pelo mago judeu de nome Barjesus (ver Atos dos Apóstolos, 13:7-12).

Saulo disse que de fato tinham o poder de um grande médico, que era Jesus, e que podiam curar os enfermos dispostos a compreendê-lo e segui-lo; que a fórmula de Jesus se destinava a medicar, antes de tudo, a causa de todos os males; que os corpos sofrem a ação do ambiente, da alimentação e dos nossos atos, e morrem; que Jesus nos ensina a procurar uma saúde mais real e preciosa, que é a do espírito. Possuindo-a, teremos transformado as causas de preocupação de nossa vida, e habilitamo-nos a gozar a relativa saúde física que o mundo pode oferecer nas suas expressões transitórias.

O mago protestou, afirmando que Jesus era um falso profeta, um miserável carpinteiro, ironizando as palavras de Saulo. Este reagiu dizendo que também pensou como ele, mas que agora reconhecia a grandeza de Jesus.

Recordou-se das narrativas de Pedro sobre Estêvão ter curado o mesmo romano e narrou-lhe o fato, com assombro de todos, inclusive de Barnabé.

O mago reagiu e retoma discussão com Saulo, que tem uma atitude mais enérgica, dizendo que tudo tinha feito para convencê-lo, mas que era necessário ficar cego para poder enxergar a verdade em espírito, como havia ocorrido com ele mesmo. Imediatamente, Barjesus fica cego e chora desesperado por quatro horas. Depois desse tempo, os missionários oraram de joelhos e Saulo impôs as mãos e o judeu recobrou a vista, retirando-se confuso e sucumbido.

A ocorrência era extraordinária e despertou grandemente o interesse do romano, como nos descreve Emmanuel:

> O Procônsul, porém, vivamente interessado nos fatos intensos daquele dia, chamou os missionários em particular e falou sensibilizado:
>
> – Amigos, creio nas verdades divinas que anunciais e desejo sinceramente compartilhar do Reino esperado. Nada obstante, conviria inteirar-me dos vossos objetivos de trabalho, dos vossos planos, enfim. Estou ciente de que não mercadejais os dons espirituais de que sois portadores, e proponho-me auxiliar-vos com os meus préstimos em tudo que me for possível. Poderia saber os projetos que vos animam?
>
> Os dois missionários entreolharam-se, surpresos. Barnabé ainda não havia saído do espanto que o companheiro lhe causara. Saulo, por sua vez, mal dissimulava o próprio assombro pelo auxílio espiritual que obtivera no afã de confundir os maliciosos intuitos de Barjesus.
>
> Reconhecendo, contudo, o elevado e sincero interesse do chefe político da província, esclareceu com jubilosos conceitos:
>
> – O Salvador fundou a religião do amor e da verdade, instituição invisível e universal, onde se acolham todos os homens

de boa vontade. Nosso fim é dar feição visível à obra divina, estabelecendo templos que se irmanem nos mesmos princípios, em seu nome.

Avaliamos a delicadeza de semelhante tentame e estamos crentes de que as maiores dificuldades vão surgir em nosso caminho. É quase impossível encontrar o cabedal humano indispensável ao cometimento; mas é forçoso movimentar o plano. Quando falhem os elementos da instituição visível, esperaremos na igreja infinita, onde, nas luzes da universalidade, Jesus será o chefe supremo de todas as forças que se consagrem ao bem.

- Trata-se de sublime iniciativa - aparteou o Procônsul evidenciando nobre interesse. - Onde encetastes a construção dos santuários?

- Nossa missão está começando precisamente agora. Os discípulos do Messias fundaram as igrejas de Jerusalém e Antioquia. Por enquanto, não temos outros núcleos educativos, além desses. Há muitos cristãos em toda parte, mas suas reuniões se fazem em domicílios particulares. Não possuem templos, propriamente, que os habilitem a mais eficiente esforço de assistência e propaganda.

- Nea Pafos terá, então, a primeira igreja, filha do vosso trabalho direto.

Saulo não sabia como traduzir sua gratidão por aquele gesto de generosidade espontânea. Profundamente comovido, adiantou-se, então, e, com o cidadão cíprio, agradeceu a dádiva que vinha prestigiar e facilitar a obra apostolar.

Os três falaram ainda largo tempo sobre os empreendimentos em perspectiva. Sérgio Paulo pediu-lhes indicassem as pessoas capazes de construir o novo templo, enquanto Barnabé e o companheiro expunham suas esperanças.

ΙΧΘΥΣ

O APÓSTOLO ADOTA O NOME DE PAULO

Em Atos dos Apóstolos, Lucas se refere ao apóstolo dos gentios pelo nome de Saulo até o capítulo 13, mas no versículo 9 anota: "Todavia Saulo, que também se chama Paulo....". Daí em diante, porém, especialmente a partir do versículo 13, menciona-o apenas como Paulo.

Emmanuel, então, explica o motivo pelo qual o ex-rabino passa a se chamar Paulo, uma sugestão de Barnabé logo em seguida à ocorrência com o romano Sérgio Paulo.

> – Estou impressionado! – dizia Barnabé, recordando o ocorrido. – Que fizeste? Tenho para mim que hoje é o dia maior da tua existência. Tua palavra tinha um timbre sagrado e diferente; anima-te, agora, o dom das profecias... Além disso, o Mestre agraciou-te com o poder de dominar as ideias malignas. Viste como o charlatão sentiu a influência de energias poderosas quando fizeste o teu apelo?
>
> Saulo ouviu atento e com a maior simplicidade acentuou:
>
> – Também não sei como traduzir meu espanto pelas graças obtidas. Foi pelo Cristo que nos tornamos instrumentos da conversão do Procônsul, pois a verdade é que de nós mesmos nada valemos.
>
> – Nunca esquecerei os acontecimentos de hoje – tornou o ex-levita, admirado.
>
> E depois de uma pausa:
>
> – Saulo, quando Ananias te batizou não chegou a sugerir a mudança do teu nome?
>
> – Não me lembrei disso.
>
> – Pois suponho que, doravante, deves considerar tua vida como nova. Foste iluminado pela graça do Mestre, tiveste o teu Pentecostes, foste sagrado apóstolo para os labores divinos da redenção.
>
> O ex-doutor da Lei não dissimulou a própria admiração e concluiu:

– É muito significativo para mim que um chefe político seja atraído para Jesus, por nosso intermédio, mesmo porque, nossa tarefa conclama os gentios ao Sol divino do evangelho de salvação.

Intimamente, recordou os laços sublimes que o ligavam à memória de Estêvão, a generosa influência do patrício romano que o libertara dos trabalhos duros da escravidão e, invocando a memória do mártir, num apelo silencioso, falou comovido:

– Sei, Barnabé, que muitos dos nossos companheiros trocaram de nome quando se converteram ao amor de Jesus; quiseram assinalar desse modo sua separação dos enganos fatais do mundo. Não quis valer-me do recurso, de qualquer modo. Mas a transformação do governador, a luz da graça que nos acompanhou no curso dos acontecimentos de hoje, levam-me, igualmente, a procurar um motivo de perenes lembranças.

Depois de longa pausa, dando a entender quanto refletira para tomar aquela resolução, falou:

– Razões íntimas, absolutamente respeitáveis, obrigam-me a reconhecer, doravante, um benfeitor no chefe político desta ilha. Sem trocar formalmente meu nome passarei a assinar-me à romana.

– Muito bem – respondeu o companheiro – , entre Saulo e Paulo nenhuma diferença existe, a não ser a do hábito de grafia ou de pronúncia. A decisão será uma formosa homenagem ao nosso primeiro triunfo missionário junto dos gentios, ao mesmo tempo que constituirá agradável lembrança de um espírito tão generoso.

Nesse fato baseou-se a mudança de uma letra no nome do ex-discípulo de Gamaliel.

Caráter íntegro e enérgico, o rabino de Jerusalém, nem mesmo transformado em modesto tecelão, quis modificar, portas adentro do cristianismo, a sua fidelidade inata. Se servira a Moisés como Saulo, com o mesmo nome haveria de servir igualmente a Jesus Cristo. Se errara e fora perverso, na primeira condição, aproveitaria a oportunidade dos Céus, corrigiria a existência e seria um homem bom e justo na segunda. Nesse particular, não chegou a considerar qualquer sugestão dos amigos. Fora o primeiro perseguidor da instituição cristã, verdugo inflexível do proselitismo alvorecente, mas fazia questão de continuar como Saulo, para lembrar-se de todo o mal e envidar esforços para fazer todo o bem ao seu alcance. Mas, naquele instante, a lembrança de Estêvão falava-lhe brandamente ao coração. Ele fora o seu maior exemplo para a marcha espiritual. Era o Jeziel bem-amado de Abigail. Para procurá-lo, ambos se haviam prometido ir, sem vacilações, fosse aonde fosse. Os dois irmãos de Corinto estavam vivos, de tal modo, em sua alma sensível, que não era possível apagar na memória os mínimos fatos de sua vida. A mão de Jesus o encaminhara ao Procônsul, o libertador de Jeziel dos grilhões do cativeiro; o ex-escravo demandara Jerusalém para tornar-se discípulo do Cristo! O ex-rabino sentia-se ditoso, por ter sido auxiliado pelas forças divinas, tornando-se por sua vez libertador de Sérgio Paulo, escravizado ao sofrimento e às ilusões perigosas do mundo. Era justo gravar na memória uma lembrança indelével daquele que, vítima dele em Jerusalém, era agora irmão abençoado, o qual não conseguia esquecer nos mais fugazes instantes da vida e do seu ministério.

Daí por diante o convertido de Damasco, em memória do inolvidável pregador do evangelho, que sucumbira a pedradas, passou a assinar-se Paulo, até ao fim de seus dias.

ΙΧΘΥΣ

A PRIMEIRA VIAGEM

A PRIMEIRA VIAGEM DE Paulo e Barnabé, com a colaboração inicial de João Marcos, partiu de Antioquia em direção a Nea Pafos, na ilha de Chipre. Depois seguiram para a Panfília, percorrendo Ataláia, Perge, de onde Marcos retorna para Jerusalém. Prosseguem para

Antioquia de Pisídia, Icônio, Listra e, finalmente, Derbe, após o que retornaram para Antioquia.

Foi uma excursão que demorou mais de quatro anos.

É preciso mergulhar na obra de Emmanuel com emoção, imaginar a geografia, o clima, a política e os costumes da época para se ter uma mínima ideia das dificuldades enfrentadas pelos cristãos primitivos na divulgação do evangelho, especialmente aqueles que se aventuraram fora de Jerusalém. Acrescente-se a isso as privações materiais, as oposições, o escárnio, as ofensas, a prisão e as agressões que sofreram pela fidelidade ao Cristo. Poucos cristãos da atualidade suportariam. Mesmo com todo o conforto que os tempos modernos proporcionam, simples dificuldades ou obstáculos são motivos para o desânimo e o abandono do serviço ao próximo e a ausência no centro espírita ou na igreja de qualquer vertente.

Em Icônio, por exemplo, onde foi vítima de falsa acusação por causa de uma noiva perturbada que lhe declarou paixão, foi preso e açoitado, como descreve nosso irmão Emmanuel:

> Na mesma noite, valendo-se do pretexto, as autoridades judaicas de Icônio ordenaram a prisão do emissário da Boa Nova. A fileira dos descontentes afluiu à porta de Onesíforo, vociferando impropérios. Apesar da interferência dos amigos, Paulo foi arrastado ao cárcere, onde sofreu o suplício dos trinta e nove açoites. Acusado como sedutor e inimigo das tradições da família, ao demais blasfemo e revolucionário, foi indispensável muita dedicação dos confrades recém-convertidos para restituir-lhe a liberdade.

Em Listra, porém, graves provações aguardavam o apóstolo dos gentios. É nessa localidade que Paulo conhecerá Timóteo, ainda um adolescente de 13 anos, mas que dedicava grande ternura aos pergaminhos da Lei de Moisés e aos Escritos Sagrados dos Profetas, o qual se tornaria um inspirado e dedicado divulgador da Boa Nova. Timóteo era filho de Eunice e neto de Loide, esta uma viúva abastada que acolheu Paulo e Barnabé e também contribuiu para a implantação de uma igreja na cidade. Paulo tinha por Timóteo grande carinho, considerando-o um filho espiritual. Dirigiu a ele duas epístolas, sendo a segunda a derradeira que Paulo escreveu.

Paulo teve grande sucesso na pregação e curou um paralítico. O povo, no entanto, era preponderantemente de gentios, politeísta, com muitas lendas e crendices, e Paulo e Barnabé foram considerados deuses, Júpiter e Mercúrio descidos do Olimpo. Quiseram adorá-los, mas o apóstolo os afastou com veemência.

O êxito crescia, muitos queriam ouvir falar de Jesus e copiavam os textos do evangelho. Mas....

> Não obstante tal êxito, crescia igualmente a animosidade de uns tantos, contra a nova doutrina.
>
> Os poucos judeus de Listra deliberaram consultar as autoridades de Icônio, relativamente aos dois desconhecidos. E foi isso o bastante para que se turvassem os horizontes. Os comissionários regressaram com um acervo de notícias ingratas. O caso de Tecla era pintado a cores negras. Paulo e Barnabé eram acusados de blasfemos, feiticeiros, ladrões e sedutores de mulheres honestas. Paulo, principalmente, era apresentado como revolucionário temível. O assunto, em Listra, foi discutido "intramuros". Os administradores da cidade convidaram o sacerdote de Júpiter a entrar na campanha contra os embusteiros e, com a mesma facilidade com que haviam acreditado na sua condição de deuses, passaram todos a atribuir aos pregadores as maiores perversões. Combinaram-se providências criminosas. Desde a chegada dos dois desconhecidos, que falavam em nome de um novo profeta, Listra vivia sobressaltada por ideias

diferentes. Era preciso coibir os abusos. A palavra de Paulo era audaciosa e requeria corretivo eficaz. Finalmente, deliberaram que o fogoso pregador fosse apedrejado na primeira ocasião que falasse em público.

...

Ignorando o que se tramava, o apóstolo dos gentios, deixando Barnabé acamado por excesso de trabalho, fez-se acompanhar do pequeno Timóteo, no sábado imediato, ao entardecer, e foi até à praça pública onde, mais uma vez, anunciou as verdades e promessas do evangelho do reino.

O logradouro apresentava movimento invulgar. O pregador notou a presença de muitas fisionomias suspeitas e absolutamente desconhecidas. Todos lhe acompanhavam os mínimos gestos com evidente curiosidade.

Com a máxima serenidade, subiu à tribuna e começou a falar das glórias eternas que o Senhor Jesus havia trazido à Humanidade sofredora. No entanto, mal havia iniciado o sermão evangélico, quando, aos gritos furiosos dos mais exaltados, começaram a chover pedras em barda.

Paulo recordou subitamente a figura inesquecível de Estêvão. Certo, o Mestre lhe reservara o mesmo gênero de morte, para que se redimisse do mal infligido ao mártir da igreja de Jerusalém. Os pequenos e duros granizos caíam-lhe nos pés, no peito, na fronte.

Sentiu o sangue a escorrer-lhe da cabeça ferida e ajoelhou-se, sem uma queixa, rogando a Jesus que o fortalecesse no angustioso transe.

...

Ralado de aflição, o rapaz viu o pregador de joelhos, olhos fitos no céu, num transporte inesquecível. Filetes de sangue desciam-lhe da fronte fraturada. Em dado momento, a cabeça pendeu e o corpo tombou desamparado.

Paulo foi salvo graças à intervenção de um simpatizante de

nome Gaio, homem forte, que o deu por morto e o levou para um monturo fora da cidade, sendo então recolhido por Timóteo, que o levou embora.

Terminaram a primeira viagem em Derbe e retornaram a Antioquia, com as sequelas de todas as lutas travadas, mas também com alegria nos corações, porquanto em cada cidade conseguiram deixar grupos cristãos, que iriam florescer na consolação dos aflitos e no ensino do evangelho.

Assim Emmanuel resume o estado de ânimo dos dois amigos do Cristo, ao final da viagem:

> Ambos haviam experimentado a dificuldade dos serviços mais rudes. Muita vez se viram perplexos com os problemas intrincados da empresa: em troca da dedicação fraternal, haviam recebido remoques, açoites e acusações pérfidas; contudo, através do abatimento físico e dos gilvazes, irradiavam ondas invisíveis de intenso júbilo espiritual. É que, entre os espinhos da estrada escabrosa, os dois companheiros desassombrados mantinham ereta a cruz divina e consoladora, espalhando a mancheias as sementes benditas do evangelho de redenção.

ΙΧΘΥΣ

AS DIFICULDADES DAS IGREJAS

Foi no retorno da viagem, estacionando em Antioquia e depois em Jerusalém, que Paulo deu conta de que as igrejas passavam por dificuldades em razão da influência do judaísmo, especialmente pelas práticas dogmáticas e as questões relativas à circuncisão, em razão das quais levanta o debate a que já me referi anteriormente, envolvendo Tiago, Barnabé e Pedro.

As igrejas e os centros espíritas não estão isentos de problemas e conflitos, uma vez que os adeptos têm pontos de vistas diferentes, mas acima das nossas diferenças e interesses pessoais devemos colocar a doutrina, a causa de Jesus, sempre voltada ao amor ao próximo, ao respeito, e à solidariedade. Hoje não se pode admitir o autoritarismo religioso, sempre perigoso diante da falibilidade humana, por isso que a decisão coletiva e democrática garante a estabilidade de qualquer agremiação.

Difícil foi para os cristãos judeus aceitar que o evangelho fosse estendido aos gentios, porque o orgulho da raça falava mais alto. Essa oposição intramuros mais valoriza o trabalho de Paulo, que bem soube compreender que o evangelho era a boa notícia para toda a humanidade, que todos os povos são as ovelhas do Senhor.

Paulo era compelido a ouvir a repulsa dos irmãos:

> Um dos irmãos presentes chegava a ponderar que os gentios deviam ser considerados como o "gado" do povo de Deus: bárbaros que importava submeter à força, a fim de serem empregados nos trabalhos mais pesados dos escolhidos. Outro indagava se os pagãos eram semelhantes aos outros homens convertidos a Moisés ou a Jesus. Um velho de feições rígidas chegava ao despautério de afiançar que o homem só vingava completar-se depois de circunciso. À margem da gentilidade, outros temas fúteis vinham à baila. Houve quem lembrasse que a assembleia devia regular os deveres concernentes aos alimentos impuros, bem como sobre o processo mais adequado à ablução das mãos. Tiago argumentava e discorria como profundo conhecedor de todos os preceitos.

ΙΧΘΥΣ

A QUESTÃO DO DINHEIRO

Dentre as questões que preocupavam as igrejas estava a questão do dinheiro para a manutenção das atividades:

> Simão Pedro esclareceu sem rebuços:
>
> – As maiores dificuldades giram em torno da questão monetária. Esta casa alimenta mais de cem pessoas, diariamente, além dos serviços de assistência aos enfermos, aos órfãos e aos desamparados. Para a manutenção dos trabalhos são indispensáveis muita coragem e muita fé, porque as dívidas contraídas com os socorredores da cidade são inevitáveis.
>
> – Mas os doentes – interrogou Paulo, atencioso – não trabalham depois de melhorados?
>
> – Sim – explicou o apóstolo –, organizei serviços de plantação para os restabelecidos e impossibilitados de se ausentarem logo de Jerusalém. Com isso, a casa não tem necessidade de comprar hortaliças e frutas. Quanto aos melhorados, vão tomando o encargo de enfermeiros dos mais desfavorecidos da saúde. Essa providência permitiu a dispensa de dois homens remunerados, que nos auxiliavam na assistência aos loucos incuráveis ou de cura mais difícil. Como vês, estes detalhes não foram esquecidos e mesmo assim a igreja está onerada de despesas e dívidas que só a cooperação do judaísmo pode atenuar ou desfazer.
>
> Paulo compreendeu que Pedro tinha razão. No entanto, ansioso de proporcionar independência aos esforços dos irmãos de ideal, considerou:
>
> – Advirto, então, que precisamos instalar aqui elementos de serviço que habilitem a casa a viver de recursos próprios. Os órfãos, os velhos e os homens aproveitáveis poderão encontrar atividades além dos trabalhos agrícolas e produzir alguma coisa para a renda indispensável. Cada qual trabalharia de conformidade com as próprias forças, sob a direção dos irmãos mais experimentados. A produção do serviço garantiria a manuten-

ção geral. Como sabemos, onde há trabalho há riqueza, e onde há cooperação há paz. É o único recurso para emancipar a igreja de Jerusalém das imposições do farisaísmo, cujas artimanhas conheço desde o princípio de minha vida.

Pedro e João estavam maravilhados. A ideia de Paulo era excelente. Vinha ao encontro de suas preocupações ansiosas, pelas dificuldades que pareciam não ter fim.

- O projeto é extraordinário - disse Pedro - e viria resolver grandes problemas de nossa vida.

O filho de Zebedeu, que tinha os olhos radiantes de júbilo, atacou, por sua vez, o assunto, objetando:

- Mas, o dinheiro? Onde encontrar os fundos indispensáveis ao grandioso empreendimento?...

O ex-rabino entrou em profunda meditação e esclareceu:

- O Mestre auxiliará nossos bons propósitos. Barnabé e eu empreendemos longa excursão a serviço do evangelho e vivemos, em todo o seu transcurso, a expensas do nosso trabalho. Eu tecelão, ele oleiro, em atividade provisória nos lugares onde passamos. Realizada a primeira experiência, poderíamos voltar agora às mesmas regiões e visitar outras, pedindo recursos para a igreja de Jerusalém. Provaríamos nosso desinteresse pessoal, vivendo à custa de nosso esforço e recolheríamos as dádivas por toda parte, conscientes de que, se temos trabalhado pelo Cristo, será justo também pedirmos por amor ao Cristo. A coleta viria estabelecer a liberdade do evangelho em Jerusalém, porque representaria o material indispensável a edificações definitivas no plano do trabalho remunerador.

Estava esboçado, assim, o programa a que o generoso apóstolo da gentilidade haveria de submeter-se pelo resto de seus dias. No seu desempenho teria de sofrer as mais cruéis acusações; mas, no santuário do seu coração devotado e sincero, Paulo, de par com os grandiosos serviços apostólicos, levaria a coleta em favor de Jerusalém, até ao fim da sua existência terrestre.

Indiscutivelmente, as atividades de qualquer instituição religiosa não dispensam os recursos financeiros, uma vez que o dinheiro é o meio de compra e venda e de remuneração na sociedade. Compete aos adeptos de qualquer religião custear as despesas com a obra, conforme os seus recursos.

Paulo atentou para a importância do trabalho, como uma forma de se contribuir. E, de fato, o trabalho é o meio lícito e necessário para o sustento e o crescimento intelectual e moral do espírito.

Infelizmente, ao longo da história o egoísmo e a ambição medraram também nos altares e nos púlpitos, que se encheram de luxo e ouro amealhados graças à arrecadação de dízimos e indulgências pagas, porque os religiosos se esqueceram da simplicidade de Jesus.

IXΘYΣ

A SEGUNDA VIAGEM

ENTÃO, PARA ATENDER ÀS necessidades de Jerusalém e prosseguir na divulgação do evangelho, Paulo sai para a sua segunda viagem, agora na companhia de Silas, discípulo de Pedro. Esta viagem será mais longa, ultrapassando seis anos. O primeiro destino seria Tarso, mas no curso da viagem Paulo não perdia a oportunidade de pregar a Boa Nova.

Diz Emmanuel que "soldados romanos, escravos misérrimos, caravaneiros humildes, receberam de seus lábios as confortadoras notícias de Jesus. E não poucos escreveram, à pressa, uma que outra das anotações de Levi, preferindo as que mais se ajustavam ao seu caso particular. Por esse processo, o evangelho difundia-se, cada vez mais, enchendo de esperanças os corações."

E prossegue informando que chegaram a Tarso, antiga capital da Cilícia, terra do próprio Paulo, onde ele "espalhou a mancheias os júbilos do evangelho da redenção. Muitos admiraram o conterrâneo, cada vez mais singularmente transformado; outros prosseguiram na tarefa ingrata da ironia e do lamentável esquecimento de si mesmos."

Dali foram para Derbe e Listra, onde Paulo abraçou comovidamente os amigos que ali fizera quando da primeira excursão e percebeu os avanços do evangelho, graças ao trabalho do jovem Timóteo, agora enriquecido pelos conhecimentos adquiridos. Realizara missões, disseminava curas e consolações e seu nome era abençoado por todos.

Em Listra, Timóteo conseguira a renovação de muita gente, inclusive alguns que anteriormente haviam agredido Paulo. E também já se cuidava da construção de uma igreja, onde os doentes fossem amparados e as crianças abandonadas encontrassem acolhimento.

A pedido de Loide e Eunice, que pretendiam se mudar para a Grécia, Timóteo passa a acompanhar Paulo e Silas.

Seguiram os três, então, para Icônio, visitando também aldeias da Galácia e permanecendo algum tempo em Antioquia de Pisídia. Em todos os lugares, não esqueciam do compromisso de conseguir recursos para a igreja de Jerusalém.

Desde o começo da viagem, Paulo e Silas experimentaram as dificuldades de outrora:

> Noites ao relento, sacrifícios numerosos, ameaças de malfeitores, perigos sem conta foram enfrentados pelos missionários que, todas as noites, entregavam ao Divino Mestre os resultados da recolta e, pela manhã, rogavam à sua misericórdia não lhes faltasse com a valiosa oportunidade de trabalho, por mais dura que fosse a tarefa diária.

Aos poucos, porém, as lutas eram mais amenas.

> Paulo estava satisfeitíssimo. Seus esforços, em companhia de Barnabé, não haviam sido improfícuos. Nos lugares mais remotos, quando menos esperava, eis que surgiam notícias das igrejas anteriormente fundadas. Eram benefícios a necessitados, melhoras ou curas de enfermos, consolações aos que se encontravam em extremo desespero. O apóstolo experimentava o contentamento do semeador que defronta as primeiras flores, como radiosas promessas do campo. Os emissários da Boa Nova atravessaram a Frígia e a Galácia sem perseguições de grande envergadura. O nome de Jesus era, agora, pronunciado com mais respeito.

Numa noite, Paulo ouviu uma voz que lhe convidava a seguir para outros rumos, como narra Emmanuel:

> O ex-rabino continuava em franca atividade para a difusão do evangelho na Ásia, quando, uma noite, após as preces habituais, ouviu uma voz que lhe dizia com amoroso acento:
>
> – Paulo, sigamos adiante .... Levemos a luz do Céu a outras sombras; outros irmãos te esperam no caminho infinito!...
>
> Era Estêvão, o amigo de todos os minutos, que, representando o Mestre Divino junto do apóstolo dos gentios, o concitava à semeadura noutros rumos.
>
> O valoroso emissário das verdades eternas compreendeu que o Senhor lhe reservava novos campos a desbravar. No dia seguinte, informando Silas e Timóteo do sucedido, concluía inspirado:
>
> – Tenho, assim, que o Mestre me chama a novas tarefas. É justo. Aliás, reconheço que estas regiões já receberam a semente divina.
>
> E acentuava depois de uma pausa:
>
> – Desta vez, já não encontramos muitas dificuldades. Antes,

com Barnabé, experimentamos as expulsões, o cárcere, os açoites, o apedrejamento... Agora, porém, nada disso aconteceu. Quer dizer que por aqui já existem bases seguras para a vitória do Cristo. É preciso, portanto, caminhar para onde se encontrem os obstáculos e vencê-los, para que o Mestre seja conhecido e glorificado, pois nós estamos numa batalha e é necessário não desprezar as frentes.

A ocorrência é um convite e um estímulo para que não nos acomodemos com o sucesso de uma tarefa no bem, com a qual nos sintamos confortáveis. Às vezes, assim permanecemos por longo tempo, sem nos preocuparmos com o aprimoramento ou a diversificação, argumentando que, se está indo bem, assim deve continuar! No entanto, a vida se constitui de necessários desafios e lutas, que nos educam e aprimoram os valores espirituais. Sem problemas não se desenvolve a inteligência e nem se sublima as virtudes.

Assim, os três discípulos seguem na direção de Trôade, onde Paulo tem a visão espiritual de um homem da Macedônia, que lhe solicita ajuda.

E em Trôade Paulo reencontra Lucas, providencialmente, para ambos. Lucas viajava como médico de um navio, ao passo que Paulo e os companheiros precisavam justamente de embarcação para a viagem à Macedônia. Além disso, Lucas conta que a mãe havia falecido e Paulo o convence a largar o navio para se entregar totalmente ao trabalho de divulgação da Boa Nova.

Emmanuel nos revela dados espirituais sobre esse importante diálogo:

Abraçaram-se alegremente. O pregador do evangelho apresentou ao médico os novos companheiros, falando-lhe dos objetivos de sua excursão por aquelas paragens. Lucas, a seu turno, explicou que, havia dois anos, era encarregado dos serviços médicos, a bordo de grande embarcação ali ancorada, em trânsito para Samotrácia.

Paulo recebeu a informação com profundo interesse. Muito impressionado com o encontro, deu-lhe a conhecer a revelação auditiva do roteiro, bem como a vidência da véspera.

E convicto da assistência do Mestre naquele instante, falava com segurança:

- Estou certo de que o Senhor nos envia os recursos necessários na tua pessoa. Precisamos transportar-nos à Macedônia, mas estamos sem dinheiro.

- Quanto a isso - respondeu Lucas, com franqueza - , não te preocupes. Se não tenho fortuna, tenho vencimentos. Seremos companheiros de viagem e tudo pagarei com muita satisfação.

A palestra prosseguiu animada, relatando o antigo hóspede de Antioquia as suas conquistas para Jesus. Nas suas viagens, havia aproveitado todas as oportunidades em prol do evangelho, transmitindo a quantos se lhe aproximavam os tesouros da Boa Nova. Quando contou que estava só no mundo, com a partida da genitora para a esfera espiritual, Paulo fez-lhe nova observação, acentuando:

- Ora, Lucas, se te encontras sem compromissos imediatos, por que não te dedicas inteiramente aos trabalhos do Mestre Divino?

A pergunta produziu certa emoção no médico, como se valesse por uma revelação. Passada a surpresa, Lucas acrescentou, um tanto indeciso:

- Sim, mas há que considerar os deveres da profissão.

- Mas, quem foi Jesus senão o Divino Médico do mundo inteiro? Até agora tens curado corpos, que, de qualquer modo, cedo ou tarde hão de perecer. Tratar do espírito não seria um esforço mais justo? Com isso não quero dizer que se deva desprezar a medicina propriamente do mundo; no entanto, essa tarefa ficaria para aqueles que ainda não possuem os valores espirituais que trazes contigo. Sempre acreditei que a medicina do corpo é um conjunto de experiências sagradas, de que o homem não poderá prescindir, até que se resolva a fazer a experiência divina e imutável, da cura espiritual.

Lucas meditou seriamente nessas palavras e replicou:

- Tens razão.

- Queres cooperar conosco na evangelização da Macedônia? - interrogou o ex-rabino sentindo-se triunfante.

- Irei contigo - concluiu Lucas.

Entre os quatro discípulos do Cristo houve enorme júbilo.

No dia seguinte, a missão navegava para a Samotrácia. Lucas explicou-se como pôde, solicitando ao comando a permissão de se afastar por um ano dos serviços a seu cargo. E porque apresentasse substituto, conseguiu com facilidade o seu intento.

Conta Emmanuel que Paulo não perdia a oportunidade para pregar o evangelho durante a viagem. Desembarcaram em Neápolis e dali foram para Filipes, onde se hospedaram. Ali Paulo iria falar de Jesus para um grupo de mulheres e jovens e uma igreja estabeleceria, com a ajuda de Lídia, uma viúva digna e generosa, que inclusive lhes ofereceu hospedagem. Filipes foi palco de fatos inusitados nas viagens de Paulo.

Vejamos a narrativa em seus detalhes:

Desde aquele minuto, travou-se entre Paulo de Tarso e sua carinhosa igreja de Filipes a mais formosa amizade.

Lídia, cuja casa era muito abastada, em vista do movimento comercial de púrpuras, acolheu os discípulos do Messias com júbilo indescritível. Enquanto isso, Lucas e Timóteo continuavam a viagem. Silas e o ex-doutor de Jerusalém consagravam-se ao serviço do evangelho, entre os generosos filipenses.

A cidade singularizava-se por seu espírito romano. Havia nas ruas vários templos dedicados aos deuses antigos. E como apenas as mulheres procuravam o recinto da casa de orações, Paulo, com o desassombro que o caracterizava, deliberou fazer pregações do evangelho na praça pública.

Na mesma época, possuía Filipes uma pitonisa que se celebrizara nas redondezas. Como nas tradições de Delfos, suas palavras eram interpretadas como oráculo infalível. Tratava-se de uma rapariga cujos patrões procuraram mercantilizar seus poderes psíquicos. A mediunidade era utilizada por espíritos menos evoluídos, que se compraziam em dar palpites sobre motivos de ordem temporal. A situação era altamente rendosa para os que a exploravam descaridosamente. Aconteceu que a jovem estava presente à primeira pregação de Paulo, recebida pelo povo com êxito inexcedível. Terminada a exposição evangélica, os missionários observam a moça que, em grandes brados que impressionavam o público, se põe a exclamar:

– Recebei os enviados do Deus Altíssimo!... Eles anunciam a salvação!...

Paulo e Silas ficaram um tanto perplexos; entretanto, nada replicaram, conservando o incidente no coração, em atitude discreta. No dia seguinte, porém, repetia-se o fato e, durante uma semana, os discípulos do evangelho ouviram, após as pregações, a entidade que se assenhoreava da jovem, atirando-lhes elogios e títulos pomposos.

O ex-rabino, no entanto, desde a primeira manifestação procurara saber quem era a rapariga anônima e ficou conhecendo os antecedentes do caso.

Estimulados pelo ganho fácil, os patrões haviam instalado um gabinete onde a pitonisa atendia às consultas. Ela, por sua vez, de vítima ia passando a sócia da empresa, que pingues eram os rendimentos. Paulo, que nunca se conformou com a mercancia dos bens celestes, percebeu o mecanismo oculto dos acontecimentos e, senhor de todos os particulares do assunto, esperou que o visitante do invisível novamente aparecesse.

Assim, terminada a pregação na praça, quando a jovem começou a gritar:

"Recebei os mensageiros da redenção! Não são homens, são anjos do Altíssimo!..." – o convertido de Damasco desceu da tribuna a passos firmes e, aproximando-se da locutora dominada por estranha influência, intimou a entidade manifestante, em tom imperativo:

- Espírito perverso, não somos anjos, somos trabalhadores em luta com as próprias fraquezas, por amor ao evangelho; em nome de Jesus Cristo ordeno que te retires para sempre! Proíbo-te, em nome do Senhor, estabeleceres confusão entre as criaturas, incentivando interesses mesquinhos do mundo em detrimento dos sagrados interesses de Deus!

Imediatamente, a pobre rapariga recobrou energias e libertou-se da atuação malfazeja.

O fato provocou enorme admiração popular.

O próprio Silas que, de algum modo, se comprazia em ouvir as afirmações da pitonisa, interpretando-as como um conforto espiritual, estava boquiaberto. Quando se viram a sós, quis lhe dissesse Paulo os motivos que o levaram a semelhante atitude, e perguntou-lhe:

- Acaso não falava ela do nome de Deus? Sua propaganda não seria para nós valioso auxílio?

O apóstolo sorriu e sentenciou:

- Porventura, Silas, poder-se-á na Terra julgar qualquer trabalho antes de concluído? Aquele espírito poderia falar em Deus, mas não vinha de Deus. Que fizemos para receber elogios? Dia e noite, estamos lutando contra as imperfeições de nossa alma. Jesus mandou que ensinássemos, a fim de aprendermos duramente. Não ignoras como vivo em batalha com o espinho dos desejos inferiores. Então? Seria justo aceitarmos títulos imerecidos quando o Mestre rejeitou o qualificativo de "bom"? Claro que, se aquele espírito viesse de Jesus, outras seriam suas palavras. Estimularia nosso esforço, compreendendo nossas fraquezas. Além do mais, procurei informar-me a respeito da jovem e sei que ela é hoje a chave de grande movimento comercial.

Silas impressionou-se com os esclarecimentos mais que justos. Mas, dando a entender suas dificuldades para os compreender integralmente, acrescentou:

- Todavia, será o incidente uma lição para não entretermos relações com o plano invisível?

- Como pudeste chegar a semelhante conclusão? - respondeu o ex-rabino muito admirado. - O cristianismo sem o profetismo seria um corpo sem alma. Se fecharmos a porta de comunicação com a esfera do Mestre, como receber seus ensinos? Os sacerdotes são homens, os templos são de pedra. Que seria de nossa tarefa sem as luzes do plano superior? Do solo brota muito alimento, mas, apenas para o corpo; para a nutrição do espírito é necessário abrir as possibilidades de nossa alma para o Alto e contar com o amparo divino. Nesse particular, toda a nossa atividade repousa nas dádivas recebidas. Já pensaste no Cristo sem ressurreição e sem intercâmbio com os discípulos? Ninguém poderá fechar as portas que nos comunicam com o Céu. O Cristo está vivo e nunca morrerá. Conviveu com os amigos, depois do Calvário, em Jerusalém e na Galileia; trouxe uma chuva de luz e sabedoria aos cooperadores galileus, no Pentecostes; chamou-me às portas de Damasco; mandou um emissário para a libertação de Pedro, quando o generoso pescador chorava no cárcere...

A voz de Paulo tinha acentos maravilhosos, nessas profundas evocações.

Silas compreendeu e calou-se, de olhos rasos de pranto.

Aqui faço parênteses para destacar a importância da mediunidade no cristianismo, sempre presente nas igrejas primitivas como uma prática natural e consentida. Não deixou de existir pontualmente em meio às religiões que se designaram cristãs, mas estas não a aceitavam como instrumento de comunhão com a Espiritualidade, sendo mesmo, com o tempo, declarada profana e bruxaria, com perseguição àqueles que a experimentavam. O espiritismo veio recobrar essa interação e foi revelado exatamente pela mediunidade, mediante uma "invasão organizada dos céus", no dizer do escritor e historiador Arthur Conan Doyle. O exercício da mediunidade é essência da própria doutrina, comum nos centros espíritas, que ensina a sua teoria e abre oportunidades para a sua vivência, segundo as bases oferecidas por Allan Kardec e sob o estandarte da caridade.

Retomemos.

As consequências da medida enérgica de Paulo, no entanto, foram gravosas, porque se revoltaram aqueles que ficaram privados das consultas da pitonisa e os que se sentiram prejudicados. Então, Paulo e Silas foram presos a troncos e flagelados com varas, até que, já sangrando, as autoridades intervieram e conduziram ambos ao cárcere.

Apesar das dores atrozes, os dois discípulos se mantinham em fervorosas orações, atraindo a atenção dos demais presos, o que motivou o apóstolo a pregar, como nos informa Emmanuel:

> Lá fora, rugia a tempestade em trovões terríveis e ventos sibilantes. Filipes inteira parecia abalada em seus alicerces pela tormenta fragorosa. Passava da meia-noite e os dois apóstolos oravam em voz alta. Os prisioneiros vizinhos, vendo-os em oração, pareciam acompanhá-los, pela expressão do rosto. Paulo contemplou-os, através das grades, e, aproximando-se, a custo, começou a pregar o Reino de Deus. Ao comentar a tempestade imprevista que se abatera sobre o ânimo dos discípulos, enquanto Jesus dormia na barca, um fato maravilhoso feriu os olhos dos encarcerados. As portas pesadas das numerosas celas se abriram sem ruído. Silas ficou lívido. Paulo compreendeu e saiu ao encontro dos companheiros. Continuou pregando as verdades eternas do Senhor, com entonação impressionante; e vendo umas dezenas de homens de peito hirsuto, barbas longas, fisionomias taciturnas, como se estivessem plenamente esquecidos do mundo, o apóstolo dos gentios falou, com mais entusiasmo, da missão do Cristo e pediu que ninguém tentasse fugir. Os que se reconhecessem culpados agradecessem ao

Pai os benefícios da corrigenda; os que se julgassem inocentes dessem expansão ao regozijo, porque só os martírios do justo podiam salvar o mundo. Esses argumentos de Paulo contiveram toda a estranha e reduzida assembleia. Ninguém procurou alcançar a porta de saída, senão que, reunindo-se em torno daquele desconhecido, que tão bem sabia falar aos desgraçados, muitos se ajoelharam em pranto, convertendo-se ao Salvador que ele anunciava com bondade e energia.

Ao alvorecer, amainada a tormenta, levanta-se o carcereiro, perturbado pelo vozerio singular. Vendo as portas abertas e temendo a sua responsabilidade, tenta matar-se, instintivamente. Mas Paulo avança e impossibilita-lhe o gesto extremo, explicando-lhe a ocorrência. Todos os encarcerados regressaram humildes ao seu cubículo. Lucano, o carcereiro, converte-se à nova doutrina. Antes que a claridade diurna invadisse a paisagem, ei-lo que traz aos apóstolos os socorros de emergência, pensando-lhes as feridas, sensibilizado como nunca. Residindo ali mesmo, conduz os discípulos ao interior doméstico, manda servir-lhes alimento e vinho reconfortante. Logo nas primeiras horas, os juízes filipenses são informados dos fatos. Cheios de temor, mandam libertar os pregadores; mas, Paulo, desejando oferecer garantias ao serviço cristão que se iniciava na igreja fundada em casa de Lídia, alega sua condição de cidadão romano, a fim de infundir mais respeito aos magistrados de Filipes pelas ideias do profeta nazareno. Recusa a ordem de soltura para exigir a presença dos juízes, que comparecem receosos. O apóstolo anuncia-lhes o Reino de Deus e, exibindo seus títulos, obriga-os a escutar suas dissertações relativamente a Jesus. Fê-los sabedores dos trabalhos evangélicos que alvoreciam na cidade, com a cooperação de Lídia e comentou o direito dos cristãos em toda parte. Os magistrados apresentaram-lhe desculpas, garantiram a manutenção da paz para a igreja nascente, e, alegando a extensão de suas responsabilidades perante o povo, rogaram a Paulo e Silas que deixassem a cidade, para evitar novos tumultos.

É necessário reconhecermos que Paulo é de uma personalidade inigualável na história do cristianismo, com um ânimo e coragem de poucos, uma fé inquebrantável e o firme propósito de aproveitar todos os momentos para divulgar o evangelho. Não menosprezamos, é claro, a importância do trabalho de outros cristãos, mas o apóstolo dos gentios se destaca pelo conjunto da obra, pelo serviço ininterrupto durante trinta anos, desde Damasco até Roma, quando é decapitado, pelas lutas íntimas contra o orgulho pessoal e pelo arrostar das imensas barreiras dos opositores de Jesus, sem estacar mesmo diante da escassez de recursos, das agressões físicas e morais, prisões e doenças. É, realmente, um exemplo para os cristãos de todas as épocas.

Emmanuel nos fala dessas lutas, ao narrar a sequência da viagem dos amigos do Cristo para Tessalônica. Diz nosso autor espiritual:

> Nesse novo centro de lutas, reencontraram Lucas e Timóteo que os aguardavam ansiosos. Os trabalhos seguiram ativíssimos. Em toda parte, os mesmos choques. Judeus preconceituosos, homens de má-fé, ingratos e indiferentes, conluiavam-se contra o ex-doutor de Jerusalém e seus devotados companheiros.
>
> Paulo mantinha-se forte e superior nas mínimas refregas. Sobrevinham dissabores, angústias na praça pública, acusações injustas, calúnias cruéis; poderosas ameaças caíam às vezes, inesperadamente, sobre o desinteresse divino de suas obras; mas o valoroso discípulo do Senhor prosseguia sempre, sereno e firme através das tormentas, vivendo estritamente do seu trabalho e compelindo os amigos a fazerem o mesmo. Era indispensável que Jesus triunfasse nos corações, esse o seu programa primordial. Desatendia a qualquer capricho, sobrepunha essa realidade a quaisquer conveniências e a missão continuava entre dores e obstáculos formidandos, mas, segura e vitoriosa em sua divina finalidade.

Nesse mesmo clima, os amigos seguem para Bereia e dali para Atenas, um sonho antigo do apóstolo, que sempre se impressionou com a cultura helênica que recebera em Tarso. No entanto, grande decepção o esperava em Atenas:

> Paulo penetrou na cidade possuído de grande emoção. Atenas ainda ostentava numerosas belezas exteriores. Os monumentos de suas tradições veneráveis estavam quase todos de pé; brandas harmonias vibravam no céu muito azul; vales risonhos atapetavam-se de flores e perfumes. A grande alma do apóstolo extasiou-se na contemplação da Natureza. Recordou os nobres filósofos que haviam respirado aqueles mesmos ares, rememorou os fastos gloriosos do passado ateniense, sentindo-se transportado a maravilhoso santuário. Entretanto, o transeunte das ruas não lhe podia ver a alma, e de Paulo viram apenas o corpo esquálido que as privações tornaram exótico.
>
> Muita gente o tomou por mendigo, farrapo humano da grande massa que chegava, em fluxo contínuo, do Oriente desamparado. O emissário do evangelho, no entusiasmo de suas generosas intenções, não podia perceber as desencontradas opiniões a seu respeito. Cheio de bom ânimo, resolveu pregar na praça pública, na tarde desse mesmo dia. Ansiava por defrontar o espírito ateniense, tal como já defrontara as grandezas materiais da cidade. Seu esforço, no entanto, foi seguido de penoso insucesso. Inúmeras pessoas aproximaram-se no primeiro momento; mas, quando lhe ouviram as referências a Jesus e à ressurreição, grande parte dos assistentes rompeu em gargalhadas de irritante ironia.
>
> – Será este filósofo um novo deus? – perguntava um transeunte com ar de pilhéria.
>
> – Está muito desajeitado para tanto – respondia o interpelado.
>
> – Onde já se viu um deus assim? – indagava ainda outro. – Vede como lhe tremem as mãos! Parece doente e enfraquecido. A barba é selvagem e está cheio de cicatrizes!...

- E louco - exclamava um ancião com vastas presunções de sabedoria.

- Não percamos tempo.

Paulo tudo ouvia, notou a fila dos retirantes, indiferentes e endurecidos, e experimentou muito frio no coração. Atenas estava muito distanciada das suas esperanças. A assembleia popular deu-lhe a impressão de enorme ajuntamento de criaturas envenenadas de falsa cultura. Por mais de uma semana perseverou nas pregações públicas sem resultados apreciáveis.

Ninguém se interessou por Jesus e, muito menos, em oferecer-lhe hospedagem por uma simples questão de simpatia. Era a primeira vez, desde que iniciara a tarefa missionária, que se retiraria de uma cidade sem fundar uma igreja. Nas aldeias mais rústicas, sempre aparecia alguém que copiava as anotações de Levi para começar o labor evangélico no recinto humilde de um lar. Em Atenas ninguém apareceu interessado na leitura dos textos evangélicos. Entretanto, foi tanta a insistência de Paulo junto de algumas personagens em evidência, que o levaram ao Areópago, para tomar contacto com os homens mais sábios e inteligentes da época.

Os componentes do nobre conclave receberam-lhe a visita com mais curiosidade que interesse.

O apóstolo ali penetrara por mercê de Dionísio, homem culto e generoso, que lhe atendera às solicitações, a fim de observar até onde ia a sua coragem na apresentação da doutrina desconhecida.

Paulo começou impressionando o auditório aristocrático, referindo-se ao "Deus desconhecido", homenageado nos altares atenienses. Sua palavra vibrante apresentava cambiantes singulares; as imagens eram muito mais ricas e formosas que as registradas pelo autor dos Atos. O próprio Dionísio estava admirado. O apóstolo revelava-se-lhe muito diferente de quando o vira na praça pública. Falava com alta nobreza, com ênfase; as imagens revestiam-se de extraordinário colorido; mas, quando, começou a discorrer sobre a ressurreição, houve forte e prolongado murmúrio. As galerias riam a bandeiras despregadas, choviam remoques acerados. A aristocracia intelectual ateniense não podia ceder nos seus preconceitos científicos.

Os mais irônicos deixavam o recinto com gargalhadas sarcásticas, enquanto os mais comedidos, em consideração a Dionísio, aproximaram-se do apóstolo com sorrisos intraduzíveis, declarando que o ouviriam de bom grado por outra vez, quando não se desse ao luxo de comentar assuntos de ficção.

Paulo ficou, naturalmente, desolado. No momento, não podia chegar à conclusão de que a falsa cultura encontrará sempre, na sabedoria verdadeira, uma expressão de coisas imaginárias e sem sentido. A atitude do Areópago não lhe permitiu chegar ao fim. Em breve o suntuoso recinto estava quase silencioso. O apóstolo, então, lembrou que seria preferível arrostar o tumulto dos judeus. Onde houvesse luta, haveria sempre frutos a colher. As discussões e os atritos, em muitos casos, representavam o revolvimento da terra espiritual para a semente divina. Ali, entretanto, encontrara a frieza da pedra. O mármore das colunas soberbas deu-lhe imediatamente a imagem da situação. A cultura ateniense era bela e bem cuidada, impressionava pelo exterior magnífico, mas estava fria, com a rigidez da morte intelectual.

Apenas Dionísio e uma jovem senhora de nome Dâmaris e alguns serviçais do palácio permaneciam a seu lado, extremamente constrangidos, embora propensos à causa.

Não obstante o desapontamento, Paulo de Tarso fez o possível por evitar a nuvem de tristeza que pairava sobre todos, a começar por ele próprio. Ensaiou um sorriso de conformação e tentou algo de bom humor. Dionísio consolidou, ainda mais, sua admiração pelas poderosas qualidades espirituais daquele homem de aparência franzina, tão enérgico e cioso de suas convicções.

Antes de se retirarem, Paulo falou na possibilidade de fundar uma igreja, ainda que fosse num humilde santuário doméstico, onde se estudasse e comentasse o evangelho. Mas os presentes não regatearam excusativas e pretextos. Dionísio afirmou que

> lamentava não lhe ser possível amparar o cometimento, dada a angústia de tempo; Dâmaris alegou os impedimentos domésticos; os servos do Areópago, um por um, manifestaram dificuldades extremas. Um era muito pobre, outro muito incompreendido, e Paulo recebeu todas as recusas mantendo singular expressão fisionômica, como o semeador que se vê rodeado somente de pedras e espinheiros.
>
> O apóstolo dos gentios despediu-se com serenidade; mas, tão logo se viu só, chorou copiosamente. A que atribuir o doloroso insucesso? Não pôde compreender, imediatamente, que Atenas padecia de seculares intoxicações intelectuais, e, supondo-se desamparado pelas energias do plano superior, o ex-rabino deu expansão a terrível desalento. Não se conformava com a frieza geral, mesmo porque, a nova doutrina não lhe pertencia e sim ao Cristo.
>
> Quando não chorava refletindo na própria dor, chorava pelo Mestre, julgando que ele, Paulo, não havia correspondido à expectativa do Salvador.

Timóteo chega a Atenas e fala para Paulo que a mãe e a avó Loide tinham se instalado em Corinto e lá também estavam Áquila e Prisca, fato que renovou os ânimos do apóstolo e o desejo de ir para lá, até porque a cidade lhe trazia carinhosas lembranças de Abigail e Estêvão.

Seguiram a pé por 60 quilômetros e no caminho tiveram contato com a gente simples, sempre pregando o evangelho, com o que algumas pequenas igrejas domésticas foram fundadas. Já em Corinto, Paulo inicia o trabalho de pregação, com as dificuldades de sempre, como narra Emmanuel:

> Confortado pelo concurso dos amigos, Paulo falou, pela primeira vez, na sinagoga. Sua palavra vibrante logrou êxito extraordinário. Judeus e gregos falaram de Jesus com entusiasmo. O tecelão foi convidado a prosseguir nos comentários religiosos, semanalmente.

Mas tão logo começou a abordar as relações existentes entre a lei e o evangelho, repontaram os atritos. Os israelitas não toleravam a superioridade de Jesus sobre Moisés, e, se consideravam o Cristo como profeta da raça, não o suportavam como Salvador. Paulo aceitou os desafios, mas não conseguiu demover corações tão endurecidos; as discussões prolongaram-se por vários sábados, seguidamente, até que, um dia, quando o verbo inflamado e sincero do apóstolo zurzia os erros farisaicos com veemência, um dos chefes principais da sinagoga intima-o com aspereza:

– Cala-te, palrador impudente! A sinagoga tem tolerado teus embustes por verdadeiros prodígios de paciência; mas, em nome da maioria, ordeno que te retires para sempre! Não queremos saber do teu Salvador, exterminado como os cães da cruz!

Ouvindo expressões tão desrespeitosas ao Cristo, o apóstolo sentiu os olhos úmidos. Refletiu maduramente na situação e replicou:

– Até agora, em Corinto, procurei dizer a verdade ao povo escolhido por Deus para o sagrado depósito da unidade divina; mas, se não a aceitais desde hoje, procurarei os gentios!... Caiam sobre vós mesmos as injustas maldições lançadas sobre o nome de Jesus Cristo!...

Alguns israelitas mais exaltados quiseram agredi-lo, provocando tumulto. Mas um romano de nome Tito Justo, presente à assembleia, e que, desde a primeira pregação, sentira-se fortemente atraído pela poderosa personalidade do apóstolo, aproximou-se e estendeu-lhe os braços de amigo. Paulo pôde sair incólume do recinto, encaminhando-se para a residência do benfeitor, que pôs à sua disposição todos os elementos imprescindíveis à organização de uma igreja ativa.

O tecelão estava jubiloso. Era a primeira conquista para uma fundação definitiva.

Tito Justo, com auxílio de todos os simpatizantes do evangelho, adquiriu uma casa para início dos serviços religiosos.

Áquila e Prisca foram os principais colaboradores, além de Loide e Eunice, para que se executassem os programas traçados por Paulo, de acordo com a querida organização de Antioquia.

ΙΧΘΥΣ

AS EPÍSTOLAS

Paulo vai permanecer por algum tempo em Corinto, trabalhando com dedicação extremada, de modo que a igreja adquiriu singular importância. Com a chegada de emissários de diversas regiões afastadas, que solicitavam providências para as igrejas, Paulo começou a se preocupar em como poderia atender os amigos distantes. Estava assoberbado com as atividades da igreja de Corinto, com a coleta de recursos para Jerusalém. Emmanuel nos revela as preocupações do apóstolo com os constantes pedidos das igrejas e como surgiu a ideia das epístolas.

> Sentindo-se incapaz de atender a todas as necessidades ao mesmo tempo, o abnegado discípulo do evangelho, valendo-se, um dia, do silêncio da noite, quando a igreja se encontrava deserta, rogou a Jesus, com lágrimas nos olhos, não lhe faltasse com os socorros necessários ao cumprimento integral da tarefa.
>
> Terminada a oração, sentiu-se envolvido em branda claridade. Teve a impressão nítida de que recebia a visita do Senhor. Genuflexo, experimentando indizível comoção, ouviu uma advertência serena e carinhosa:
>
> – Não temas – dizia a voz –, prossegue ensinando a verdade e não te cales, porque estou contigo.
>
> O apóstolo deu curso às lágrimas que lhe fluíam do coração. Aquele cuidado amoroso de Jesus, aquela exortação em resposta ao seu apelo, penetravam-lhe a alma em ondas cariciosas. A

alegria do momento dava para compensar todas as dores e padecimentos do caminho. Desejoso de aproveitar a sagrada inspiração do momento que fugia, pensou nas dificuldades para atender às várias igrejas fraternas. Tanto bastou para que a voz dulcíssima continuasse:

– Não te atormentes com as necessidades do serviço. É natural que não possas assistir pessoalmente a todos, ao mesmo tempo. Mas é possível a todos satisfazeres, simultaneamente, pelos poderes do espírito.

Procurou atinar com o sentido justo da frase, mas teve dificuldade íntima de o conseguir.

Entretanto, a voz prosseguia com brandura:

– Poderás resolver o problema escrevendo a todos os irmãos em meu nome; os de boa vontade saberão compreender, porque o valor da tarefa não está na presença pessoal do missionário, mas no conteúdo espiritual do seu verbo, da sua exemplificação e da sua vida. Doravante, Estêvão permanecerá mais conchegado a ti, transmitindo-te meus pensamentos, e o trabalho de evangelização poderá ampliar-se em benefício dos sofrimentos e das necessidades do mundo.

O dedicado amigo dos gentios viu que a luz se extinguira; o silêncio voltara a reinar entre as paredes singelas da igreja de Corinto; mas, como se houvera sorvido a água divina das claridades eternas, conservava o espírito mergulhado em júbilo intraduzível. Recomeçaria o labor com mais afinco, mandaria às comunidades mais distantes as notícias do Cristo.

De fato, logo no dia seguinte, chegaram portadores de Tessalônica com notícias desagradabilíssimas. Os judeus haviam conseguido despertar, na igreja, novas e estranhas dúvidas e contendas. Timóteo corroborava com observações pessoais. Reclamavam a presença do apóstolo com urgência, mas este deliberou pôr em prática o alvitre do Mestre, e recordando que Jesus lhe prometera associar Estêvão à divina tarefa, julgou não dever atuar por si só e chamou Timóteo e Silas para redigir a primeira de suas famosas epístolas.

Assim começou o movimento dessas cartas imortais, cuja essência espiritual provinha da esfera do Cristo, através da contribuição amorosa de Estêvão - companheiro abnegado e fiel daquele que se havia arvorado, na mocidade, em primeiro perseguidor do cristianismo.

Percebendo o elevado espírito de cooperação de todas as obras divinas, Paulo de Tarso nunca procurava escrever só; buscava cercar-se, no momento, dos companheiros mais dignos, socorria-se de suas inspirações, consciente de que o mensageiro de Jesus, quando não encontrasse no seu tono sentimental as possibilidades precisas para transmitir os desejos do Senhor, teria nos amigos instrumentos adequados.

Desde então, as cartas amadas e célebres, tesouro de vibrações de um mundo superior, eram copiadas e sentidas em toda parte. E Paulo continuou a escrever sempre, ignorando, contudo, que aqueles documentos sublimes, escritos muitas vezes em hora de angústias extremas, não se destinavam a uma igreja particular, mas à cristandade universal. As epístolas lograram êxito rápido. Os irmãos as disputavam nos rincões mais humildes, por seu conteúdo de consolações, e o próprio Simão Pedro, recebendo as primeiras cópias, em Jerusalém, reuniu a comunidade e, lendo-as, comovido, declarou que as cartas do convertido de Damasco deviam ser interpretadas como cartas do Cristo aos discípulos e seguidores, afirmando, ainda, que elas assinalavam um novo período luminoso na história do evangelho.

As informações de Emmanuel nos permitem concluir que as epístolas eram verdadeiras cartas mediúnicas, transmitidas a Paulo por Estêvão, mas cuja essência trazia o pensamento do Cristo, razão pela qual são aceitas como obras do evangelho, integrantes do novo testamento. Como nos ensina Allan Kardec, a mediunidade está sujeita às interferências do médium, de modo que devemos nos ater aos ensinamentos morais, porque a "letra mata e o espírito vivifica".

O próprio Emmanuel se debruçou a refletir com profundidade sobre as epístolas e para mim é o maior e melhor intérprete do novo testamento, oferecendo-nos ensinamentos de elevado teor moral (conferir as obras *Caminho, verdade e vida, Fonte viva, Pão nosso, Vinha de luz* e *Ceifa de luz,* todas psicografadas por Francisco Cândido Xavier).

Paulo escreveu diversas epístolas: Romanos, Coríntios (duas), Gálatas, Efésios, Filipenses, Colossenses, Tessalonicenses (duas), Timóteo (duas), Tito, Filemom e Hebreus.

A primeira epístola foi dirigida aos Tessalonicenses e assim como a maioria também escrita com a colaboração de amigos, daí algumas diferenças na forma de expressar o pensamento, o que levou alguns estudiosos a duvidar que Paulo tivesse escrito a Carta aos Hebreus, dada a mudança de estilo. A última carta Paulo endereçou ao seu filho da alma, Timóteo, escrita quando estava no cárcere e pouco antes de morrer.

Emmanuel é que nos espanca essa dúvida sobre a autoria da carta aos Hebreus, graças à sua visão espiritual. Estando em Roma em prisão domiciliar, no aguardo de ser julgado pelo imperador, uma vez que a ele recorreu alegando sua condição de romano, Paulo fala em seus aposentos a israelitas residentes na cidade, mas igualmente não foi compreendido pela maioria, que se entregava a longas e estéreis discussões. Sobre a situação, o dedicado apóstolo comenta com Lucas:

> – Sim, verificar a rebeldia voluntária dá enfado ao coração; contudo, a experiência do mundo tem-me ensinado a discernir, de algum modo, a posição dos espíritos. Há duas classes de homens para as quais se torna mais difícil o contato renovador de Jesus. A primeira é a que vi em Atenas e se constitui dos homens envenenados pela falaciosa ciência da Terra; homens que se cristalizam numa superioridade imaginária e muito presumem de si mesmos.

> São estes, a meu ver, os mais infelizes. A segunda é a que conhecemos nos judeus recalcitrantes que, possuindo um patrimônio precioso do passado, não compreendem a fé sem lutas religiosas, petrificam-se no orgulho de raça e perseveram numa falsa interpretação de Deus. De tal arte, entendemos melhor a palavra do Cristo, que classificou os simples e pacíficos da Terra como criaturas bem-aventuradas. Poucos gentios cultos e raros judeus crentes na Lei Antiga estão preparados para a escola bendita da perfeição com o Divino Mestre.

Ao final das discussões, um velhinho pergunta a Paulo se não ensinaria na sinagoga, tendo o apóstolo respondido que não poderia, mas que escreveria uma carta aos irmãos de boa vontade.

E conta-nos Emmanuel:

> Daí por diante, aproveitando as últimas horas de cada dia, os companheiros de Paulo viram que ele escrevia um documento a que dedicava profunda atenção. Às vezes, era visto a escrever com lágrimas, como se desejasse fazer da mensagem um depósito de santas inspirações. Em dois meses entregava o trabalho a Aristarco para copiá-lo, dizendo:
>
> – Esta é a epístola aos hebreus. Fiz questão de grafá-la, valendo-me dos próprios recursos, pois que a dedico aos meus irmãos de raça e procurei escrevê-la com o coração.
>
> O amigo compreendeu o seu intuito e, antes de começar as cópias, destacou o estilo singular e as ideias grandiosas e incomuns.

ΙΧΘΥΣ

AINDA EM CORINTO

O TRABALHO DO APÓSTOLO se enriquecera com as cartas às igrejas, mas ele não descansava no serviço para aprimorar a igreja de Corinto, conforme nos diz Emmanuel:

> Altamente confortado, o ex-doutor da Lei procurou enriquecer a igreja de Corinto de todas as experiências que trazia da instituição antioquense. Os cristãos da cidade viviam num oceano de júbilos indefiníveis. A igreja possuía seu departamento de assistência aos que necessitavam de pão, de vestuário, de remédios. Venerandas velhinhas revezavam-se na tarefa santa de atender aos mais desfavorecidos. Diariamente, à noite, havia reuniões para comentar uma passagem da vida do Cristo; em seguida à pregação central e ao movimento das manifestações de cada um, todos entravam em silêncio, a fim de ponderar o que recebiam do Céu através do profetismo. Os não habituados ao dom das profecias possuíam faculdades curadoras, que eram aproveitadas a favor dos enfermos, em uma sala próxima. O mediunismo evangelizado, dos tempos modernos, é o mesmo profetismo das igrejas apostólicas.
>
> Como acontecia, por vezes, em Antioquia, surgiam também ali pequeninas discussões em torno de pontos mais difíceis de interpretação, que Paulo se apressava a acalmar, sem prejuízo da fraternidade edificadora.
>
> Ao fim dos trabalhos de cada noite, uma prece carinhosa e sincera assinalava o instante de repouso.
>
> A instituição progredia a olhos vistos. Aliando-se à generosidade de Tito Justo, outros romanos de fortuna aproximaram-se do evangelho, enriquecendo a organização de possibilidades novas. Os israelitas pobres encontravam na igreja um lar generoso, onde Deus se lhes manifestava em demonstrações de bondade, ao contrário das sinagogas, em cujo recinto, em vez de pão para a fome voraz, de bálsamo para as chagas do corpo e

da alma, encontravam apenas a rispidez de preceitos tirânicos, nos lábios de sacerdotes sem piedade.

Contudo, assim como ocorrera em outras localidades, o avanço das atividades irritava os judeus, porque a sinagoga se esvaziava, e eles tramaram um movimento de perseguição e o apóstolo foi preso e açoitado. Levado a julgamento perante o procônsul Júnio Gálio, foi defendido por Tito Justo e acabou sendo absolvido.

ΙΧΘΥΣ

PARTINDO PARA ÉFESO

Após esse incidente, Paulo partiu em direção a Éfeso, onde João estabelecera uma igreja e vivia na companhia de Maria, mãe de Jesus. Paulo procurou colaborar com o trabalho.

A igreja de Éfeso enfrentava problemas torturantes. João lutava seriamente para que o esforço evangélico não degenerasse em polêmicas estéreis. Mas os tecelões chegados de Corinto deram-lhe mão forte na cooperação imprescindível.

> Em meio das acaloradas discussões que houve de manter com os judeus, na sinagoga, o ex-rabino não olvidou certas realizações sentimentais que almejava desde muito. Com delicadeza extrema, visitou a mãe de Jesus na sua casinha singela, que dava para o mar. Impressionou-se fortemente com a humildade daquela criatura simples e amorosa, que mais se assemelhava a um anjo vestido de mulher. Paulo de Tarso interessou-se pelas suas narrativas caridosas, a respeito da noite do nascimento do Mestre, gravou no íntimo suas divinas impressões e prometeu voltar na primeira oportunidade, a fim de recolher os dados indispen-

sáveis ao evangelho que pretendia escrever para os cristãos do futuro. Maria colocou-se à sua disposição, com grande alegria.

Paulo, no entanto, pretendia retornar a Jerusalém, o que fez mesmo contra as súplicas dos amigos, que desejavam que ali permanecesse mais tempo.

Como já se encontrassem novamente a seu lado, Silas e Timóteo fizeram-lhe companhia nessa nova excursão.

> – Através de enormes dificuldades, mas pregando sempre a Boa Nova com verdadeiro entusiasmo devocional, chegaram ao porto de Cesareia, onde permaneceram alguns dias, instruindo os interessados no conhecimento do evangelho. Dali, dirigiram-se a pé para Jerusalém, distribuindo consolações e curas, ao longo dos caminhos. Chegados à capital do judaísmo, o ex-pescador de Cafarnaum recebeu-os com júbilos inexcedíveis. Simão Pedro apresentava grande abatimento físico, em virtude das lutas terríveis e incessantes para que a igreja suportasse, sem maiores abalos, as tempestades primitivas; seus olhos, porém, guardavam a mesma serenidade característica dos discípulos fiéis.

Após entregar a Pedro uma pequena fortuna arrecadada nas suas viagens, Paulo segue com os discípulos para Antioquia, onde descansou por um tempo e aproveitou para escrever às diversas igrejas que continuavam a reclamar das dificuldades. Segue depois para Tarso, a Galácia e a Frígia, sempre no seu incansável trabalho de pregação do evangelho e enfrentando lutas sem tréguas, sem perder as esperanças nas promessas de Jesus.

Retorna em seguida para Éfeso, onde a sinagoga havia conseguido se sobrepor à igreja.

Diz Emmanuel que:

O ex-rabino percebeu o perigo e aceitou a luta, sem reservas. Durante três meses discutiu na sinagoga, em todas as reuniões. A cidade, que se mantinha em dúvidas atrozes, parecia alcançar uma compreensão mais elevada e mais rica de luzes. Multiplicando as curas maravilhosas, Paulo, um dia, tendo imposto as mãos sobre alguns doentes, foi rodeado por claridade indefinível do mundo espiritual. As vozes santificadas, que se manifestavam em Jerusalém e Antioquia, falaram na praça pública.

Esse fato teve enorme repercussão e deu maior autoridade aos argumentos do apóstolo, em contradita aos judeus.

Em Éfeso não se falava de outra coisa. O ex-rabino fora elevado ao apogeu da consideração, de um dia para outro. Os israelitas perdiam terreno em toda a linha. O tecelão valeu-se do ensejo para lançar raízes evangélicas mais fundas nos corações. Secundando o esforço de João, procurou instalar na igreja os serviços de assistência aos mais desfavorecidos da fortuna. A instituição enriquecia-se de valores espirituais. Compreendendo a importância da organização de Éfeso para toda a Ásia, Paulo de Tarso deliberou prolongar, ali, a sua permanência. Vieram discípulos da Macedônia. Áquila e a esposa tinham regressado de Corinto; Timóteo, Silas e Tito cooperavam ativamente visitando as fundações cristãs já estabelecidas. Assim vigorosamente auxiliado, o generoso apóstolo multiplicava as curas e os benefícios em nome do Senhor.

Trabalhando pela vitória dos princípios do Mestre, fez que muitos abandonassem crendices e superstições perigosas, para se entregarem aos braços amorosos do Cristo.

Esse ritmo de trabalho fecundo perdurava há mais de dois anos, quando surgiu um acontecimento de vasta repercussão entre os efésios.

E Emmanuel vai narrar que os prejudicados com o trabalho de Paulo, vinculados ao culto à Diana, iniciaram contra ele e a igreja uma campanha difamatória e uma revolta. Não conseguindo localizá-lo, atacam a tenda de Áquila e Prisca, destruindo-a e prendendo o casal e também outros colaboradores cristãos.

Paulo pensou em interceder, considerando que os amigos não deviam sofrer por sua causa, mas foi demovido por João, que disse que a causa era do Cristo.

ΙΧΘΥΣ

SEGUINDO VIAGEM

CONFORMADO, PAULO RESOLVE PARTIR, para não criar mais problemas para os companheiros. Então segue para Trôade, depois para Filipes, onde reencontra Lucas, que se oferece para acompanhá-lo a Corinto, inclusive por percebê-lo debilitado e abatido, magríssimo, rosto pálido, olhos encovados.

A caminho de Corinto, outros companheiros se juntaram, e Paulo se revigorou, fazendo pregações. Em Corinto, ratificou suas epístolas e reorganizou a igreja. Com o firme propósito de seguir para Roma, resolveu preparar a sua chegada e escreveu uma epístola avisando e recordando aos companheiros a doutrina consoladora do evangelho, a qual foi entregue pela irmã de nome Febe, uma cooperadora do apóstolo no porto de Cencreia.

No entanto, um mensageiro chega com uma carta em que Tiago Menor solicita a ajuda do apóstolo, cujo teor nos foi apresentado por Emmanuel. Será esse o motivo pelo qual Paulo retornará a Jerusalém, assim encerrando a sua segunda viagem.

> O filho de Alfeu comunicava ao ex-doutor da Lei os dolorosos acontecimentos que se desenrolavam em Jerusalém. Tiago avisava que a igreja sofria nova e violentíssima perseguição do Sinédrio. Os rabinos haviam decidido reatar o fio das torturas infligidas aos

cristãos. Simão Pedro fora banido da cidade. Grande número de confrades eram alvo de novas perseguições e martírios. A igreja fora assaltada por fariseus sem consciência e só não sofrera depredações de maior vulto em virtude do respeito que o povo lhe consagrava. Dentro de suas atitudes conciliatórias, conseguira aplacar os ânimos mais exaltados, mas o Sinédrio alegava a necessidade de um entendimento com Paulo, a fim de conceder tréguas. A ação do apóstolo dos gentios, incessante e ativa, conseguira lançar as sementes de Jesus em toda parte. De todos os lados, o Sinédrio recebia consultas, reclamações, notícias alarmantes. As sinagogas iam ficando desertas. Tal situação requeria esclarecimentos. Baseado nesses pretextos, o maior Tribunal dos Israelitas desfechara tremendos ataques contra a organização cristã em Jerusalém. Tiago relatava os acontecimentos com grande serenidade e rogava a Paulo de Tarso não abandonasse a igreja naquela hora de lutas acerbas. Ele, Tiago, estava envelhecido e cansado. Sem a colaboração de Pedro, temia sucumbir. Pedia, então, ao convertido de Damasco fosse a Jerusalém, afrontasse as perseguições por amor a Jesus, para que os doutores do Sinédrio e do Templo ficassem bastantemente esclarecidos. Acreditava que lhe não poderia advir nenhum mal, porquanto o ex-rabino saberia melhor dirigir-se às autoridades religiosas para que a causa lograsse justo êxito. A viagem a Jerusalém teria somente um objetivo: esclarecer o Sinédrio, como se fazia indispensável. Depois disso, que Tiago considerava de suma importância para salvar a igreja da capital do judaísmo, Paulo voltaria tranquilo e feliz para onde lhe aprouvesse.

A mensagem estava crivada de exclamações amargas e de apelos veementes.

Conta-nos Emmanuel que Paulo relutou, pensando nas divergências com Tiago, mas resolveu consultar as anotações de Levi, que abriu ao acaso, lendo: "Concilia-te depressa com teu adversário". Diante dessas palavras judiciosas, não dissimulou o assombro, recebendo-as como um alvitre divino para que não desprezasse a oportunidade de estabelecer com o apóstolo galileu os laços sacrossantos da mais pura fraternidade. Não era justo alimentar caprichos pessoais na obra do Cristo. No feito em perspectiva, não era Tiago o interessado na sua presença em Jerusalém: era a igreja, era a sagrada instituição que se tornara tutora dos pobres e dos infelizes.

A postura de Paulo é bem um alerta a todos nós espíritas, para que, diante de graves situações que coloquem as nossas casas espíritas em perigo, renunciemos aos nossos interesses pessoais em favor dos objetivos superiores da doutrina do Cristo.

Então, conforme nos diz Emmanuel, algumas semanas depois, Paulo sai de Corinto em companhia de Lucas e Silas, pelos caminhos da Macedônia, por toda a parte pregando o evangelho. Para em Filipes e, emocionado, revê os amigos, que choram na sua despedida com destino a Trôade, onde devolveu a vida a um jovem que caíra da janela do terceiro andar de um prédio, quase morto.

Outros companheiros se juntaram à caravana e partiram de barco até o porto de Éfeso, onde foi visitado com carinho pelos companheiros, inclusive Maria, já idosa, e João. Paulo falou aos companheiros, pressentindo que seria a última vez.

A viagem continuou com as mesmas características. Rodes, Pátara, Tiro, Ptolemaida e, finalmente, Cesareia, onde se hospedaram na casa de Filipe, já muito velhinho, que informou Paulo dos fatos mínimos de Jerusalém, onde muito esperavam do seu esforço pessoal para continuação da igreja, sem disfarçar os receios que a situação lhe causava.

Também ali, Agabo, já conhecido de Paulo em Antioquia, viera da Judeia e, em transe mediúnico na primeira reunião íntima em casa de Filipe, formulou os mais dolorosos vaticínios. Os amigos rogaram a Paulo de Tarso que não partisse. Seria preferível a liberdade e a vida a benefício da causa. Ele, porém, sempre disposto e resoluto, referiu-se ao evangelho, comentou a passagem em que o Mestre profetizava os martírios que o aguardavam na cruz e concluía arrebatadamente:

> – Por que chorarmos magoando o coração? Os seguidores do Cristo devem estar prontos para tudo. Por mim, estou disposto a dar testemunho, ainda que tenha de morrer em Jerusalém pelo nome do Senhor Jesus!

ΙΧΘΥΣ

JERUSALÉM, FIM DA SEGUNDA VIAGEM

Paulo vai para Jerusalém e lá, às escondidas, é procurado na mesma noite por Tiago, que revelou uma atitude muito humilde, mostrando-se também envelhecido, exausto e doente. Ao contrário de outras vezes, Paulo sentiu por ele extrema simpatia.

Tiago narra sobre as terríveis perseguições reiniciadas, com enorme popularidade e com a aprovação do Sinédrio. A prisão de Paulo tinha sido decretada. Tiago havia conseguido apoio de políticos influentes, mas o Sinédrio queria a punição de Paulo, que consistia no pagamento das despesas de quatro homens pobres que tinham feito votos de nazireu. Paulo achou um despropósito, mas foi convencido por Tiago, que também lhe disse que a igreja arcaria com as despesas.

Foi nesse diálogo que Paulo compreendeu as razões de Tiago para sua postura voltada para o judaísmo, conforme já me referi anteriormente, e que foi motivo de grande discórdia entre eles.

Paulo compareceu para cumprir as exigências do Sinédrio, mas o ódio farisaico não estava satisfeito e pediram a sua morte, como traidor. Sem a intervenção dos rabinos, Paulo foi arrebatado pela multidão furiosa e preso ao tronco dos suplícios, justamente no pátio onde Estêvão fora apedrejado vinte anos antes. Engolfado nas suas lembranças, o grande apóstolo mal sentia os bofetões que lhe aplicavam. A agressão foi interrompida com a chegada de soldados romanos e o tribuno, não encontrando os rabinos responsáveis, resolveu levar Paulo detido para uma cela úmida, com feridas dolorosas, exausto e febril, sendo tratado como um criminoso comum. Refletindo que o Senhor não deseja a morte do criminoso e que deveria trabalhar até ao último de suas possibilidades, alegou sua condição de romano ao tribuno Cláudio Lísias, que determinou sua apresentação ao Sinédrio para julgamento.

Assim como acontecera a Estêvão, Paulo teve a oportunidade de se defender, mas foi agredido e açoitado no rosto, enquanto outros lhe cuspiam. Houve tumulto generalizado e o tribuno interveio, mandando levar Paulo de volta para a prisão. Recebendo o tribuno informações de Estefânio, sobrinho de Paulo, e também de Tiago, de que pretendiam matar Paulo, decidiu por enviá-lo para o governador em Cesareia, onde, depois de amargar dois anos em prisão, foi encaminhado a Roma para ser julgado pelo imperador.

Conduzido ao navio, uma multidão foi para dele se despedir, numa demonstração de afeto e gratidão ao apóstolo que soube se dedicar aos "filhos do Calvário", divulgando o evangelho sem cessar e com extremado sacrifício. Paulo deixava aquelas terras, para não mais voltar.

Emmanuel narra esse emocionante momento, que vale a pena registrar como uma homenagem a Paulo:

> Centenas de pessoas acompanharam as manobras da largada, em santificado recolhimento regado de lágrimas e preces. Enquanto o navio se afastava lento, Paulo e os companheiros

contemplavam Cesareia, de olhos umedecidos. A multidão silenciosa, dos que ficavam em pranto, acenava e ondeava na praia que a distância, aos poucos, diluía. Jubiloso e reconhecido, Paulo de Tarso descansava o olhar no campo de suas lutas acerbas, meditando nos longos anos de lutas e reparações necessárias. Recordava a infância, os primeiros sonhos da juventude, as inquietações da mocidade, os serviços dignificantes do Cristo, sentindo que deixava a Palestina para sempre. Grandiosos pensamentos o empolgavam, quando Lucas se aproximou e, apontando a distância os amigos que continuavam genuflexos, exclamou brandamente:

– Poucos fatos me comoveram tanto no mundo, como este! Registrarei nas minhas anotações como foste amado por quantos receberam das tuas mãos fraternais o benefício de Jesus!...

Paulo pareceu ponderar profundamente a advertência e acentuou:

– Não, Lucas. Não escrevas sobre virtudes que não tenho. Se me amas não deves expor meu nome a falsos julgamentos. Deves falar, isso sim, das perseguições por mim movidas aos seguidores do santo evangelho; do favor que o Mestre me dispensou às portas de Damasco, para que os homens mais empedernidos não desesperem da salvação e aguardem a sua misericórdia no momento justo; citarás os combates que temos travado desde o primeiro instante, em face das imposições do farisaísmo e das hipocrisias do nosso tempo; comentarás os obstáculos vencidos, as humilhações dolorosas, as dificuldades sem conta, para que os futuros discípulos não esperem a redenção espiritual com o repouso falso do mundo, confiantes no favor incompreensível dos deuses e sim com trabalhos ásperos, com sacrifícios abençoados pelo aperfeiçoamento de si mesmos; falarás de nossos encontros com os homens poderosos e cultos; de nossos serviços junto dos desfavorecidos da sorte, para que os seguidores do evangelho, no futuro, não se arreceiem das situações mais difíceis e escabrosas, conscientes de que os mensageiros do Mestre os assistirão, sempre que se tornem instrumentos legítimos da fraternidade e do amor, ao longo dos caminhos que se desdobram à evolução da Humanidade.

E depois de longa pausa, em que observou a atenção com que Lucas lhe acompanhou os inspirados raciocínios, prosseguiu em tom sereno e firme:

– Cala sempre, porém, as considerações, os favores que tenhamos recolhido na tarefa, porque esse galardão só pertence a Jesus. Foi ele quem removeu nossas misérias angustiosas, enchendo o nosso vácuo; foi sua mão que nos tomou caridosamente e nos reconduziu ao caminho santo. Não me contaste tuas lutas amargurosas no passado distante? Não te contei como fui perverso e ignorante, em outros tempos? Assim como iluminou minhas veredas sombrias, às portas de Damasco, levou-te ele à igreja de Antioquia, para que lhe ouvisses as verdades eternas. Por mais que tenhamos estudado, sentimos um abismo entre nós e a sabedoria eterna; por mais que tenhamos trabalhado, não nos encontramos dignos d'Aquele que nos assiste e guia desde o primeiro instante da nossa vida. Nada possuímos de nós mesmos!... O Senhor enche o vácuo de nossa alma e opera o bem que não possuímos. Esses velhinhos trêmulos que nos abraçaram em lágrimas, as crianças que nos beijaram com ternura, fizeram-no ao Cristo. Tiago e os companheiros não vieram de Jerusalém tão só para manifestar-nos sua fraternidade afetuosa; vieram trazer testemunhos de amor ao Mestre que nos reuniu na mesma vibração de solidariedade sacrossanta, embora não saibam traduzir o mecanismo oculto dessas emoções grandiosas e sublimes. No meio de tudo isso, Lucas, fomos apenas míseros servos que se aproveitaram dos bens do Senhor para pagar as próprias dívidas. Ele nos deu a misericórdia para que a justiça se cumprisse. Esses júbilos e essas emoções divinas lhe pertencem... Não tenhamos, portanto, a mínima preocupação de relatar episódios que deixariam uma porta aberta para a vaidade incompreensível. Que nos baste a profunda convicção de havermos liquidado nossos débitos clamorosos...

Lucas ouviu admirado essas considerações oportunas e justas, sem saber definir a surpresa que lhe causavam.

– Tens razão - disse finalmente – , somos fracos demais para nos atribuirmos qualquer valor.

– Além disso - acrescentou Paulo – , a batalha do Cristo está começada. Toda vitória pertencerá ao seu amor e não ao nosso esforço de servos endividados... Escreve, portanto, tuas anotações do modo mais simples e nada comentes que não seja para glorificação do Mestre no seu evangelho imortal!...

E quando lemos Atos dos apóstolos, percebemos que Lucas de fato conteve-se à advertência de Paulo, deixando de exaltar os seus grandes feitos, quando muito narrando-os sucintamente para não os omitir na história do cristianismo. Só agora Emmanuel faz o resgate da obra inigualável de Paulo, seu comprometimento com o Cristo na divulgação da Boa Nova, com todos os sacrifícios, lutas e sofrimento, mas também com a alegria de ver a propagação da obra, o sucesso do seu esforço; nosso irmão vem ilustrar a vida do apóstolo com os relatos espirituais, falar das suas dúvidas, dos seus questionamentos no serviço, as emoções experimentadas, tudo isso para que os novos cristãos se animem a prosseguir na vivência e na divulgação do Reino de Deus na Terra, que ainda está longe de ser compreendido e praticado pela Humanidade.

No navio ou em localidades onde tiveram de parar, Paulo não deixava de aproveitar as oportunidades para falar de Jesus, de curar, socorrer e orientar, atraindo a simpatia de muitos e convertendo outros ao cristianismo.

Dirigindo-se por terra a Roma, a comitiva parou em Pouzzoles, onde Paulo recebeu a visita de cristãos, como nos informa Emmanuel:

Júlio determinou que os prisioneiros comuns fossem instalados em prisões gradeadas e que Paulo, Timóteo, Aristarco e

Lucas ficassem em sua companhia, numa pensão modesta. Em face da humildade do apóstolo e de seus colaboradores, o chefe da coorte parecia mais generoso e fraternal. Desejoso de agradar ao velho discípulo de Jesus, mandou sindicar, imediatamente, se em Pouzzoles havia cristãos e, em caso afirmativo, que fossem à sua presença, para conhecerem os trabalhadores da semeadura santa. O soldado incumbido da missão, daí a poucas horas, trazia consigo um generoso velhinho de nome Sexto Flácus, cuja fisionomia transbordava a mais viva alegria. Logo à entrada, aproximou-se do velho apóstolo e osculou-lhe as mãos, regou-as de lágrimas, em transportes de espontâneo carinho.

Estabeleceu-se, imediatamente, consoladora palestra de que Paulo de Tarso participava comovido. Flácus informou que a cidade tinha há muito a sua igreja; que o evangelho ganhava terreno nos corações; que as cartas do ex-rabino eram tema de meditação e estudo em todos os lares cristãos, que reconheciam em suas atividades a missão de um mensageiro do Messias salvador. Tomando a velha bolsa arrancou, ali mesmo, a cópia da epístola aos romanos, guardada pelos confrades de Pouzzoles com especial carinho.

Paulo tudo ouvia gratamente impressionado, parecendo-lhe que chegava a um mundo novo.

Júlio, por sua vez, não cabia em si de contente. E, dando largas ao seu entusiasmo natural, Sexto Flácus expediu recados aos companheiros. Aos poucos, a modesta estalagem enchia-se de caras novas. Eram padeiros, negociantes e artífices que vinham, ansiosos, apertar a mão do amigo da gentilidade. Todos queriam beber os conceitos do Apóstolo, vê-lo de perto, beijar-lhe as mãos. Paulo e companheiros foram convidados a falar na igreja àquela mesma noite e, cientes de que o centurião pretendia partir para Roma no dia imediato, os sinceros discípulos do evangelho, em Pouzzoles, rogaram a Júlio permitisse a demora de Paulo entre eles, ao menos por sete dias, ao que o chefe da coorte atendeu de bom grado.

A comunidade viveu horas de júbilo imenso. Sexto Flácus e

os companheiros expediram dois emissários a Roma, para que os amigos da cidade imperial tivessem conhecimento da vinda do apóstolo dos gentios. E, cantando louvores no coração, os crentes passaram dias de ilimitada ventura.

ΙΧΘΥΣ

EM ROMA

JÁ ERA O ANO 61 e, graças principalmente ao trabalho iniciado por Paulo, o cristianismo avançava por diversas localidades.

O grupo segue em direção a Roma acompanhado de vários cristãos e Paulo entretém diálogo com um ancião romano, que lhe informa da situação dos cristãos na capital do Império. Narra Emmanuel:

> - Vindes a Roma em boa época - acentuava o velhinho em tom resignado - ; temos a impressão de que nossos sofrimentos por Jesus vão ser multiplicados. Estamos em 61, mas há três anos que os discípulos do evangelho começaram a morrer nas arenas do circo pelo nome augusto do Salvador.
>
> - Sim - disse Paulo de Tarso solicitamente. - Eu ainda não havia sido preso em Jerusalém, quando ouvi referências às perseguições indiretas, movidas aos adeptos do cristianismo pelas autoridades romanas.
>
> - Não são poucos - acrescentou o ancião - os que têm dado seu sangue nos espetáculos homicidas. Nossos companheiros têm caído às centenas, aos apupos do povo inconsciente, estraçalhados pelas feras ou nos postes do martírio...
>
> O centurião, muito pálido, interrogou:
>
> - Mas como pode ser isso? Há medidas legais que justifiquem esses feitos criminosos?
>
> - E quem poderá falar em justiça no governo de Nero? - re-

plicou Apolodoro com um sorriso de santa resignação. - Ainda agora, perdi um filho amado nessas horrorosas carnificinas.

- Mas, como? - tornou o chefe da coorte admirado.

- Muito simplesmente - esclareceu o velhinho - os cristãos são conduzidos aos circos do martírio e da morte, como escravos faltosos e misérrimos. Como ainda não existe um fundamento legal que justifique semelhantes condenações, as vítimas são designadas como cativos que mereceram os suplícios extremos.

- Mas não existe um político, ao menos, que possa desmascarar o torpe sofisma?

- Quase todos os estadistas honestos e justos estão exilados, para não falar dos muitos induzidos ao suicídio pelos prepostos diretos do Imperador. Acreditamos que a perseguição declarada aos discípulos do evangelho não tardará muito. A medida tem sido retardada somente pela intervenção de algumas senhoras convertidas a Jesus, que tudo têm feito pela defesa de nossos ideais. Não fora isso, talvez a situação se revelasse mais dolorosa.

- Precisamos negar a nós mesmos e tomar a cruz - exclamou Paulo de Tarso, compreendendo o rigor dos tempos.

- Tudo isso é muito estranho para nós outros - ponderou Júlio acertadamente - , pois não vemos razão para tamanha tirania. É um contrassenso a perseguição aos adeptos do Cristo, que trabalham pela formação de um mundo melhor, quando por aí medram tantas comunidades de malfeitores, a reclamarem repressão legal. Com que pretexto se promove esse movimento sorrateiro?

Apolodoro pareceu concentrar-se e replicou:

- Acusam-nos de inimigos do Estado, a solapar-lhe as bases políticas com ideias subversivas e destruidoras. A concepção de bondade, no cristianismo, dá azo a que muitos interpretem mal os ensinamentos de Jesus. Os romanos abastados, os ilustres, não toleram a ideia de fraternidade humana. Para eles o inimigo é inimigo, o escravo é escravo, o miserável é miserável. Não lhes ocorre abandonar, por um momento sequer, o festim dos prazeres fáceis e criminosos, para cogitar da elevação do nível social. Raríssimos os que se preocupam com os problemas da plebe. Um patrício caridoso é apontado com ironias. Num tal ambiente, os desfavorecidos da sorte encontraram no Cristo Jesus um Salvador bem-amado, e os avarentos um adversário a eliminar, para que o povo não alimente esperanças. Examinada essa circunstância, podemos imaginar o progresso da doutrina cristã, entre os aflitos e pobres, tendo-se em vista que Roma sempre foi um enorme carro de triunfo mundano, que segue com os verdugos autoritários e tirânicos na boleia, cercado de multidões famintas, que vão apanhando as migalhas de sobejo. As primeiras pregações cristãs passaram despercebidas, mas, quando a massa popular demonstrou entender o elevado alcance da nova doutrina, começaram as lutas acerbas. De culto livre em suas manifestações, o cristianismo passou a ser rigorosamente fiscalizado. Dizia-se que nossas células eram originárias de feitiçarias e sortilégios. Em seguida, como se verificaram pequenas rebeliões de escravos, nos palácios nobres da cidade, nossas reuniões de preces e benefícios espirituais foram proibidas. As agremiações foram dissolvidas à força. Em vista, porém, das garantias de que gozam as cooperativas funerárias, passamos a nos reunir alta noite no âmago das catacumbas. Ainda assim, descobertos pelos sequazes do Imperador, nossos núcleos de oração têm experimentado pesadas torturas.

Aqui a narrativa coincide com a que Emmanuel fez na obra *Há dois mil anos*, no tempo em que Públio Lentulus com a família havia regressado para Roma, porquanto, exatamente no ano 58, ocorre o primeiro grande sacrifício dos cristãos no Circo Máximus, no qual perece Lívia, que junto com Ana fora detida nas catacumbas num culto cristão. Se as informações naquela obra param por aí, aqui Emmanuel prossegue nos dando outros detalhes sobre os sofrimentos que os cristãos de Roma ainda iriam experimentar.

Emmanuel nos conta que Paulo foi recebido em Roma por

centenas de mulheres e crianças. O cortejo parou para que os amigos o abraçassem. O apóstolo foi recolhido à prisão, mas depois autorizado a fixar residência, em razão do seu título romano. Auxiliado pelos confrades da cidade, Lucas alugou um aposento humilde na Via Nomentana, para lá se transferindo o valoroso pregador do evangelho, cheio de coragem e confiança em Deus.

Longe de esmorecer diante dos obstáculos, continuou redigindo epístolas consoladoras e sábias às comunidades distantes. Quando ia tomar refeição na prisão, aproveitava essas horas de convivência com os celerados ou com as vítimas da maldade humana para pregar as verdades confortadoras do Reino, ainda que algemados. Todos o ouviam em deslumbramento espiritual, jubilosos com a notícia de que não se encontravam desamparados pelo Salvador. A palavra de Paulo de Tarso atuava como bálsamo de santas consolações. Os prisioneiros ganhavam novas esperanças e muitos se converteram ao evangelho.

Convidados por Lucas, os judeus compareceram e ouviram a palavra de Paulo, que, pacientemente, pregou a lição da Boa Nova e explicou a missão gloriosa de Jesus, desde a manhã até a tarde. Alguns raros irmãos de raça pareciam compreender os novos ensinamentos, enquanto que a maioria se entregava a interpelações ruidosas e a polêmicas estéreis.

Um velhinho lhe pediu para falar na sinagoga, porque existiam seguidores de Moisés bem-intencionados e que poderiam aproveitar os ensinos de Jesus, mas Paulo alegou não poder porque estava preso, mas que escreveria aos irmãos interessados, daí surgindo a Carta aos Hebreus.

Após ter curado um político importante, Acácio Domício, que ficara cego, este se ajoelhou agradecido e prometeu interferir no processo, em razão do que, em breve tempo, Paulo foi absolvido pelos juízes.

Paulo viu nisso nova obrigação de intensificar a difusão do evangelho e, no ano 63, visitou as comunidades cristãs de todos os bairros de Roma, sendo acolhido com amor e respeito pela sua autoridade moral. Também organizou planos de serviço para todas as igrejas domésticas que funcionavam na cidade e fez inúmeras prédicas gerais nas catacumbas silenciosas.

Em seguida, Paulo resolveu partir para a Espanha, porque desejava morrer convicto de haver levado o evangelho aos confins do mundo.

Acompanhado de Lucas, Timóteo e Demas, visitou o território espanhol, demorando-se mais na região de Tortosa. Em toda parte, a palavra e feitos do apóstolo ganhavam novos corações para o Cristo, multiplicando os serviços do evangelho e renovando as esperanças populares, à luz do Reino de Deus.

Em Roma, porém, a situação se agravava para os cristãos:

> ... A perseguição surda aos adeptos do Nazareno apertava o cerco por todos os lados. Os últimos conselheiros honestos do Imperador estavam desaparecendo. Roma assombrava-se com a enormidade e quantidade de crimes que se repetiam diariamente. Nobres figuras do patriciado e do povo eram vítimas de atentados cruéis. Atmosfera de terror dominava todas as atividades políticas e, no cômputo dessas calamidades, os cristãos eram os mais rudemente castigados, em vista da atitude hostil de quantos se acomodavam com os velhos deuses e se regalavam com os prazeres de uma existência dissoluta e fácil. Os seguidores de Jesus eram acusados e responsabilizados por quaisquer dificuldades que sobrevinham. Se caía uma tempestade mais forte, devia-se o fenômeno aos adeptos da nova doutrina. Se o inverno era mais rigoroso, a acusação pesava sobre eles, porquanto ninguém como os discípulos do Crucificado havia desprezado tanto os santuários da crença antiga, abominando os favores e os sacrifícios aos numes tutelares. A partir do reinado de Cláudio, espa-

lhavam-se lendas torpes a respeito das práticas cristãs. A fantasia do povo, ávido das distribuições de trigo nas grandes festas do circo, imaginava situações inexistentes, gerando conceitos extravagantes e absurdos, com relação aos crentes do evangelho. Por isso mesmo, desde o ano 58, os cristãos imbeles eram levados ao Circo como escravos revolucionários ou rebeldes, que deveriam desaparecer. A opressão agravara-se dia a dia. Os romanos mais ou menos ilustres, pelo nome ou pela situação financeira, que simpatizavam com a doutrina do Cristo, continuavam indenes de públicos vexames; mas os pobres, os operários, os filhos da plebe, eram levados ao martírio, às centenas....

> ... a situação prosseguia cada vez mais grave. Com a perversidade de Tigelino à frente da Prefeitura dos Pretorianos, acentuara-se o terror entre os discípulos de Jesus. Faltava somente um édito em que os cidadãos romanos, simpatizantes do evangelho, fossem condenados publicamente, porque os libertos, os descendentes de outros povos e os filhos da plebe já enchiam as prisões...

Simão Pedro, que fora para Roma com a família, como figura de relevo do movimento, não tinha descanso. Não obstante a fadiga natural da senectude, procurava atender a todas as necessidades emergentes. Seu espírito poderoso sobrepunha-se a todas as vicissitudes e desempenhava os mínimos deveres com devotamento máximo à causa da Verdade. Assistia os doentes, pregava nas catacumbas, percorria longas distâncias, sempre animoso e satisfeito.

João foi preso junto com dezenas de irmãos...

> ... numerosos cristãos morriam todos os dias na prisão do Esquilino, vítimas das queimaduras de azeite fervente. Tigelino e alguns comparsas da administração criminosa distraíam-se com os suplícios das vítimas. O azeite era lançado aos infelizes no poste do martírio. Outras vezes, os prisioneiros manietados eram mergulhados em grandes barris de água em ebulição. O

Prefeito dos Pretorianos exigia que os correligionários assistissem ao suplício, para escarmento geral. Os encarcerados acompanhavam as tristes operações, banhados em pranto silencioso. Verificada a morte da vítima, um soldado se encarregava de lançar as vísceras aos peixes famintos, nos tanques vastos das prisões odiosas.

Diante da gravidade da situação, que requeria urgente providência, Pedro resolve mandar avisar Paulo, que então retorna a Roma no início de maio do ano 64. Intercedendo junto a amigos, consegue a liberdade de João.

ΙΧΘΥΣ

INCÊNDIO EM ROMA

O PIOR ESTAVA PARA atingir a comunidade dos cristãos romanos, com o incêndio que atingiu a capital do império por macabra ordem de Nero. Emmanuel faz a narrativa:

> Paulo de Tarso e os cooperadores desdobravam-se em edificações espirituais, quando a cidade foi sacudida, de súbito, por espantoso acontecimento. Na manhã de 16 de julho de 64 irrompeu violento incêndio nas proximidades do Grande Circo, abrangendo toda a região do bairro localizado entre o Célio e o Palatino. O fogo começara em vastos armazéns repletos de material inflamável e propagara-se com rapidez assombrosa. Debalde foram convocados os operários e homens do povo para atenuar-lhe a violência; em vão a turba numerosa e compacta movimentou recursos para aliviar a situação.
>
> As labaredas subiam sempre, alastrando-se com furor, deixando montões de escombros e ruínas. Roma inteira acudia

a ver o sinistro espetáculo, já empolgada pelas suas paixões ameaçadoras e terríveis. O fogo, com prodigiosa rapidez, deu volta ao Palatino e invadiu o Velabro. O primeiro dia findava-se com angustiosas perspectivas. O firmamento cobria-se de fumo espesso, iluminando-se grande parte das colinas com o clarão odioso do incêndio terrível. As elegantes construções do Aventino e do Célio pareciam árvores secas de floresta em chamas. Acentuara-se a desolação das vítimas da enorme catástrofe. Tudo ardia nas adjacências do Fórum. Começou o êxodo com infinitas dificuldades. As portas da cidade congestionavam-se de pessoas tomadas de profundo terror. Animais espavoridos corriam ao longo das vias públicas, como acossados por perseguidores invisíveis. Prédios antigos, de sólida construção, ruíam com sinistro estrondo. Todos os habitantes de Roma desejavam distanciar-se da zona comburente.

Ninguém mais se atrevia a atacar a fogueira indômita. O segundo dia apresentou-se com o mesmo espetáculo inesquecível. Os populares desistiram de salvar alguma coisa; contentavam-se em poder enterrar os mortos sem conta, encontrados nos locais de possível acesso. Dezenas de pessoas percorriam as ruas em gargalhadas de horrível acento; a loucura generalizava-se entre as criaturas mais impressionáveis. Macas improvisadas conduziam feridos sem destino certo. Longas procissões invadiam os santuários para salvar as suntuosas imagens dos deuses. Milhares de mulheres acompanhavam a figura impassível dos numes tutelares, em dolorosas súplicas, fazendo votos de penosos sacrifícios, em vozes estentóricas. Homens piedosos apanhavam, no remoinho das multidões estonteadas, as crianças massacradas ou apenas feridas. Toda a zona de acesso a Via Ápia, em direção de Alba Longa, estava entupida de retirantes apressados e desiludidos. Centenas de mães gritavam pelos filhinhos desaparecidos e, não raro, tomavam-se providências, à pressa, para socorrer as que enlouqueciam. A população em peso desejava abandonar a cidade, ao mesmo tempo. A situação tornara-se perigosa. A turba amotinada atacava as liteiras dos patrícios. Somente os cavaleiros desassombrados conseguiam romper a mole humana, provocando novas blasfêmias e lamentações.

O fogo já havia devorado, quase totalmente, os palacetes nobres e preciosos das Carinas e continuava destroçando os bairros romanos, entre os vales e as colinas, onde a população era muito densa. Durante uma semana, dia e noite, lavrou o fogo destruidor, espalhando desolações e ruínas. Das catorze circunscrições em que se dividia a metrópole imperial, apenas quatro ficaram incólumes. Três eram uma aluvião de escombros fumegantes e as outras sete conservavam tão só alguns vestígios dos edifícios mais preciosos. O imperador estava em Âncio (Antium), quando irrompeu a fogueira por ele mesmo idealizada, pois a verdade é que, desejoso de edificar uma cidade nova com os imensos recursos financeiros que chegavam das províncias tributárias, projetara o incêndio famoso, assim vencendo a oposição do povo, que não desejava a transferência dos santuários.

Além dessa medida de ordem urbanística, o filho de Agripina caracterizava-se, em tudo, pela sua originalidade satânica. Presumindo-se genial artista, não passava de monstruoso histrião, assinalando a sua passagem pela vida pública com crimes indeléveis e odiosos. Não seria interessante apresentar ao mundo uma Roma em chamas? Nenhum espetáculo, a seus olhos, seria inesquecível como esse. Depois das cinzas mortas, reedificaria os bairros destruídos. Seria generoso para com as vítimas da imensa catástrofe. Passaria à história do Império como administrador magnânimo e amigo dos súditos sofredores.

Alimentando tais propósitos, combinou o atentado com os áulicos de sua maior confiança e intimidade, ausentando-se da cidade para não despertar suspeitas no espírito dos políticos mais honestos.

Entretanto, não pudera prever, ele próprio, a extensão da espantosa calamidade. O incêndio tomara proporções indesejáveis. Seus conselheiros menos dignos não puderam pressentir a amplitude do desastre. Arrancado, à pressa, dos seus prazeres criminosos, o imperador chegou a tempo de observar o último dia de fogo, verificando o caráter da medida odiosa. Dirigindo-se a um dos pontos mais elevados, contemplou o montão de ruínas e sentiu a gravidade da situação. O extermínio da propriedade particular atingira proporções quase infinitas. Não se pudera prever tão dolorosas consequências.

Reconhecendo a irritação justa do povo, Nero procurou falar, em público, esboçando algumas lágrimas na sua profunda capacidade de dissimulação. Prometeu auxiliar a restauração das casas particulares, declarou que compartilhava do sofrimento geral e que Roma se levantaria novamente sobre os escombros fumegantes, mais imponente e mais bela. Imensa multidão ouvia-lhe a palavra, atenta aos seus mínimos gestos. O imperador na sua mímica teatral, assumia atitudes comovedoras. Referia-se aos santuários perdidos, debulhado em pranto. Invocava a proteção dos deuses, a cada frase de maior efeito. A turba sensibilizara-se. Jamais o César se mostrara tão paternalmente comovido. Não seria razoável duvidar das suas promessas e observações.

Em dado instante, a sua palavra vibrou mais patética e expressiva. Comprometia-se, solenemente, com o povo, a punir inexoravelmente os responsáveis. Procuraria os incendiários, vingaria a desgraça romana sem piedade. Rogava, mesmo, a todos os habitantes da cidade cooperassem com ele, procurando e denunciando os culpados. Nesse ínterim, quando o verbo imperial se tornara mais significativo, notou-se que a massa popular se agitava estranhamente. Maioria esmagadora irmanava-se, agora, num grito terrível:

– Cristãos às feras! Às feras!

O filho de Agripina encontrara a solução que procurava. Ele que procurava, em vão, no espírito superexcitado, as novas vítimas das suas maquinações execrandas, às quais pudesse atribuir a culpa dos sucessos lamentáveis, viu no brado ameaçador da turba uma resposta às próprias cogitações sinistras.

Nero conhecia o ódio que o vulgo votava aos seguidores humildes do Nazareno. Os discípulos do evangelho mantinham-se alheios e superiores aos costumes dissolutos e brutais da época. Não frequentavam os circos, afastavam-se dos templos pagãos, não se prosternavam diante dos ídolos nem aplaudiam as tradições políticas do Império. Além disso, pregavam ensinamentos estranhos e pareciam aguardar um novo reino. O grande histrião do Palatino sentiu uma onda de alegria invadir-lhe os olhos míopes e congestos. A escolha do povo romano não poderia ser melhor. Os cristãos deviam ser mesmo os criminosos. Sobre eles deveria cair o gládio vingador. Trocou um olhar inteligente com Tigelino, como a exprimir que haviam apanhado, ao acaso, a solução imprevista e logo afirmou à massa enfurecida que tomaria providências imediatas para reprimir os abusos e castigar os culpados da catástrofe; finalmente, que o incêndio seria considerado crime de lesa-majestade e sacrilégio, para que os castigos também fossem excepcionais.

O povo aplaudia freneticamente, antegozando as sensações do circo, com esgares de feras e cânticos de martírio.

A nefanda acusação pesou sobre os discípulos de Jesus, como fardo hediondo.

As primeiras prisões realizaram-se como flagelo maldito. Numerosas famílias refugiaram-se nos cemitérios e nos arredores da cidade meio destruída, receosas dos algozes implacáveis. Praticava-se toda a espécie de abusos. Jovens indefesas eram entregues, nos cárceres, ao instinto feroz de soldados sem entranhas. Anciães respeitáveis conduzidos à enxovia, sob algemas e pancadas. Os filhos arrancados do colo maternal, entre lágrimas e apelos comovedores. Tempestade sinistra caíra sobre os seguidores do Crucificado, que se submetiam a punições injustas, de olhos postos no céu.

De nada valeram, para Nero, as ponderações dos patrícios ilustres, que ainda cultivavam as tradições de prudência e honestidade. Quantos se aproximavam da autoridade imperial, com a valiosa contribuição de alvitres justos, eram declarados suspeitos, agravando a situação.

O filho de Agripina e seus áulicos imediatos deliberaram que se oferecesse ao povo o primeiro espetáculo no princípio de agosto de 64, como positiva demonstração das providências oficiais, contra os supostos autores do nefando atentado. As demais vítimas, isto é, todos os prisioneiros que chegassem ao cárcere, depois da festa inicial, serviriam de ornamento aos futuros regozijos, à medida que a cidade pudesse recompor-se com as novas construções em perspectiva. Para isso, determinara-se a reedificação imediata do Grande Circo. Antes de atender às próprias necessidades da Corte, o imperador desejava as simpatias do povo ignorante e sofredor, alimentando o que pudesse satisfazer seus estranhos caprichos.

A primeira carnificina, destinada a distrair o ânimo popular, foi levada a efeito em jardins imensos, na parte que permanecera imune da destruição, por entre orgias indecorosas, de que participaram a plebe e a grande fração do patriciado que se entregara à dissolução e ao desregramento. A festividade prolongou-se por noites sucessivas, sob a claridade de esplêndida iluminação e o ritmo harmonioso de numerosas orquestras, que inundavam o ar de melodias enternecedoras. Nos lagos artificiais deslizavam barcos graciosos, artisticamente iluminados. No seio da paisagem, favorecida pelas sombras da noite, que as tochas poderosas não conseguiam afastar de todo, repastava-se a devassidão em jogo franco. Ao lado das expressões festivas, enfileiravam-se as do martírio dos pobres condenados. Os cristãos eram entregues ao povo para o castigo que ele julgasse mais justo. Para isso, com intervalos regulares, os jardins estavam cheios de cruzes, de postes, de açoites e numerosos instrumentos outros de flagelação. Havia guardas imperiais para auxiliarem as atividades punitivas. Em fogueiras preparadas, encontravam-se água e azeite fervente, bem como pontas de ferro em brasa, para os que desejassem aplicá-las. Os gemidos e soluços dos desgraçados casavam-se ironicamente com as notas harmoniosas dos alaúdes. Uns expiravam entre lágrimas e preces, aos apupos do povo; outros, entregavam-se estoicamente ao martírio, contemplando o céu alto e estrelado.

A linguagem mais forte será pobre para traduzir as dores imensas da grei cristã, naqueles dias angustiosos. Não obstante os tormentos inenarráveis, os seguidores fiéis de Jesus revelaram o poder da fé àquela sociedade perversa e decadente, afrontando as torturas que lhes cabiam. Interrogados nos tribunais, em momento tão trágico, declaravam abertamente sua confiança em Cristo Jesus, aceitando os sofrimentos com humildade, por amor ao seu nome.

Aquele heroísmo parecia acirrar, ainda mais, os ânimos da multidão animalizada. Inventavam-se novos gêneros de suplício. A perversidade apresentava, diariamente, números novos em sua venenosa facúndia. Mas os cristãos pareciam possuídos de energias diferentes das conhecidas nos campos de batalhas sanguinolentas. A paciência invencível, a fé poderosa, a capacidade moral de resistência, assombravam os mais afoitos. Não foram poucos os que se entregaram ao sacrifício, cantando. Muita vez, diante de tanta coragem, os verdugos improvisados temeram o misterioso poder triunfante da morte.

Terminada a chacina de agosto, com grande entusiasmo popular, continuou a perseguição sem tréguas, para que não faltasse o contingente de vítimas nos espetáculos periódicos, oferecidos ao povo em regozijo pela reconstrução da cidade.

ΙΧΘΥΣ

A MORTE DE PAULO

Narra, ainda, Emmanuel, que Paulo foi detido quando pregava nas catacumbas e levado a julgamento perante Nero.

Paulo teve a palavra e, destacando as qualidades de um administrador consciencioso e justo, pediu a atenção para os milhares de homens, mulheres e crianças, que padeciam nos cárceres ou sucumbiam nos circos do martírio, tentando sensibilizá-lo.

O filho de Agripina parecia abalado. Tinha a impressão de haver escutado sinistros vaticínios. As advertências do apóstolo penetravam-lhe o coração, suas palavras pareciam ecoar-lhe nos ouvidos para sempre.

Tigelino disse que Paulo poderia morrer naquele mesmo dia, mas Nero considerou que Paulo seria perigoso e que por trás dele poderiam estar vultos eminentes. E, então, resolveu conceder a liberdade, mas reservava o ato de absolvição para quando se apurasse definitivamente a responsabilidade dos cristãos.

Paulo foi acolhido na casa pobre de um casal e ali experimentava singulares presságios. Surpreendia-se a refletir no coroamento da carreira apostólica como se nada mais lhe restasse senão morrer por Jesus. Não mais pôde encaminhar-se à pregação das catacumbas, dada à prostração física, mas, valia-se da colaboração afetuosa e dedicada de Lucas para as epístolas que julgava necessárias, dentre ela a última, dirigida a Timóteo.

Algumas semanas depois, um grupo armado visitou a residência e prendeu o casal e Paulo, sendo o apóstolo atirado a uma cela escura e incomunicável, onde deu um balanço retrospectivo em todas as atividades de sua vida, entregando-se a Jesus, inteiramente confiado na sua divina misericórdia.

Logo foi retirado e levado num veículo até um cemitério, onde lhe disseram: – O Prefeito dos Pretorianos, por sentença de César, ordenou que fosseis sacrificado no dia imediato ao da morte dos cristãos votados às comemorações do circo, realizadas ontem. Deveis saber, portanto, que estais vivendo os últimos minutos.

Calmo, olhos brilhantes e mãos amarradas, Paulo de Tarso, mudo até então, exclamou, surpreendendo os verdugos com a sua majestosa serenidade:

– Ciente da tarefa criminosa que vos incumbe desempenhar. Os discípulos de Jesus não temem os algozes que só lhes podem aniquilar o corpo. Não julgueis que vossa espada possa eliminar-me a vida, de vez que, vivendo estes fugazes minutos em corpo carnal, isso significa que vou penetrar, sem mais demora, nos tabernáculos da vida eterna, com o meu Senhor Jesus Cristo, o mesmo que vos tomará contas, tanto quanto a Nero e Tigelino ...

Paulo, então, é morto com um golpe de espada.

Para os historiadores humanos, a narrativa se encerra aí.

Mas Emmanuel segue adiante com as informações colhidas no plano espiritual, como um fecho desse importante período do cristianismo dos primeiros tempos, com a obra inestimável de Paulo, dos primeiros discípulos e de outros que foram contagiados pela Boa Nova. Conta-nos como foi a chegada do apóstolo no mundo espiritual, como querendo nos recordar que todas as nossas aflições na Terra encontrarão o conforto no Além, conforme a promessa de Jesus: "Bem-aventurados os aflitos, porque serão consolados".

> Paulo de Tarso caiu redondamente, sem articular uma palavra. O corpo alquebrado embolou-se no solo, como um despojo horrendo e inútil. O sangue jorrava em golfões nas últimas contrações da agonia rápida, enquanto a expedição regressava penosamente, muda, dentro da luz matinal e triunfante.
>
> O valoroso discípulo do evangelho sentia a angústia das derradeiras repercussões físicas; mas, aos poucos, experimentava uma sensação branda de alívio reparador. Mãos carinhosas e solícitas pareciam tocá-lo de leve, como se arrancassem, tão só nesse contato divino, as terríveis impressões dos seus amargurosos padecimentos. Tomado de surpresa, verificou que o transportavam a local distante e pensou que amigos generosos

desejavam assisti-lo, em lugar mais conveniente, para que lhe não faltasse a doce consolação da morte tranquila.

Depois de alguns minutos as dores haviam desaparecido por completo.

Guardando a impressão de permanecer à sombra de alguma árvore frondosa e amiga, experimentava a carícia das brisas matinais que passavam em lufadas frescas. Tentou levantar-se, abrir os olhos, identificar a paisagem. Impossível!

Sentia-se fraco, qual convalescente de moléstia prolongada e gravíssima.

Reuniu as energias mentais, como lhe foi possível, e orou, suplicando a Jesus permitisse o esclarecimento de sua alma, naquela nova situação.

Sobretudo, a falta de visão deixava-o submerso em angustiosa expectativa. Recordou os dias de Damasco, quando a cegueira lhe invadira os olhos de pecador, ofuscados pela luz gloriosa do Mestre. Lembrou o carinho fraternal de Ananias e chorou ao influxo daquelas singulares reminiscências. Depois de grande esforço, conseguiu levantar-se e refletiu que o homem precisava servir a Deus, ainda que tateasse em densas trevas.

Foi aí que ouviu passos de alguém que se aproximava de leve. Ocorreu-lhe subitamente o dia inesquecível em que fora visitado pelo emissário do Cristo, na pensão de Judas.

– Quem sois? – perguntou como o fizera outrora, naquele lance inolvidável.

– Irmão Paulo... – começou a dizer o recém-chegado.

Mas o Apóstolo dos gentios, identificando aquela voz bem-amada, interrompeu-lhe a palavra, bradando com júbilo inexprimível:

– Ananias!... Ananias!...

E caiu de joelhos, em pranto convulsivo.

– Sim, sou eu – disse a veneranda entidade pousando a mão luminosa na sua fronte – ; um dia Jesus mandou que te restituísse a visão, para que pudesses conhecer o caminho áspero dos seus discípulos e hoje, Paulo, concedeu-me a dita de abrir-te os olhos para a contemplação da vida eterna. Levanta-te! Já venceste os últimos inimigos, alcançaste a coroa da vida, atingiste novos planos da redenção!...

O apóstolo levantou-se afogado em lágrimas de jubilosa gratidão, enquanto Ananias, pousando a destra nos seus olhos apagados, exclamou com carinho:

- Vê, novamente, em nome de Jesus!... Desde a revelação de Damasco, dedicaste os olhos ao serviço do Cristo! Contempla, agora, as belezas da vida eterna, para que possamos partir ao encontro do Mestre amado!...

Então, o devotado trabalhador do evangelho reconheceu as maravilhas que Deus reserva aos seus cooperadores no mundo cheio de sombras.

Tomado de espanto, identificou a paisagem que o rodeava. Não longe estavam as catacumbas da Via Ápia. Misteriosas forças o haviam afastado do quadro triste em que se decompunham os despojos sangrentos. Sentiu-se jovem e feliz. Compreendia, agora, a grandeza do corpo espiritual no ambiente estranho aos organismos da Terra. Suas mãos estavam sem rugas, a epiderme sem cicatrizes. Tinha a impressão de haver sorvido um misterioso elixir de juventude. Uma túnica de alvura resplandecente envolvia-o em graciosas ondulações. Mal despertava do seu deslumbramento, quando alguém lhe bateu levemente no ombro: Era Gamaliel que lhe trazia um ósculo fraternal. Paulo de Tarso sentiu-se o mais ditoso dos seres. Abraçando-se ao velho mestre e a Ananias, num só gesto de ternura, exclamava entre lágrimas:

- Só Jesus me poderia conceder alegria igual.

Mal não acabara de o dizer, começaram a chegar velhos companheiros de lutas terrenas, amigos de outros tempos, irmãos desvelados que lhe vinham trazer as boas-vindas, ao transpor os umbrais da eternidade. Os deslumbramentos do apóstolo sucediam-se ininterruptos. Como se ficassem em Roma, à sua espera, todos os mártires das festividades da véspera chegaram cantando, nas proximidades das catacumbas. Todos queriam abraçar o generoso discípulo, oscular-lhe as mãos. Nesse ínterim, dando a impressão de nascer em maravilhosas fontes do mais além, ouviu-se uma cariciosa melodia acompanhada de vozes argentinas, que deviam ser angélicas. Surpreendido com a beleza da composição, intraduzível na linguagem humana, Paulo ouvia o venerando amigo de Damasco, que explicava solícito:

- Este é o hino dos prisioneiros libertados!...

Observando-lhe a intensa comoção, Ananias perguntou qual o seu primeiro desejo na esfera dos redimidos. Paulo de Tarso, intimamente, recordou Abigail e os anelos sagrados do coração, como aconteceria a qualquer ser humano; mas, integrado no ministério divino, que manda esquecer os caprichos mais singelos, e sem trair a gratidão à misericórdia do Cristo, respondeu comovidamente:

- Meu primeiro desejo seria rever Jerusalém, onde pratiquei tantos males e, ali, orar a Jesus, para ofertar-lhe o meu agradecimento.

Tão depressa o disse e a luminosa assembleia se punha em movimento. Assombrado com o poder da volitação, Paulo observava que as distâncias nada representavam agora para as suas possibilidades espirituais. De mais alto continuavam fluindo harmonias de sublimada beleza. Eram hinos que exaltavam a ventura dos trabalhadores triunfantes, e a misericórdia das bênçãos do Todo-Poderoso.

Paulo desejava imprimir à divina excursão o sabor de suas reminiscências. Para esse fim, o grupo seguiu ao longo da Via Ápia até Arícia, de onde se desviou em direção a Pouzzoles, em cuja igreja se deteve em preces, por alguns minutos de ventura inigualável. Daí a caravana espiritual demandou a Ilha de Malta, transportando-se em seguida para o Peloponeso, onde Paulo se extasiou na contemplação de Corinto, dando curso a recordações carinhosas e doces. Inflamados de entusiasmo fraternal, os componentes da caravana acompanhavam o valoroso discípulo no caminho das sagradas lembranças que lhe vibravam no coração. Atenas, Tessalônica, Filipes, Neápolis, Trôade e Éfeso foram pontos nos quais o apóstolo estacionara, demoradamente, orando com lágrimas de gratidão ao Altíssimo.

Atravessadas as zonas da Panfília e da Cilícia, entraram na Palestina, tomados de júbilo e sagrado respeito. Em todos os caminhos incorporavam-se emissários e trabalhadores do Cristo. Paulo não conseguia avaliar a alegria da chegada a Jerusalém, sob o prodigioso azul do crepúsculo.

Obedecendo ao alvitre de Ananias, reuniram-se no cimo do Calvário e ali cantaram hinos de esperanças e de luz. Lembrando os erros do passado amarguroso, Paulo de Tarso ajoelhou-se e elevou a Jesus fervorosa súplica. Os companheiros remidos recolheram-se em êxtase, enquanto ele, transfigurado, em pranto, procurava exprimir a mensagem de gratidão ao Divino Mestre.

Desenhou-se então, na tela do Infinito, um quadro de beleza singular. Como se houvesse rasgado a imensurável umbela azul, surgiu na amplidão do espaço uma senda luminosa e três vultos que se aproximavam radiantes. O Mestre estava no centro, conservando Estêvão à direita e Abigail ao lado do coração. Deslumbrado, arrebatado, o apóstolo apenas pôde estender os braços, porque a voz lhe fugia no auge da comoção. Lágrimas abundantes perolavam-lhe o rosto também transfigurado. Abigail e Estêvão adiantaram-se. Ela tomou-lhe delicadamente as mãos num assomo de ternura, enquanto Estêvão o abraçava com efusão.

Paulo quis lançar-se nos braços dos dois irmãos de Corinto, beijar-lhes as mãos no seu arroubo de ventura, mas, qual a criança dócil que tudo devesse ao Mestre dedicado e bom, procurou o olhar de Jesus, para sentir-lhe a aprovação.

O Mestre sorriu, indulgente e carinhoso, e falou:

– Sim, Paulo, sê feliz! Vem, agora, a meus braços, pois é da vontade de meu Pai que os verdugos e os mártires se reúnam, para sempre, no meu reino!...

E assim unidos, ditosos, os fiéis trabalhadores do evangelho da redenção seguiram as pegadas do Cristo, em demanda às esferas da Verdade e da Luz...

Lá embaixo, Jerusalém contemplava, embevecida, o dilúculo vespertino, esperando o luar que não tardaria com os primeiros clarões...

TERCEIRA PARTE

LIVRO: *50 ANOS DEPOIS*

50 ANOS DEPOIS

IXΘΥΣ

Esse romance do nosso irmão Emmanuel tem início no ano 131 e vai até quase o ano 150. Narra a história de renúncia e sacrifício do espírito Célia Lúcius, sua personagem central.

É uma narrativa emocionante envolvendo todo um grupo de espíritos, com seus enganos, lutas e experiências evolutivas. Dentre eles também o próprio Emmanuel, agora na roupagem de Nestório, um escravo cristão, nascido na Grécia, mas judeu de origem.

O autor explica:

> Cinquenta anos depois das ruínas fumegantes de Pompeia, nas quais o impiedoso senador Públio Lentulus se desprendia novamente do mundo, para aferir o valor de suas dolorosas experiências terrestres, vamos encontrá-lo, nestas páginas, sob a veste humilde dos escravos, que o seu orgulhoso coração havia espezinhado outrora. A misericórdia do Senhor permitia-lhe reparar, na personalidade de Nestório, os desmandos e arbitrariedades cometidos no pretérito, quando, como homem público, supunha guardar nas mãos vaidosas, por injustificável direito divino, todos os poderes. Observando um homem cativo, reconhecerás, em cada traço de seus sofrimentos, o venturoso resgate de um passado de faltas clamorosas.

Mas, acrescenta:

> Este livro é o repositório da verdade sobre um coração sublime de mulher, transformada em santa, cujo heroísmo divino foi uma luz acesa na estrada de numerosos espíritos amargurados e sofredores.
>
> ...
>
> Refiro-me a Célia, figura central das páginas desta história, cujo coração, amoroso e sábio, entendeu e aplicou todas as lições do divino Mestre, no transcurso doloroso de sua vida. Na sequência dos fatos, dentro da narrativa, seguirás os seus passos de menina e de moça, como se observasses um anjo pairando acima de todas as contingências da Terra. Santa pelas virtudes e pelos atos de sua existência edificante, seu espírito era bem o lírio nascido do lodo das paixões do mundo, para perfumar a noite da vida terrestre, com os olores suaves das mais divinas esperanças do Céu.
>
> ...
>
> É a história de um sublime coração feminino que se divinizou no sacrifício e na abnegação, confiando em Jesus, nas lágrimas da sua noite de dor e de trabalho, de reparação e de esperança. A Igreja Romana lhe guarda, até hoje, as generosas tradições, nos seus arquivos envelhecidos, se bem que as datas e as denominações, as descrições e apontamentos se encontrem confusos e obscuros pelo dedo viciado dos narradores humanos.

Com efeito, Emmanuel refere-se à Santa Marina/Marinho, cuja vida a história descreve sem maior fidelidade, mas que foi agora resgatada pelo nosso irmão. É que Célia, por causa de fatos inusitados e dolorosos envolvendo a família, da qual foi expulsa, assumiu a identidade masculina de nome Marinho, tornou-se um monge e viveu num mosteiro em Alexandria, no Egito, onde entregou sua vida à caridade junto aos sofredores.

Nosso propósito, no entanto, é destacar o cristianismo na obra de Emmanuel. Ao contrário dos demais romances, aqui não veremos uma riqueza de informações. O que sobreleva é a força do evangelho, que quase um século depois prossegue despertando almas para o amor incondicional, amolecendo os corações orgulhosos e confortando os cristãos nos seus sacrifícios. Tornaram-se cristãos convictos e fervorosos pela força dos ensinamentos morais de Jesus, mesmo não tendo com ele contato direto (como os discípulos e seguidores dos primeiros tempos) ou espiritual (como no caso de Paulo de Tarso e outros apóstolos).

Com efeito, *"... o valor da tarefa não está na presença pessoal do missionário, mas no conteúdo espiritual do seu verbo, da sua exemplificação e da sua vida"*. Foi com essas palavras que Jesus sugeriu a Paulo de Tarso que iniciasse o trabalho de enviar cartas às igrejas que precisavam de sua orientação e apoio espiritual.

É o que vemos no espiritismo. Allan Kardec retornou ao mundo espiritual em 1869, mas a força doutrinária subsiste conquistando mentes e corações. Os fatos mediúnicos, devidamente esclarecidos, reforçam a lógica dos ensinamentos e dão resistência inabalável à fé. A moral de Jesus, que é a nossa moral espírita, fortalece a coragem, a esperança e a perseverança, consolando nas aflições e ajudando-nos na melhoria interior e no enfrentamento das adversidades.

ΙΧΘΥΣ

PERSEGUIÇÕES DO SEGUNDO SÉCULO

EM 131 ROMA ERA governada pelo Imperador Adriano, que se destacou pelas suas obras e embelezamento de várias cidades sob o domínio romano. No entanto, não contemporizou com os cristãos.

Diz Emmanuel:

> O reinado de Adriano, embora liberal e justo, de início, caracterizou-se pela perseguição e pela crueldade, depois dos terríveis acontecimentos da guerra civil da Judeia. Posteriormente a 131, to-

dos os cristãos se viram compelidos a buscar novamente o refúgio das catacumbas, para as suas preces. Perseguição tenaz e implacável era movida pela autoridade imperial a todos os núcleos de ideias ou de personalidades israelitas. Os adeptos de Jesus apenas se reconheciam, entre si, na cidade, por um vago sinal da cruz, que os identificava fraternalmente onde quer que se encontrassem.

A situação dos cristãos primitivos era aflitiva. Jerusalém fora destruída no ano 70 por Tito, filho do Imperador Vespasiano. Após a morte de Tiago, Paulo e Pedro, os discípulos se espalharam com medo das perseguições, especialmente as romanas. Nas décadas posteriores, a Judeia tornou-se palco de contendas entre diversas facções religiosas e elas descambaram contra o Império Romano, que reagiu para conter a revolta, causando milhares de mortes e a dominação completa dos judeus, que então experimentaram a segunda diáspora, dispersando-se para várias regiões.

Emmanuel fala a respeito da situação da Palestina narrando o diálogo entre os amigos Helvídio Lúcius e Caio Fabrícius, quando este último diz:

> – O estado da Província é lastimável e, na minha opinião, os judeus nunca mais encontrarão na Palestina o benefício consolador de um lar e de uma pátria. Em diversos recontros, morreram mais de cento e oitenta mil israelitas, segundo o conhecimento exato da situação. Foram destruídos quase todos os burgos. Na zona de Betel a miséria atingiu proporções inauditas. Famílias inteiras, desamparadas e indefesas, foram covardemente assassinadas. Enquanto a fome e a desolação ofereceram a ruína geral, chega também a peste, oriunda da exalação dos cadáveres insepultos. Nunca supus rever a Judeia em tais condições...
>
> – Mas, a quem deveremos inculpar do que ocorre? O governo de Adriano não se tem caracterizado pela retidão e pela justiça? – perguntou Helvídio Lúcius com grande interesse.

> – Não posso afirmá-lo com certeza – revidou Fabrícius, atencioso –; todavia, considero pessoalmente que o grande culpado foi Ticneio Rufus, legado pró-pretor da Província. Sua incapacidade política foi manifesta em todo o desenvolvimento dos fatos. A reedificação de Jerusalém com o nome de Elia Capitolina, obedecendo aos caprichos do Imperador, apavora os israelitas, desejosos todos de conservar as tradições da cidade santa. O momento requeria um homem de qualidades excepcionais, à frente dos negócios da Judeia. Entretanto, Ticneio Rufus não fez mais que exacerbar o ânimo popular com imposições religiosas de todos os matizes, contrariando a clássica tradição de tolerância do Império nos territórios conquistados.

E o diálogo segue na palavra de Helvídio, que nos oferece os motivos da repulsa dos romanos pelos cristãos:

> – Fabrícius, meu caro, tua descrição da Judeia me apavora o espírito... Os anos que passamos na Ásia Menor me devolvem a Roma com o coração apreensivo. Em toda a Palestina campeiam superstições totalmente contrárias às nossas tradições mais respeitáveis, e essas crenças estranhas invadem o próprio ambiente da família, dificultando-nos a tarefa de instituir a harmonia doméstica...
>
> – Já sei – replicou o amigo solicitamente –, queres aludir, com certeza, ao cristianismo, com as suas inovações e os seus asseclas.

Helvídio preocupava-se com a filha mais nova, Célia, que estaria *"bastante prejudicada pelas superstições orientais"*, e quando retornasse a Roma pretendia deixá-la aos cuidados do avô Cneio Lúcius, que *"certamente conseguiria renovar-lhe o coração com suas lições de virtude doméstica"*.

ΙΧΘΥΣ

FÉ CRISTÃ

No entanto, Célia se sentia confortada com os ensinamentos de Jesus e certa de que correspondiam à verdade. Nada a demove de sua crença e o avô paterno igualmente se torna cristão.

Essa mesma fé em Cristo se vê no escravo Nestório, o nosso renovado senador romano. Presenteado à família de Helvídio pelo amigo Caio, que enalteceu as suas virtudes morais, a capacidade mnemônica e o conhecimento das tradições romanas, Nestório é acolhido na função de educador das filhas do casal, mas na condição de homem livre, conforme desejo da mãe Alba Lucínia. Não tendo lhe sido indagado, Nestório guarda para si o fato de ser cristão, para só o revelar depois.

Sigamos para o encontro de Célia com o avô Cneio Lúcius, que vai nos oferecer uma ideia da convicção cristã da jovem, cuja maturidade espiritual bem soube compreender e aceitar as verdades apresentadas pelo Nazareno.

> – Filhinha – exclamou o respeitável ancião sinceramente consternado –, não terias agido à moda dos enfermos que, à força de buscarem a virtude de todos os medicamentos ao alcance da mão, acabam lamentavelmente intoxicados?!...
>
> – Não, querido avô, eu não me envenenei. E se tal coisa houvera acontecido, há mais de dois anos tenho no coração o melhor dos antídotos à influência corrosiva de todos os tóxicos deste mundo.
>
> – Qual? – interrogou Cneio Lúcius sumamente surpreendido.
>
> – Uma crença fervorosa e sincera.
>
> – Colocaste teus pensamentos, neste sentido, sob a invocação dos nossos deuses?...
>
> – Não, querido avô, pesa-me confessar-vos, mas, sinto em vosso íntimo a mesma capacidade de compreensão que vibra em minh'alma e devo ser sincera. Os deuses de nossas antigas tradições já me não satisfazem...

- Como assim, querida filha? A que entidade dos céus confias hoje a tua fé sublimada e fervorosa?...

Como se nos seus grandes olhos vibrasse estranha luz, Célia respondeu calmamente:

- Guardo agora a minha fé em Jesus Cristo, o Filho de Deus Vivo.

- Declaras-te cristã? - perguntou o velho avô empalidecendo.

- Só me falta o batismo.

- Mas, filha - disse Cneio Lúcius emprestando à voz uma doce inflexão de carinho -, o cristianismo está em contradição com todos os nossos princípios, pois elimina todas as noções religiosas e sociais, basilares da nossa concepção de Estado e de Família. Além disso, não sabes que adotar essa doutrina é caminhar para o sacrifício e para a morte?...

- Vovô, apesar dos vossos longos e criteriosos estudos, acredito que não chegastes a conhecer as tradições de Jesus e a claridade suave dos seus ensinamentos. Se tivésseis o conhecimento integral da sua doutrina, se ouvísseis diretamente aqueles que se saturaram da sua fé, teríeis enriquecido ainda mais o tesouro de bondade e compreensão do vosso espírito.

- Mas não se compreende uma ideia tão pura, a encaminhar seus adeptos para a condenação e para o martírio, há quase um século.

- Entretanto, avozinho, ainda não atentastes, talvez, para a circunstância de partir do mundo essa condenação, ao passo que Jesus prometeu as alegrias do seu reino a todos os que sofressem na Terra, por amor ao seu nome.

- Desvairas, minha querida, não pode haver divindade maior que o nosso Júpiter, nem pode existir outro reino que ultrapasse o nosso Império. Além disso, o profeta nazareno, ao que sou informado, pregou uma fraternidade impossível e uma humildade que nós outros não poderemos compreender.

Pousou sobre a neta os olhos plácidos, cheios de caridade misteriosa, sentindo, porém, uma comoção mais intensa ao encontrar os dela serenos, piedosos, transparentes de candura indefinível.

– Avozinho – continuou a dizer com o olhar abstrato, como se o espírito voejasse em recordações queridas e longínquas –, Jesus Cristo é o Cordeiro de Deus, que veio arrancar o mundo do erro e do pecado. Por que não lhe compreendermos os divinos ensinamentos, se temos fome de amor em nossa alma? Aparentemente sou uma jovem e vós um homem velho, para o mundo; no entanto, sinto que nossos pensamentos são gêmeos na sede de conhecimento espiritual...

"Da Terra inteira nos chegam clamores de revolta e gritos de batalha... Misturam-se o fel dos oprimidos e as lágrimas de todos os que padecem na humilhação e no cativeiro!...Tendes conhecimento de todos esses tormentos insondáveis que campeiam em todo o mundo! Vossos livros falam das angústias indefiníveis do vosso espírito sensível e carinhoso. Esses brados de sofrimento chegam até aos vossos ouvidos, a todos os momentos!

"Onde estão os nossos deuses de marfim, que não nos salvam da decadência e da ruína?! Onde Júpiter que não vem ao cenário do mundo para restabelecer o equilíbrio da maravilhosa balança da justiça divina?!

"Poderemos aceitar um deus frio, impassível, que se compraz em endossar todas as torpezas dos poderosos contra os mais pobres e os mais desgraçados? Será a Providência do Céu igual à de César, para cujo poder o mais dileto é aquele que lhe traz as mais ricas oferendas? Entretanto, Jesus de Nazaré trouxe ao mundo uma nova esperança. Aos orgulhosos advertiu que todas as vaidades da Terra ficam abandonadas no pórtico de sombras do sepulcro; aos poderosos deu as lições de renúncia aos bens transitórios do mundo, ensinando que as mais belas aquisições são as que se constituem das virtudes morais, imperecíveis valores do Céu; exemplificou, em todos os seus atos de luz indispensáveis à nossa edificação espiritual para Deus Todo-Poderoso, Pai de misericórdia infinita, em nome de quem nos trouxe a sua doutrina de amor, com a palavra de vida e redenção.

"Além de tudo, Jesus é a única esperança dos seres desamparados e tristes, da Terra, porquanto, de acordo com as suas doces promessas, hão de receber as bem-aventuranças do Céu todos os desventurados do mundo, entre as bênçãos da simplicidade e da paz, na piedade e na prática do bem."

Cneio Lúcius ouvia a neta, em comovido silêncio, sentindo-se tocado de uma inquietação mesclada de encanto, qual a que devesse sentir um filósofo do mundo, que ouvisse as mais ternas revelações da Verdade pela boca de um anjo.

A jovem, por sua vez, dando curso às sagradas inspirações que lhe rociavam a alma, continuou a falar, revolvendo o tesouro de suas lembranças mais gratas ao coração:

– Por muito tempo estivemos em Antipátris, em plena Samaria, junto à Galileia... Ali, a tradição de Jesus ainda está viva em todos os espíritos. Conheci de perto a geração de quantos foram beneficiados pelas suas mãos misericordiosas, fiquei conhecendo a história dos leprosos, limpos ao toque do seu amor; dos cegos em cujos olhos mortos fluiu uma vibração nova de vida, em virtude da sua palavra carinhosa e soberana; dos pobres de todos os matizes, que se enriqueceram da sua fé e da sua paz espiritual. Nas margens do lago de suas pregações inesquecíveis, pareceu-me ver ainda o sinal luminoso dos seus passos, quando, alma em prece, rogava ao Mestre de Nazaré as suas bênçãos dulcificantes!...

– Mas Jesus Nazareno não era um perigoso visionário? – perguntou Cneio Lúcius, profundamente surpreendido. – Não prometia um outro reino, menosprezando as tradições do nosso Império?

– Vovô – respondeu a donzela sem se perturbar –, o Filho de Deus não desejou jamais fundar um reino belicoso e perecível, qual o possuem os povos da Terra. Nem se cansou jamais de esclarecer que o seu reino ainda não é deste mundo, antes ensinou que a sua fundação se destina às almas que desejem viver longe do torvelinho das paixões terrestres.

"Revolucionária a palavra que abençoa a todos os aflitos e deserdados da sorte? Que manda perdoar o inimigo setenta vezes sete vezes? Que ensina o culto a Deus com o coração, sem a pompa das vaidades humanas? Que recomenda a humildade como penhor de todas as realizações para o Céu?

"O evangelho do Cristo, que tive ocasião de ler em fragmentos de pergaminho, nas mãos dos nossos escravos, é um cântico de sublimadas esperanças no caminho das lágrimas da Terra, em marcha, porém, para as glórias sublimes do Infinito."

O respeitável ancião esboçou um sorriso complacente, exclamando, bondoso:

– Filha, para nós a humildade e o desprendimento são dois postulados desconhecidos. Nossas águias simbólicas jamais poderão descer dos seus postos de domínio e nem os nossos costumes são passíveis de se acomodarem ao perdão, como norma de evolução ou de conquista... Tuas considerações, porém, interessam-me sobremaneira. Mas dize-me: onde hauriste semelhantes conhecimentos? Como pudeste banhar o espírito nessa nova fé, a ponto de argumentares fervorosamente em desfavor das nossas tradições mais antigas?... Conta-me tudo com a mesma sinceridade que sempre reconheci no teu caráter!

Célia então narra ao admirado avô a sua iniciação cristã pela palavra de um escravo chamado Ciro, que a salva de afogamento, e como recompensa é libertado. Ambos se apaixonam e quando esse fato vem à tona Ciro é novamente escravizado, açoitado e internado numa galera para ser desterrado.

As tramas das vidas, no entanto, são extraordinárias e Deus as aproveita para as nossas experiências evolutivas, com amor e justiça. Em breve tempo, os personagens teriam a surpresa do reencontro com Ciro e, mais ainda, de que este é o filho de Nestório.

ΙΧΘΥΣ

VIVÊNCIA CRISTÃ

NESTÓRIO, AGORA LIBERTO, INTEGRA-SE na comunidade cristã de Roma. É sempre assim com aqueles que se sentem realizados e felizes com a sua fé. Há uma necessidade do alimento espiritual e naturalmente se busca a convivência com os de mesmo ideal.

Diz Emmanuel:

> Apaixonado pelo cristianismo, circunstância que Helvídio Lúcius desconhecia, não se furtou à satisfação de conhecer os companheiros de ideal, de modo a cooperar com o seu contingente na tarefa abençoada de edificar as almas para Jesus, naqueles sombrios tempos que o pensamento cristão atravessava, entre ondas largas de incompreensão e de sangue.
>
> A palavra fácil de Nestório, aliada à circunstância de suas relações pessoais com o Presbítero Johanes, discípulo dileto de João Evangelista na igreja de Éfeso, circunstância que lhe facultava o mais amplo conhecimento das tradições de Jesus, proporcionou-lhe, imediatamente, um lugar destacado entre os companheiros de fé, que, duas vezes na semana, se reuniam à noite, no interior das catacumbas da Via Nomentana, para estudar as passagens do evangelho e implorar a assistência do Divino Mestre.

Como já vimos anteriormente, ao contrário da liberdade de culto que já desfrutamos nos tempos atuais, os cristãos dos três séculos primeiros se reuniam às escondidas, com o risco de prisão e morte.

Emmanuel descreve essas condições ao relatar a participação de Célia e Túlia Cevina, amiga de sua mãe, numa reunião cristã.

> Daí a instante, surgia a donzela com o seu perfil gracioso.

– Célia – disse-lhe a genitora, sensibilizada e melancólica –, poderás ir hoje à noite, em companhia de Túlia, a uma reunião cristã, a fim de fazeres uma prece pela tranquilidade de tua mãe?

A moça teve um gesto de surpresa, mas amplo sorriso de satisfação lhe aflorou aos lábios.

– Que não faria por ti, mãezinha? – e beijou-a.

Alba Lucínia sentiu o conforto imenso daquela ternura, acrescentando:

– Filhinha, sinto-me cansada, doente e deliberei recorrer a Jesus de Nazaré, com as tuas orações. Sabes, porém, da necessidade de não nos externarmos com pessoa alguma a esse respeito, compreendes?

A jovem fez um gesto expressivo, como quem se recordava das próprias mágoas, exclamando:

– Sim, minha mãe. Fica tranquila. Irei com Túlia, seja aonde for, de modo a fazer as preces necessárias! Rogarei a Jesus que te faça ditosa e espero que a sua infinita bondade derramará em teu coração o bálsamo suave do seu amor, que nos enche de vida e de alegria. Então, verás como energias novas hão de felicitar o teu íntimo.

Túlia Cevina ouvia, muito interessada, aqueles conceitos, admirando os conhecimentos da jovem, o que Lucínia logo esclareceu, abraçando a filha ternamente:

– Célia conheceu intimamente, na Judeia, os assuntos atinentes ao cristianismo. Minha filhinha, apesar de muito nova, tem sofrido bastante.

Célia, no entanto, percebendo que a palavra materna entraria em pormenores do seu doloroso romance de amor, exclamou com ternura:

– Ora, mãezinha, que poderia eu sofrer se tenho sempre o teu afeto comigo?

E cortando o assunto relativo ao seu caso pessoal, obtemperou:

– A que horas deveremos sair?

– À tarde – informou Túlia –, porquanto a caminhada não será pequena; a reunião é além da Porta Nomentana.

– Estarei preparada a tempo.

As três combinaram, então, todas as providências que lhes pareceram indispensáveis e, ao cair da noite, envoltas em togas muito simples, Túlia e Célia tomaram uma liteira, que lhes evitou o cansaço em grande parte do caminho, através dos pontos mais frequentados da cidade.

Descendo junto à Porta Viminal e dispensando os carregadores, empreenderam a caminhada corajosamente.

A noite desdobrava o seu leque de sombras ao longo da planície. Fazia frio, mas as duas amigas agasalharam-se nas capas de lã que levavam, ocultando a cabeça na peça grossa e escura. Era noite fechada quando atingiram as ruínas da antiga muralha, que fortificara a região em outros tempos, mas avançavam sem desânimo, através das estradas extensas.

Franqueada a Porta Nomentana, viram-se à frente das colinas próximas, ao longo das quais se alinhavam cemitérios desertos e tristes, onde o luar se derramava em tons pálidos.

À medida que se aproximavam do local das pregações, observavam um número cada vez maior de viandantes, que se aventuravam pelas mesmas trilhas com idênticos fins. Eram vultos embuçados em longas túnicas escuras, que passavam de flanco, a passo apressado ou vagaroso, uns silenciosos, outros mantendo diálogos quase imperceptíveis.

Muitos empunhavam lanternas pequeninas, auxiliando a visão dos companheiros, onde a claridade fraca do astro noturno não conseguia espancar as sombras espessas.

As duas patrícias, vestidas com simplicidade extrema e envergando os pesados mantos, não podiam ser identificadas na sua posição social, pelos companheiros que se dirigiam ao mesmo destino, os quais as consideravam cristãs como eles próprios, agermanados na fé e no mesmo idealismo.

Defrontando os muros lodosos que circundavam grandes monumentos em ruínas, Túlia certificou-se do local que dava acesso ao recinto, fazendo um sinal da cruz característico a dois cristãos que, nos pórticos, recebiam a senha de todos os prosélitos, senha que se constituía desse mesmo sinal traçado com

> a mão aberta, de modo especialíssimo, mas de imitação muito fácil. Ambas passaram, então, ao interior da necrópole, sem pormenores dignos de menção.
>
> No interior, toda uma multidão se acomodava em bancos improvisados, salientando-se que, de um modo geral, todos traziam os capuzes levantados, ocultando o rosto, alguns receando o frio intenso da noite, outros temendo os lobos da traição, que ali poderiam comparecer com a máscara de ovelhas.
>
> A claridade lunar que banhava o recinto era auxiliada pela luz de tocheiros e lanternas, mormente em torno de um monte de ruínas fúnebres, de onde deveria falar o apóstolo daquele grupo de seguidores do Cristo.

Interessante observar que, muito provavelmente, venha desde esse tempo o hábito dos nossos irmãos da Igreja Católica de fazer o sinal da cruz. Não era, como hoje, um mero ritual de fé religiosa, mas uma identificação disfarçada da condição cristã. A propósito, relembramos as palavras do nosso Emmanuel na obra *Paulo e Estêvão*, aos nos informar que, nos tempos iniciais do cristianismo, tudo primava pela simplicidade, humildade e pela fraternidade.

Foi nessa reunião que Célia fica sabendo que Nestório era cristão, porque este, diante da prisão do apóstolo Policarpo, apresentou-se para o comentário evangélico da noite. Mais ainda, é nessa reunião que reaparece Ciro, para alegria de todos, o qual esclareceu ter sido mantido em liberdade pelo comandante do navio.

No dia seguinte, Nestório e Ciro são denunciados ao avô materno de Célia, Fábio Cornélio, que então determina que ambos sejam presos e levados à sua presença. Ali vamos presenciar o interrogatório de Nestório, que teve a oportunidade de reafirmar a sua fé corajosa e robusta em Jesus, uma postura que todos os espíritas devemos ter quando questionados pelos que ainda não compreendem a sublime mensagem do espiritismo, que é o próprio cristianismo redivivo. Há, porém, uma diferença, pois a nossa posição é incomparavelmente favorável, já que não corremos o risco de prisão e morte.

Conta Emmanuel:

> Separado de Ciro, recolhido a uma antessala sob a vigilância dos pretorianos, foi Nestório conduzido a um compartimento amplo, onde, minutos após, chegava o velho romano, evidenciando no olhar a cólera dos seus brios ofendidos.
>
> - Nestório - exclamou rudemente -, fui informado de graves ocorrências verificadas esta noite. Não posso compreender a situação sem te ouvir de perto, de maneira a inutilizares, negativamente, as denúncias trazidas à minha autoridade.
>
> - Interrogai, senhor - disse o ex-cativo com respeitosa tranquilidade -, e vos responderei com a sinceridade do meu caráter.
>
> - És cristão? - perguntou o censor com profundo interesse.
>
> - Sim, pela graça de Deus.
>
> - Que absurdo! - revidou Fábio Cornélio escandalizado. - E por que nos enganaste dessa forma? Consideras razoável zombar da consideração que nos é dispensada? É assim que retribuis a estima e confiança a ti dispensadas?
>
> - Senhor - retrucou o ex-cativo, penalizado -, sempre pautei minhas atitudes no maior respeito às posições e crenças alheias; quanto a vos haver iludido, peço vênia para esclarecer melhor as vossas afirmativas, pois ninguém, até hoje, me exigiu, aqui, qualquer declaração concernente às minhas convicções religiosas.
>
> Fábio Cornélio compreendeu a serenidade do homem que tinha à sua frente, considerando inútil apelar para essa ou aquela circunstância, a fim de lhe arranjar uma negativa, como remédio à situação delicada entre ambos, e, mirando-o de alto a baixo com profunda altivez, acentuou com energia:
>
> - Considero as tuas afirmações afrontosas à minha autoridade, além de estar recebendo, simultaneamente, da tua parte

o máximo de ingratidão para com quem te ofereceu a mão de benfeitor e amigo.

- Mas, senhor, será insulto, porventura, o dizer-se a verdade? - perguntou Nestório ansioso por se fazer compreendido.

- E sabes a punição que te espera? - revidou o velho censor mal-humorado.

- Não posso temer os castigos do corpo, tendo a consciência tranquila e edificada.

- Isso é demais! Tua palavra será sempre a de um escravo intratável e odioso!... Basta! Cientificarei Helvídio do teu detestável procedimento.

E chamando Pompônio Gratus para ouvir-lhe as declarações, o orgulhoso patrício retirou-se do recinto, pisando forte, enquanto Nestório era obrigado a relatar a sua condição de adepto e propagandista do cristianismo, reafirmando ser pai de Ciro e fornecendo outros informes, de maneira a satisfazer a autoridade com a exposição dos seus antecedentes.

- Nestório - exclamou Pompônio Gratus, assumindo ares de importância, na qualidade de inquiridor para o caso no momento -, não ignoras que as tuas afirmativas constituirão a base de um processo, cujo resultado será a tua condenação. Sabes que o Imperador tem sido justo e magnânimo para todos os que se arrependem a tempo de atitudes como a tua, desarrazoadas e infelizes. Por que não renuncias, agora, a semelhantes bruxedos?

- Negar a fé cristã seria trair a própria consciência - replicou o liberto calmamente. - Além disso, nada fiz que me pudesse induzir ao arrependimento.

- Mas não eras um escravo? Se vieste de condição penosa e miseranda, por que não transigir com as tuas ideias pessoais em sinal de gratidão para com aqueles que te deram a independência?

- No cativeiro nunca deixei de cultivar a verdade, como a melhor maneira de honrar os meus senhores; mas, ainda assim, sempre tive um outro jugo, suave e leve - o de Jesus. E agora, acredito que o Divino Senhor me convoca ao testemunho!

– Cavas o abismo de teus males com as próprias mãos – disse o lictor com indiferença.

E acentuando as palavras, com o mais fundo interesse, acrescentou:

– Agora, faz-se mister digas onde se reúnem essas assembleias, para que as autoridades se orientem na campanha de expurgar a cidade dos elementos mais perigosos.

– Pompônio Gratus – replicou Nestório altivamente –, não posso esclarecer-te neste particular, pois o sincero adepto de Jesus não conhece a delação nem sabe fugir à responsabilidade da sua fé, acusando seus irmãos.

O lictor irritou-se, revidando com acrimônia:

– E não temes os castigos que te forçarão a fazê-lo em tempo oportuno?

– De modo algum. Chamados ao testemunho de Jesus Cristo, não podemos temer conveniências mundanas.

Não só a denúncia contra Nestório, mas também o fato chegou a Cláudia Sabina, mulher do Prefeito Lélio Urbico, que noticiou as reuniões cristãs ao subprefeito Quinto Bíbulo. Vejamos a narrativa de Emmanuel:

> Assim que, antes de regressar a Tibur, após uma semana de repouso no lar, a antiga plebeia notificou a Quinto Bíbulo os ajuntamentos do cristianismo além da Porta Nomentana, pintando-lhe quadros terroristas, de feição a exacerbar o receio das conjuras, que caracterizava os administradores políticos da época.
>
> Numerosos destacamentos de pretorianos compareceram ao cemitério abandonado, na reunião subsequente.
>
> Centenas de prisões foram efetuadas. Os calabouços escuros do Capitólio e os cárceres do Esquilino ficaram repletos e a circunstância mais grave é que, entre os prisioneiros, figuravam pessoas de todas as classes sociais.

Irritado, o Imperador mandou que se instaurassem processos individuais, a fim de apurar todas as responsabilidades isoladas, designando numerosos dignitários da Corte para a devassa imprescindível.

Élio Adriano nunca procedeu como Nero, que ordenava o extermínio dos cristãos sem cogitar da culpa de cada indivíduo, de conformidade com os dispositivos legais, conforme a evolução jurídica do Estado Romano; mas também não perdoou, jamais, aos adeptos do Cristo que tivessem a coragem moral de não trair a sua fé, perante a sua autoridade, ou de seus prepostos.

O inquérito começou terrível e sombrio. Famílias desesperadas de dor acorriam às prisões, implorando piedade aos algozes. Quantos abjurassem da crença em Jesus, diante da imagem de Júpiter Capitolino, jurando-lhe eterna fidelidade, podiam regressar livremente ao lar, retomando os bens da liberdade e da vida; os que se não prosternassem ante o ídolo romano, mantendo inabalável a fé cristã, podiam contar com o flagício e, quiçá, com a morte.

Entre mais de três centenas de criaturas, apenas trinta e cinco reafirmaram a sua fé em Jesus Cristo, com sinceridade e fervor irredutíveis.

Para essas, as portas do cárcere se fecharam, sem piedade e sem esperança. Entre os condenados, estavam Nestório e seu filho, que, fiéis a Jesus, repousavam nos seus desígnios misericordiosos, convictos de que qualquer sacrifício, em favor da sua causa, era uma porta aberta para a luz e para a liberdade.

Nestório e Ciro permanecem aprisionados com outros cristãos à espera do sacrifício. Na cela imunda, recebem a visita de Helvídio Lúcius, a quem Nestório reafirma a sua condição de cristão, acrescentando: *"Prometi a Jesus, no sacrário da consciência, que renegaria a minha fé em tempo algum"*.

Os verdadeiros cristãos daqueles tempos não receavam enfrentar a morte para manter a convicção em Jesus. Confortavam-

-se orando com fervor e cantando louvores ao Senhor da Vida, confiantes nas promessas de bem-aventuranças no Reino dos Céus, na imortalidade, por Jesus mesmo comprovada com suas aparições após a nefanda crucificação.

Os dois libertos foram retirados do cubículo em que se encontravam, transportados para junto dos demais condenados.

A nova cela também demorava na parte subterrânea, mas, de um dos seus lados, podia ver-se o céu através de reforçadas grades.

Descera o crepúsculo, entornando sobre a cidade as suas tintas maravilhosas, mas todos aqueles corações atormentados contemplaram o casario e o horizonte, tomados de infinita alegria.

Ao longe, no firmamento, acendiam-se, na tela muito azul, as primeiras estrelas!

Policarpo, o venerável pregador da Porta Nomentana, transportado do Esquilino para o Capitólio, a fim de reunir-se aos companheiros, traçou no ar uma cruz com a mão calosa e encarquilhada. Então, todos os irmãos de fé, em cujo número se contavam algumas mulheres, se prosternaram e, contemplando o céu romano, formoso e constelado, começaram a cantar hinos de devoção e de alegria. Esperanças versificadas, que deviam subir a Jesus, traduzindo o amor e a confiança daqueles corações resignados, que viviam embevecidos nas suaves promessas do seu Reino...

Aos poucos, as vozes se elevavam, harmoniosas e argentinas, nas estrofes de hosana e de esperança! Seres espirituais, imperceptíveis, ajoelhavam-se junto dos condenados, a cujos ouvidos chegavam os ecos suaves das cítaras do invisível...

Então, alguns pretorianos que lhes montavam guarda, escutando-lhes os cânticos de fé, compararam a voz daqueles corações angustiados a soluços de rouxinóis apunhalados em pleno luar, na vastidão do espaço.

Célia consegue a permissão dos pais e, em companhia do avô Cneio Lúcius, visita Ciro e Nestório, encontrando--os fortes na fé e encorajados no sacrifício, embora os corpos combalidos. Um amor sublime liga as almas de Célia e Ciro, fortalecendo-os para as experiências dolorosas e a separação momentânea. Diz Ciro: "*...sempre nos amamos pelo espírito, dentro de nossas realidades imortais! Promete-me que serás alegre e forte, esperando a minha volta. Não permitas que energias destruidoras te maculem o coração!...*"

Confortada pelo amor de sua alma querida, Célia também encontra em Nestório as palavras de fortalecimento cristão:

> – Célia, tua vinda a este cárcere representa para nós a visita de um anjo. Não te impressione a nossa condenação, que aos olhos de Deus deve ser útil e justa. Dizia a inspiração de Paulo que a morte é o nosso último inimigo. Venceremos, pois, mais essa etapa, com Jesus e por Jesus. Apesar disso, não te esqueças de que a dádiva da vida é um bem precioso que o Céu nos confia. Para a alma fervorosa, o melhor sacrifício ainda não é o da morte pelo martírio, ou pelo infamante opróbrio dos homens, mas aquele que se realiza com a vida inteira, pelo trabalho e pela abnegação sincera, suportando todas as lutas na renúncia de nós mesmos, para ganhar a vida eterna de que nos falava o Senhor em suas lições divinas!

Muito oportuna e atual a lição de Nestório, que, antevendo que o sacrifício nos circos um dia não seria mais necessário à prova da nossa fé cristã, nos ensina que mais importante e valoroso é viver todos os dias conforme as lições de Jesus, nos pequenos sacrifícios de paciência, tolerância, renúncia, perdão e caridade.

Pai e filho, no entanto, em breve seriam levados à aflição extrema junto com os demais cristãos.

Diz Emmanuel:

Preparando-se para a sua derradeira romagem a um dos centros mais antigos do mundo, Adriano desejava brindar o povo romano com espetáculos inesquecíveis. Em tais ocasiões, as autoridades políticas aproximavam-se do sentimento popular, alimentando-lhe as vibrações de extravagância e de alegria. A inauguração de novos edifícios, os preparativos da viagem e a adesão do povo ao programa oficial justificavam os mais altos caprichos da magnanimidade imperial. Por toda parte verificava-se o frêmito dos trabalhos extraordinários, enchendo a cidade de improvisações transformadoras. Construções de novas arcadas, pontes ou aquedutos provisórios, distribuições de trigo e vinho, organização de préstitos religiosos, homenagens a templos especializados, loterias populares e, por fim, o circo com as suas novidades inexcedíveis.

O povo esperava sempre tais manifestações, com júbilo incontido.

Instalado no Palatino, Élio Adriano cogitava de distrair as massas romanas, organizando comemorações dessa natureza, movimentando as autoridades e induzindo a guardar, porém, intimamente, o objetivo principal de todas as atividades, que era o de sua viagem à Grécia, cujas graças já lhe haviam conquistado a mais ampla simpatia. O grande Imperador, classificado na História como o maior benfeitor das cidades antigas, onde se havia erguido o berço da cultura e da civilização, projetava as melhores construções para Atenas, bem como o estudo especializado das ruínas de toda a Hélade, de modo a beneficiar o patrimônio grego na medida de todos os seus recursos.

O ápice das festividades era a carnificina no circo, ao gosto do povo, culminando com a morte dos cristãos.

Ainda não havia terminado a frase quando todos os presentes alongaram o olhar para o centro da arena, onde, após os coleios exóticos dos dançarinos, iam iniciar-se as caçadas fabulosas. Atletas jovens começaram a lutar com tigres ferozes, apresentando-se igualmente elefantes e antílopes, cães selvagens e auroques de chifres pontiagudos.

De quando em quando, um caçador caía ensanguentado, sob aplausos delirantes, seguindo-se todos os números da tarde ao som de hinos que exacerbavam o instinto sanguinário da multidão.

Por vezes, os gritos de "cristãos às feras" e "morte aos conspiradores", explodiam sinistramente da turba enfurecida.

Ao fim da tarde, quando os últimos raios do Sol caíam sobre as colinas do Célio e do Aventino, entre as quais se ostentava o circo famoso, os vinte e dois condenados foram conduzidos ao centro da arena. Negros postes ali se erguiam, aos quais os prisioneiros foram atados com grossas cordas presas por elos de bronze.

Nestório e Ciro confundiam-se naquele pequeno grupo de seres desfigurados pelos mais duros castigos corporais. Ambos estavam esqueléticos e quase irreconhecíveis. Apenas Helvídio e sua mulher, extremamente compungidos em face do suplício infamante, notaram a presença dos seus antigos libertos entre os mártires, fazendo o possível por esconder o mal-estar que a cena cruel lhes causava.

Os condenados, com exceção de sete mulheres que se trajavam de "indusium", estavam quase nus, munidos somente de uma tanga que lhes cobria a cintura, até os rins. Cada qual foi colocado a um poste diferente, enquanto trinta atletas negros da Numídia e da Mauritânia compareciam na arena ao som das harpas que se casavam estranhamente com os gritos da plebe.

Havia muito que Roma não presenciava aquelas cenas, dado o caráter morigerado e tolerante de Adriano, que sempre fizera o possível por evitar os atritos religiosos, vendo-se, então, um espetáculo espantoso.

Enquanto os gigantes africanos preparavam os arcos, ajustando-lhes flechas envenenadas, os mártires do cristianismo começaram a entoar um cântico dulçoroso. Ninguém poderia definir aquelas notas saturadas de angústia e de esperança.

Debalde, as autoridades do anfiteatro mandaram intensificar o ruído dos atabales e os sons estrídulos das flautas e alaúdes, a fim de abafar as vozes intraduzíveis do hino cristão. A harmonia daqueles versos resignados e tristes elevava-se sempre, destacando-se de todos os ruídos, na sua majestosa melancolia.

Nestório e Ciro também cantavam, dirigindo os olhos para o céu, onde o Sol dourava as derradeiras nuvens crepusculares.

As primeiras setas foram atiradas ao peito dos mártires com singular mestria, abrindo-lhes rosas de sangue que se transformavam, imediatamente, em grossos filetes de sofrimento e morte, mas o cântico prosseguia como um harpejo angustiado, que se estendia pela Terra obscura e dolorosa... Na sua melodia misturavam-se, indistintamente, a saudade e a esperança, as alegrias do céu e os desenganos do mundo, como se aquele punhado de seres desamparados fosse um bando de cotovias apunhaladas, libando-se nas atmosferas da Terra, a caminho do Paraíso.

Mas, se os olhos humanos viam apenas o horror, a visão da Espiritualidade alcançava o zelo e o amparo que sempre vêm dos céus aos que permanecem confiantes em Deus.

Com o peito crivado de setas que lhe exauriam o coração, e contemplando o cadáver do filho que expirara antes dele, dada a sua fraqueza orgânica, Nestório sentiu que um turbilhão de lembranças indefiníveis lhe aflorava ao pensamento já vacilante, confuso, nas vascas da agonia. Com os olhos sem brilho pelas ânsias da morte arrebatando-lhe as forças, percebeu a multidão que os apupava, escutando-lhe ainda os alaridos animalescos... Fitou a tribuna imperial, onde, certo, estariam quantos lhe haviam merecido afeição pura e sincera, mas, dentro de emoções intraduzíveis, viu-se também, nas suas recordações confusas, na tribuna de honra, com a toga de senador, enfeitado de púrpura... Coroado de rosas aplaudia, também ele, a matança de cristãos que, sem os postes do suplício nem flechas envenenadas a lhes traspassarem o peito, eram devorados por feras hediondas e insaciáveis... Desejou andar, mover-se, porém, ao mesmo tempo sentia-se ajoelhado junto de um lago extenso, diante de Jesus Nazareno, cujo olhar doce e profundo lhe penetrava os recônditos do coração... Genuflexo, estendia as mãos para o Mestre Divino, implorando amparo e misericórdia...

Lágrimas ardentes queimavam-lhe as faces descarnadas e tristes... Aos seus olhos moribundos, as turbas furiosas do circo haviam desaparecido... Foi quando um vulto de anjo ou de mulher caminhou para ele, estendendo-lhe as mãos carinhosas e translúcidas. O mensageiro do céu ajoelhara-se junto do corpo ensanguentado e afagou-lhe os cabelos, beijando-o suavemente. O antigo escravo experimentou a carícia daquele ósculo divino e seu espírito cansado e enfraquecido adormeceu de leve, como se fora uma criança.

Em toda a arena vibraram radiações invisíveis, dos mais elevados planos da espiritualidade... Seres abnegados e resplandecentes estendiam fraternalmente os braços para os companheiros que abandonavam o invólucro perecível, nos testemunhos da fé, pela injúria e pelo sofrimento.

ΙΧΘΥΣ

SACRIFÍCIO POR AMOR

Depois desses fatos, a trama do romance de Emmanuel nos apresenta a ardilosa tentativa de Cláudia Sabina para afastar Alba Lucínia de Helvídio Lúcius. Aqui se faz necessário um breve relato, para que o nosso leitor possa entender os caminhos futuros de Célia, pela exemplificação cristã.

Cláudia era na juventude uma moça da plebe e teve um relacionamento amoroso com Helvídio. A jovem estava apaixonada, mas Helvídio era um moço leviano e que não queria com ela maior proximidade. Cláudia, porém, jamais se conformou. Tivera um filho e o entregara aos cuidados do avô paterno, Cneio Lúcius, sem que Helvídio ficasse sabendo. Silvano, o menino enjeitado, foi educado como um filho adotivo. Cláudia acabou se casando com o prefeito Lélio Urbico e ganhou o respeito social e a posição financeira que o cargo do marido lhe proporcionava. No entanto, nunca esqueceu a sua paixão e resolveu reconquistar Helvídio. Conseguindo colocar no seio da família Lúcius a serva Hatéria, e com a orientação maléfica de uma "bruxa" (uma médium da época), encenou uma gravidez de Alba Lucínia, cujo pai seria Lélio, que por sua vez com frequência visitava Alba, na ausência do marido, tentando também conquistá-la. Célia surpreende Hatéria com uma criança recém-nascida e acredita na falsa afirmação de que a mãe a tinha dado à luz. Para livrar a mãe, que fora adormecida com sonífero e de nada sabia, Célia assumiu a maternidade. O pai, diante da desonra familiar, expulsou Célia de casa...

Célia deixa o lar carregando consigo o pequeno rebento, na verdade a reencarnação de Ciro, sua alma querida. Passando por dificuldades, mas confiante na Providência Divina, é acolhida por pessoas generosas, até encontrar Lésio Munácio, um antigo guerreiro romano convertido ao cristianismo, agora com o nome de Marinho, que lhe conta a sua história pessoal, que nos interessa porque sua condição é a de muitos romanos que passaram a seguir Jesus e tiveram de fugir de Roma para não serem mortos. Vamos ver, também, que foi nessa época que começou a vida monástica dos cristãos e uma certa deturpação da simplicidade cristã.

Marinho, então, conta para Célia a sua história:

– Filha, tua condição de cristã e a candidez que se irradia de tua alma obrigam-me a maior sinceridade para contigo! Nesta cidade ninguém me conhece, tal como sou! Desde o dia em que me consagrei à instituição cristã da qual participo no Egito longínquo, chamo-me Marinho para todos os efeitos. Dentro da nossa comunidade de homens sinceros e crentes, desprendidos dos bens materiais, fizemos voto solene de renúncia a todas as regalias efêmeras da Terra, a todas as suas alegrias, de modo a nos unirmos ao Senhor e Mestre com a compreensão clara e profunda da sua doutrina. Enquanto os déspotas do Império tramam a morte do cristianismo, supondo aniquilá-lo com o suplício dos adeptos, fora de Roma organizam-se as forças poderosas que hão de agir no futuro, em defesa das ideias sagradas! Em todas as Províncias da Ásia e da África os cristãos se articulam em sociedades pacíficas e laboriosas, e guardam os escritos preciosos dos Discípulos do Senhor e dos seus seguidores abnegados, protegendo o tesouro dos crentes para uma posteridade mais piedosa e mais feliz!

Marinho narra a sua desdita e as circunstâncias pelas quais se tornara cristão, inclusive como fora livrado da prisão pelo nobre romano Cneio Lúcius (sim, o avô de Célia) para depois continuar explicando:

– Uma vez livre – prosseguiu o velho de Minturnes –, aproximei-me de antigos companheiros que comigo haviam provado do mesmo cálice com as perseguições de ordem política e que já partilhassem da mesma fé em Jesus Cristo. Banidos de Roma e humilhados, dirigimo-nos à África, onde fundamos um pouso solitário, não longe de Alexandria, a fim de cultivarmos o estudo dos textos sagrados e conservar, simultaneamente, os tesouros espirituais dos apóstolos. Deixando a Capital do Império, confiei minha única filha a um casal amigo, cuja pobreza material não lhe deslustrava os sentimentos nobres. Provendo o futuro da filhinha com todos os recursos ao meu alcance, parti para o Egito cheio de novos ideais, à luz da nova crença! Nas severas meditações e austeros exercícios espirituais a que me submeti, cheguei a olvidar as grandes lutas e penosas amarguras do meu destino! O descanso da mente em Jesus aliviou-me de todos os pesares. O único elo que ainda me prendia à Península era justamente a filha, então já moça, e cuja afetividade desejava transportar para junto de mim, na África longínqua. Depois de vinte anos no seio da nossa comunidade, em preces e meditações proveitosas, solicitei do nosso diretor espiritual a necessária permissão para recolher um familiar ao nosso retiro. Referi-me a um familiar, pois desejava convencer minha pobre Lésia de que deveria partir em minha companhia, em trajes masculinos, considerando o ensino de Jesus de que existem no mundo os que se fazem eunucos por amor a Deus. Os estatutos da comunidade não permitem mulheres junto de nós outros, por decisão de Aufídio Prisco, ali venerado como chefe, sob o nome de Epifânio. Não era meu propósito menosprezar as leis da nossa ordem e sim arrebatar a filhinha ao ambiente de seduções desta época de decadência em que as intenções mais sagradas são colhidas pelos lobos da vaidade e da ambição, que ululam no caminho. Desejaria conservá-la, junto de mim, no mais santo dos anonimatos, até que conseguisse modificar as disposições de Epifânio, acerca dos regulamentos da nossa ordem, atentas as circunstâncias especiais da minha vida! Obtendo a necessária permissão para vir à Península, aqui aportei há quase dois anos, experimentando a angústia de reencontrar minha Lésia nos derradeiros instantes de vida. Descrever-te meu sofrimento com a separação da filha querida, depois de ausente tantos anos e de haver acariciado tão grandes esperanças, é tarefa superior às minhas forças. Acompanhei-lhe os despojos ao sepulcro, para onde mandei transportar, pouco depois, os dos carinhosos amigos que lhe haviam servido de pais, também vitimados pela peste, que, há tempos, flagelou toda a população de Minturnes! Ai de mim, que não mereci senão angústias

> e tormentos, nas estradas ásperas da existência, em vista dos meus crimes inomináveis na juventude! Resta-me, contudo, a esperança no amor do Cordeiro de Deus, cuja misericórdia veio a este mundo arrebatar-nos da humilhação e do pecado. Avizinhando-me do túmulo, rogo ao Senhor que me não desampare. Além do sepulcro, sinto que esplende a luz dos seus ensinamentos, num Reino de paz misericordiosa e compassiva! Certamente, lá me esperam a filha idolatrada e os amigos inesquecíveis. A terra florescente da Campânia, pressinto-o, guardará em breve o meu corpo combalido; mas, além das forças exaustas da vida material, espero encontrar a verdade consoladora da nossa sobrevivência! Receberei de boa vontade o julgamento mais severo, do meu passado delituoso, e, renunciando a todos os sentimentos pessoais, hei de aceitar plenamente os desígnios de Jesus na sua justiça equânime e misericordiosa!

Para equacionar a situação de abandono de Célia, Marinho lhe propõe assumir a condição de seu filho, de modo que assim poderia se dirigir ao mosteiro e lá viver cuidando da criança – mas esta, no entanto, logo desencarnaria.

ΙΧΘΥΣ

MONASTÉRIO CRISTÃO

E ASSIM FOI FEITO. Logo após a morte de Marinho, Célia, travestida de homem e adotando o mesmo nome Marinho, segue na direção de Alexandria, no Egito, onde deveria se apresentar ao chefe Epifânio, sobre cuja personalidade fora alertada pelo pai adotivo:

> Epifânio é um espírito enérgico e algo dogmático em suas concepções religiosas, mas tem sido meu amigo e meu irmão por

largos anos, durante os quais as mesmas aspirações nos uniram nesta vida. Às vezes, costuma ser ríspido nas suas decisões, caracterizando tendências para o sacerdócio organizado, que o cristianismo deve evitar com todas as suas forças, para não prejudicar o messianismo dos apóstolos do Senhor; mas, se algum dia fores ferida por suas austeras resoluções de chefe, lembra-te de que a humildade é o melhor tesouro da alma, como chave mestra de todas as virtudes e recorda a suprema lição de Jesus nos braços do madeiro! Em todas as situações, a humildade pode entrar como elemento básico de solução para todos os problemas!

Acolhida na instituição, o irmão porteiro logo lhe fala sobre a disciplina rígida e a conduta do chefe, evidenciando que os melhores propósitos cristãos podem se desviar por causa das nossas dificuldades pessoais, pelo desejo de poder e falsas crenças. Isso macularia a simplicidade do cristianismo nascente e a igreja romana, que se estabeleceu com chefe, dogmas, rituais e paramentos.

Diz esse irmão:

Se trazeis a esta casa uma vocação pura e sincera, acredito que não tereis dificuldade em observar as nossas disciplinas mais rígidas; contudo, devo esclarecer-vos que pai Epifânio, como diretor desta instituição, é o espírito mais ríspido e arbitrário que já conheci na minha vida. Este retiro de oração é o fruto de uma experiência que ele começou com o vosso digno pai, há mais de vinte anos. A princípio, tudo ia bem, mas, nos últimos anos, o velho Aufídio Prisco vem abusando largamente da sua autoridade, máxime depois da partida do Irmão Marinho para a Itália. Daí para cá, pai Epifânio tornou-se despótico e quase cruel. Aos poucos vai transformando este pouso do Senhor em caserna de disciplina militar, onde ele recebeu a educação dos primeiros anos.

A neta de Cneio Lúcius ouvia-o profundamente admirada. Pela amostra da portaria, seu espírito observador compreendeu, de pronto, que o retiro dos filhos da oração estava igualmente repleto das intrigas mais penosas. Todavia, enquanto coordenava as suas considerações íntimas, o Irmão Filipe continuava:

– Imaginai que o nosso superior vem transformando a ordem de todos os ensinamentos, criando as mais incríveis extravagâncias religiosas. Em contraposição aos ensinamentos do evangelho, obriga-nos a chamar-lhe "pai" ou "mestre", nomes que o próprio Jesus se negou a aceitar na sua missão divina. Além de inventar toda a sorte de trabalhos para os quarenta e dois homens desencantados do mundo que estacionam aqui, vem aplicando as lições de Jesus à sua maneira. Se bem nada possamos revelar lá fora, a bem do caráter cristão da nossa comunidade, é lastimável observar que todo o recinto está cheio de símbolos que nos recordam as festividades materiais dos deuses cruéis. E nada poderemos dizer em tom de crítica ou de censura, porquanto o pai Epifânio manda em nós como um rei.

Ao ser apresentada ao responsável pela instituição, Célia vai ver que se tratava de um *"velho septuagenário, cujos caracteres fisionômicos apresentavam a mais profunda expressão de convencionalismo e orgulhosa severidade. Vestia-se como um sacerdote romano nos grandes dias dos templos politeístas e, apoiado a uma bengala expressiva, passeava por toda parte o olhar fulgurante, como a procurar motivos de irritação e desagrado"*.

No diálogo de Célia/Marinho com Epifânio, Emmanuel nos traz a palavra deste como se nos apresentasse o pensamento de muitos dirigentes religiosos, enganados quanto às suas elevadas atribuições junto aos menos favorecidos, valendo-se mais dos poderes temporais humanos do que do conforto amoroso que encontramos nos ensinamentos cristãos.

E assim, o "chefe" vai deixar claro o seu pensamento:

Quero, contudo, esclarecer-te que, aqui dentro, faço cumprir rigorosamente o evangelho do Senhor, de acordo com a minha vontade, inspirada do Alto. Depois de muitos anos de experiência, reconheci que o pensamento evangélico terá de organizar-se segundo as leis humanas, ou não poderá sobreviver para a mentalidade do futuro. Os cristãos de Roma, como os da Palestina, padecem de uma hipertrofia de liberdade que os leva, instintivamente, à disseminação de todos os absurdos. Aqui, todavia, a disciplina cristã haverá de caracterizar-se pela abdicação total da própria vontade.

Emmanuel ainda acrescenta sobre isso:

O mosteiro vasto onde se reuniam mais de quatro dezenas de cristãos ricos, desiludidos dos prazeres do mundo, era bem um dos pontos de partida do segundo século para o Catolicismo e para o sacerdócio organizado sobre bases econômicas, eliminativas de todas as florações do messianismo.

Reparou que ali não mais havia a simplicidade das catacumbas. A simbologia pagã parecia invadir todos os departamentos da casa. Aqueles romanos convertidos não dispensavam as fórmulas de oração aos seus antigos deuses. Por toda parte pendiam cruzes grandes e pequenas, talhadas em mármores ou madeira, esculturadas em moldes diversos. Havia salas de preces em que repousavam imagens do Cristo, de marfim e de cera prateada, dormindo inertes entre verdadeiros tufos de rosas e violetas.

O culto exterior do politeísmo parecia redivivo, indestrutível e inelutável. Para a sua manutenção, notava ela a mesma intriga dos padres flamíneos, de Roma, figurando-se-lhe que o evangelho, ali, constituía mero pretexto para galvanizar as crenças mortas.

O espírito formalista de Epifânio buscara dotar o estabelecimento de todas as convenções imprescindíveis. Um sino anunciava a mudança das meditações, a hora do trabalho, das preces, das refeições, e o tempo destinado ao repouso do espírito.

O sentido de espontaneidade da lição do Senhor no Tiberíades, por conciliar a possibilidade e a necessidade dos crentes, havia desaparecido. A convenção implacável de Epifânio regulamentava todos os serviços. O mais interessante é que, naqueles monastérios remotos da África e da Ásia, onde se acolhiam os cristãos receosos das perseguições inflexíveis da Metrópole, já existiam as famosas horas do Capítulo, isto é, a reunião íntima de todos os membros da comunidade, para repasto das intrigas e dos pontos de vista individuais.

> Célia estranhou que, dentro de um instituto cristão por excelência, pudessem vigorar aberrações como essa que vinha diretamente dos colégios romanos, onde pontificavam sacerdotes flamíneos ou vestais; mas era obrigada a aceitar as ordens superiores, sem deixar transparecer o seu desencanto.

Emmanuel vai explicar em seguida, que essa hora do Capítulo, que na verdade era *"hora consagrada às intrigas e devassas"*, antecedeu, no Catolicismo, *"o instituto da confissão auricular, cheio de austeridade e artificialismo"*.

Se permanecesse reclusa no mosteiro, possivelmente Célia passaria ignorada na história do cristianismo. Ocorre que, encarregada de fazer as compras na cidade próxima, atraiu a simpatia da filha do estalajadeiro, que não foi, por óbvio, correspondida. No entanto, quando essa moça engravida de um aventureiro romano e tem o filho, não podendo indicar quem foi, apontou o monge Marinho como o pai. Acusado injustamente, mas não podendo se revelar como mulher, Marinho silenciou e aceitou cuidar da criança, contudo, teve de deixar o mosteiro, passando a viver numa choupana do lado de fora, onde se dedicou ao plantio de verduras e frutas, mas principalmente a socorrer e a curar os desfavorecidos, atraindo grande multidão de pessoas e tornando-se muito conhecida por seu amor, bondade e palavras de esperança.

ΙΧΘΥΣ

BEM-AVENTURANÇA

Mas no lar dos Lúcius a verdade chega acompanhada de morte e dor. No ano 145, Hatéria, convertida cristã e desejando ser perdoada, procura a família e confessa sua participação na trama arquitetada por Cláudia Sabina. Alba Lucínia tem um colapso e adoece, vindo a falecer. Enraivecido, Fábio Cornélio chama Silvano e manda matar Cláudia. Ao ser morta, revela a Silvano que ele é seu filho e que deveria se vingar. Atormentado, Silvano retorna e mata Fábio, mas em seguida é eliminado pelos soldados. Após a morte de Alba, Helvídio fica sabendo que o filho tinha visto Célia há dez anos, fato que silenciara, e em vão sai viajando tentando localizá-la.

Um ano depois, recebe a visita de um amigo de infância e este, se dizendo cristão, convida Helvídio para uma reunião. Diz esse amigo:

> - Caro Helvídio, depois de tão longa separação, surpreende-te a minha fortaleza moral ante as hecatombes dolorosas da existência. Devo explicar-te o porquê da minha resignação e serenidade. É que, hoje, abandonei nossas crenças inexpressivas para apegar-me a Jesus Cristo, o Filho de Deus Vivo!
>
> - Será possível? - exclamou o tribuno interessado.
>
> - Sim, hoje compreendo melhor a vida e os sofrimentos neste mundo. Somente nos tesouros do ensino cristão encontrei a força indispensável à compreensão da dor e do destino. Só Jesus, com a sua lição de piedade e misericórdia, pode salvar-nos do abismo de nossas angústias profundas para uma vida melhor, que não comporta os enganos e desilusões amargas da Terra.

Helvídio aceita o convite e passa a frequentar as reuniões

cristãs, até que certo dia o pequeno núcleo recebe a visita de um pregador famoso. Emmanuel conta a respeito:

> Tratava-se de um homem ainda novo, inteligente e culto, de nome Saulo Antônio, que fizera da existência um sacrossanto apostolado, no trabalho da evangelização. Sua palavra inflamada e vibrante sobre os Atos dos Apóstolos, logo após a partida do Cordeiro para as regiões da luz, impressionara o tribuno profundamente. Pela primeira vez, escutava um intelectual, quase sábio, a exaltar as virtudes dos seguidores do Cristo, fazendo comparações extraordinárias entre o evangelho e as teorias do tempo, que ele se habituara a considerar como notas de evolução, inexcedíveis.
>
> Terminada a preleção inspirada e brilhante, Helvídio acercou-se do orador, exclamando com sinceridade:
>
> – Meu amigo, trago-lhe meus votos para que a sua palavra iluminada continue a clarear os caminhos da Terra. Desejava, porém, ouvi-lo sobre uma dúvida que me nasceu há tempos no coração.
>
> E enquanto o pregador lhe acolhia as palavras com profunda simpatia, continuou:
>
> – Não duvido dos Atos dos Apóstolos de Jesus, mas estranho que, de há muito tempo para cá, não haja mais, na Terra, organizações privilegiadas como a dos antigos seguidores do Cristo, que possam aliviar nossas dores e esclarecer-nos o coração nos sofrimentos!
>
> – Meu irmão – replicou o orador sem se perturbar –, antes de recorrermos aos intermediários, urge prepararmos o coração para sentir a inspiração direta do Cordeiro. A sua objeção, porém, é muito justificável. Contudo, cumpre-me esclarecer que as vocações apostólicas não morreram para o mundo. Em toda a parte elas florescem sob as bênçãos de Deus, que nunca se cansou de enviar até nós os mensageiros de sua misericórdia infinita.
>
> E depois de ligeira pausa, como se desejasse transmitir uma impressão fiel de suas reminiscências mais íntimas, Saulo Antônio acrescentou convictamente:

- Faz alguns anos, era eu inimigo acérrimo do cristianismo e dos seus divinos postulados; todavia, bastou a contribuição de um verdadeiro discípulo de Jesus, para que meus olhos se aclarassem buscando o verdadeiro caminho. Ainda hoje, lá está ele, franzino e humilde como uma flor do Céu, inaclimatável entre as urzes da Terra. Trata-se do Irmão Marinho, que, nos arredores de Alexandria, constitui uma bênção de Jesus, permanente e divina, para todas as criaturas. Imagem do bem, personificação da perfeita caridade evangélica, vi-o curar leprosos e paralíticos, restituir esperanças e fé aos mais tristes e mais empedernidos! Ao seu tugúrio miserável acorrem multidões de aflitos e desamparados, que o venerável apóstolo do Cordeiro reanima e consola com as lições profundas de amor e de humildade! Depois de peregrinar pelas sendas mais escuras, tive a dita de encontrar a sua palavra carinhosa e benevolente, que me despertou para Jesus, dos negrores do meu destino!

Sentindo-lhe a profunda sinceridade, Helvídio Lúcius interrogou ansioso:

- E esse homem extraordinário recebe a todos indistintamente?

- Todas as criaturas lhe merecem atenção e amor.

- Pois meu amigo - revidou o tribuno no seu íntimo desconsolo -, não obstante minha posição financeira e a consideração pública que desfruto em Roma, trago o coração acabrunhado e doente como nunca. As lições do evangelho têm sustentado, de algum modo, meu espírito abatido. Contudo, sinto necessidade de um remédio espiritual que, suavizando-me as dores íntimas, me leve a compreender melhor os divinos exemplos do Cordeiro. Suas referências chegam a propósito, pois irei a Alexandria buscar a consolação desse apóstolo, mesmo porque, uma viagem ao Egito, nas atuais circunstâncias da minha vida, far-me-á grande bem ao coração.

No dia seguinte, o filho de Cneio Lúcius deu os primeiros passos para efetuar a excursão com a presteza possível.

Aproveitamos o diálogo para esclarecer que, a esse tempo, ou seja, por volta do ano 146, os cristãos não sofriam mais a perseguição dos judeus, que se dispersaram após a destruição de Jerusalém, mas recrudesceu a dos romanos, que não aceitavam qualquer seita que contrariasse os seus cultos aos deuses. Porém, os adeptos do cristianismo se multiplicavam e vários missionários se espalhavam por diversas regiões.

Helvídio consegue localizar o Irmão Marinho, mas não o reconhece como sua filha Célia, embora a lembrasse pelos seus traços, e esta também não se revela. Helvídio abre seu coração e recolhe as orientações evangélicas de Marinho:

> - Meu amigo, antes de tudo precisamos confiar plenamente em Jesus, observando em todos os nossos sofrimentos a determinação sagrada da sua sabedoria e bondade infinitas! Não desprezemos, porém, o tempo, a lastimar o passado. Deus abençoa os que trabalham e o Mestre prometeu amparo divino a quantos laborem no mundo, com perseverança e boa vontade! Se ainda não reencontrastes a filhinha carinhosa, é necessário dilatar os laços do sangue, a fim de que eles se conjuguem nos laços eternos e luminosos da família espiritual. Deus velará por vós, desde que, para substituir o afeto da filha ausente, busqueis estender o coração a todos os desamparados da sorte.
>
> ...
>
> "Amemos muito! Todos os apóstolos do Senhor são unânimes em declarar que o bem cobre a multidão de nossos pecados! Toda vez que nos desprendemos dos bens deste mundo, adquirimos tesouros do Alto, inacessíveis ao egoísmo e à ambição que devoram as energias terrestres. Convertei o supérfluo de vossas possibilidades financeiras em pão para os desgraçados. Vesti os nus, protegei os orfãozinhos! Todo o bem que fizermos ao desamparado constitui moeda de luz que o Senhor da Seara entesoura para nossa alma.

"Um dia nos reuniremos na verdadeira pátria espiritual, onde as primaveras do amor são infindáveis. Lá, ninguém nos perguntará pelo que fomos no mundo, mas seremos inquiridos sobre as lágrimas que enxugamos e as boas ou más ações que praticamos na estância terrena."

...

– Sim, há um reino de luz onde o Senhor nos espera os corações! Façamos por merecer-lhe as graças divinas. Os que praticam o bem são colaboradores de Deus no infinito caminho da vida. Lá, não mais choraremos em noite escura, como acontece na Terra. Um dia perene banhará a fronte de todos os que amaram e sofreram nas estradas espinhosas do mundo. Harmonias sagradas vibrarão nos espíritos eleitos que conquistarem essas moradas cariciosas! Ah! Que não faremos nós para alcançar esses jardins de delícia, onde repousaremos nas realizações divinas do Cordeiro de Deus?! Mas, para penetrar essas maravilhas, temos de início o trabalho de aperfeiçoamento interior, iluminando a consciência com a exemplificação do Divino Mestre!

Com esse propósito no coração, Helvídio retorna para casa e entrega-se à caridade. Um ano depois, doente e sentindo que a morte se avizinhava, volta para agradecer ao Irmão Marinho, mas suas condições pioram. Antes do pai morrer, Célia se identifica, mas ele não estava mais em condições de se expressar.

Célia, por sua vez, também se encontrava doente há tempos, sofrendo por causa da tuberculose. Parece que só aguardava a felicidade de poder abraçar o pai e a ele se apresentar como a filha querida. Estava rodeada pelos amigos e crianças, mas igualmente identificava a realidade espiritual, os amigos e familiares que vinham recebê-la.

Diz Emmanuel:

Célia ouvia o hino das crianças, em seus últimos acordes. Figurou-se-lhe que a sala humilde estava povoada de artistas inimitáveis. Eram todos jovens graciosos e crianças risonhas, que empunhavam flautas e harpas siderais, alaúdes e timbales divinos. Desejou contemplar os meninos da sua escola humilde e falar-lhes, mais uma vez, da sua alegria infinda, mas, ao mesmo tempo, sentiu-se rodeada de seres carinhosos que, sorridentes, lhe estendiam os braços. Ali estavam seus pais, o venerando avô, Nestório, Hatéria, Lésio Munácio e a figura encantadora de Ciro, como que envolta num peplo de neve translúcida. A um gesto da amorável entidade Cneio Lúcius, Ciro avançava estendendo-lhe os braços. Era o gesto de carinho que o seu coração esperara toda a vida! Quis falar da sua felicidade e gratidão ao Senhor dos Mundos, mas, sentia-se exausta, como se chegasse de uma luta extenuante.

Guardando-lhe a fronte nas mãos, sob a música do carinho, Ciro lhe dizia de olhos úmidos:

- Ouve, Célia! Este é um dos sublimes cantos de amor, que te consagram na Terra!

Ela não viu que as crianças ansiosas lhe cobriam de lágrimas as mãos imóveis e alvas, abraçando ternamente o seu cadáver de neve. A um só tempo, todos os irmãos do mosteiro se lançaram comovidos para os seus despojos, ao passo que, no plano invisível, um grupo de entidades amigas e carinhosas conduzia numa onda de luz e perfumes, aos páramos do Infinito, aquela alma ditosa de mártir.

QUARTA PARTE

Livro: *Ave Cristo*

AVE CRISTO

ΙΧΘΥΣ

Nesse romance, Emmanuel narra a saga dos cristãos num período que vai mais ou menos do ano 200 até o ano 260.

Reporta-se, no entanto, na palavra do pregador Ápio Corvino, às perseguições ocorridas anteriormente em Lião, no ano 177:

> Não havia, porém, outro assunto mais fascinante para o grupo que as reminiscências das perseguições de 177.
>
> Os tormentos dos cristãos lioneses eram narrados minuciosamente pelo nobre visitante.
>
> Enquanto o círculo ouvia, extático, o ancião das Gálias recordava, com prodigiosa memória, os mínimos acontecimentos. Repetia os interrogatórios efetuados, incluindo as respostas inspiradas dos mártires. Reportava-se às preces ardentes dos companheiros da Ásia e da Frígia que, piedosamente, haviam socorrido as comunidades de Lião e Viena.
>
> Falava, entusiasmado, da imensa caridade de Vétio Epágato, o abnegado senhor que renunciara à nobre posição que desfrutava, a fim de converter-se em advogado dos cristãos humildes. Inflamava-se-lhe o olhar, comentando a estranha coragem de Santo, o diácono de Viena, e o heroísmo da débil escrava Blandina, cuja fé confundira o ânimo dos carrascos. Pintou a alegria de Potino, o chefe da Igreja de Lião, cruelmente ultrajado e espancado na rua, sem uma palavra de revolta, aos noventa anos de idade.

Por fim, deteve-se com misteriosa alegria, aljofrada de lágrimas, nas aventuras e tormentos de Átalo de Pérgamo, que lhe fora o iniciador na fé.

Relacionava todos os pormenores dos suplícios a que se submetera o venerável amigo. Lembrava-se da dilação havida no processo, em razão da consulta do Propretor a Marco Aurélio, e demorava-se na descrição dos últimos sofrimentos do grande cristão, esmurrado, chicoteado, atado à cadeira de ferro incandescido, e finalmente degolado, em companhia de Alexandre, o devotado médico frígio que, em Lião, oferecera ao Senhor admirável testemunho de fé.

A assembleia escutava, embevecida com as referências. Mas, porque o pregador teria trabalho intensivo na noite próxima, Lisipo mandou servir algumas tigelas de leite e fatias de pão fresco e a conversação foi encerrada.

As perseguições aos seguidores de Jesus, porém, iriam prosseguir ainda por alguns anos.

O imperador Diocleciano, que governou Roma a partir do ano 284, reabilitou as velhas tradições, o culto dos deuses antigos e empreendeu intenso ataque contra o cristianismo, expedindo vários éditos que determinavam a destruição geral de igrejas, objetos de culto cristãos, a prisão dos seguidores e ordenava que toda a população do império sacrificasse aos deuses sob pena de morte ou trabalhos forçados.

As perseguições violentas só diminuiriam em 311, quando o Cesar Galério, doente, emitiu um édito de descriminalização do cristianismo junto com seu César Licínio e pediu orações aos cristãos pelo seu restabelecimento. Esse fato abriria caminho ao Édito de Milão de 313- editado por Licínio e Constantino I e não demoraria para que o cristianismo se tornasse a religião oficial do Estado, por volta do ano 380, com o imperador Teodósio.[1]

1. Informações encontradas na *Wikipedia*

Em *Ave Cristo*, nosso irmão Emmanuel usa como pano de fundo a amorosa dedicação do espírito Quinto Varro para o resgate espiritual de seu filho Taciano, um verdadeiro exemplo da exata compreensão dos ensinamentos de Jesus e dos sacrifícios extremos que o amor pode fazer pelo próximo.

Começa estabelecendo uma comparação entre as lutas dos cristãos e o trabalho espiritual dos mensageiros de Jesus.

> De Nero aos Antoninos, todavia, as perseguições aos cristãos haviam recrudescido. Triunfantemente assentada sobre as sete colinas, Roma prosseguia ditando o destino dos povos, à força das armas, alimentando a guerra contra os princípios do Nazareno, mas o evangelho caminhava sempre, por todo o Império, construindo o espírito da Era Nova.
>
> Se na organização terrestre a Humanidade se desdobrava em movimentação intensa, no trabalho da transformação ideológica, o serviço nos planos superiores atingia culminâncias. Presididas pelos apóstolos do Divino Mestre, todos então na vida espiritual, as obras de soerguimento humano multiplicavam-se, em vários setores.
>
> Tornara Jesus ao sólio resplendente de sabedoria e de amor, de onde legisla para todas as criaturas terrenas, mas os continuadores do seu ministério, entre os homens encarnados, qual enxame crescente de abelhas da renovação, prosseguiam ativos, preparando o solo dos corações para o Reino de Deus.
>
> Enquanto exércitos compactos de cristãos desapareciam nas fogueiras e nas cruzes, nos suplícios intermináveis ou nas mandíbulas das feras, templos de esperança se levantavam felizes, além das fronteiras de sombra, dentro dos quais falanges enormes de espíritos convertidos ao Bem se ofereciam para a batalha de suor e sangue, em que, usando a vestimenta física, dariam testemunhos de fé e boa vontade, colaborando na expansão da Boa Nova, para a redenção da Terra.

Se muitos cristãos eram espíritos em resgate de enganos do passado próximo ou de vidas anteriores, como no caso de Nestório e Ciro, outros muitos eram companheiros que reencarnaram aceitando o sacrifício da luta para auxiliar no estabelecimento do cristianismo. As grandes renovações morais da humanidade sempre contaram com o trabalho desses missionários da renúncia em benefício da coletividade, que em momentos especiais assumem tarefas específicas na religião, na filosofia ou na ciência.

Numa assembleia realizada no mundo espiritual, Clódio, um instrutor iluminado, falava aos corações e, dentre outros ensinamentos, destacamos:

> Como se expressará, porém, a intervenção divina, sem a cooperação humana? Sem a heroica renunciação dos que se consagram ao progresso e ao aprimoramento das almas, a educação não passará de letra morta.

A implantação do Reino de Deus na Terra não é tarefa exclusiva de Jesus, que decidiu reparti-la com todos aqueles que a entenderam, cada um oferecendo a cota de suas experiências e forças da alma, para o aprendizado e iluminação individual. Bem por isso sempre enviou ao planeta espíritos com a tarefa do ensino moral e, encarnando para a sua missão pessoal, não deixou de trazer para perto os discípulos que dariam prosseguimento ao trabalho.

Para os presentes e candidatos à reencarnação, o pregador avisa:

> Não olvideis, todavia, que somente colaborareis na obra do Cristo, ajudando sem exigir e trabalhando sem apego aos resultados. Como o pavio da vela, que deve submeter-se e consumir-se a fim de que as trevas se desfaçam, sereis constrangidos ao

sofrimento e à humilhação para que novos horizontes se abram ao entendimento das criaturas.

Assim age o verdadeiro cristão, vivenciando a caridade plena, desinteressada, apenas com o desejo de servir mais e melhor. É todo um trabalho árduo de semeadura, em solo árido, mas sempre entregando a Deus a colheita nos corações das criaturas.

Ao final da sublime explanação, Quinto Varro procura Clódio e lhe solicita autorização para reencarnar junto com o filho Taciano, com o propósito de auxiliá-lo direta e pessoalmente. O instrutor, que tinha poderes para decidir a respeito, questiona Quinto sobre a necessidade dessa renunciação, argumentando que há pouco tinha visto Taciano em atitudes levianas, como descreve Emmanuel:

> – Não acredito que Taciano esteja preparado. Vi-o, há alguns dias, no Templo de Vesta, chefiando larga legião de inimigos da luz. Não me pareceu inclinado a qualquer serviço do evangelho. Vagueia nos santuários das divindades olímpicas, promovendo arruaças contra o cristianismo nascente e ainda se compraz nos festins dos circos, encontrando incentivo e alegria nas efusões de sangue.

Interessante observar que, não bastassem as perseguições romanas, os cristãos eram igualmente alvos de ataques dos espíritos que, não obstante desencarnados, continuavam com os pensamentos cristalizados nas crenças humanas, recusando-se a compreender e a aceitar a excelência da verdade cristã. A morte não produz mudanças imediatas, só alcançadas com a renovação mental, quase sempre mediante sofrimentos. Igualmente os espíritas dos primeiros tempos experimentaram as influências maléficas dos espíritos fanáticos de outras crenças ou religiões, que não desejavam ver o progresso do espiritismo. Não raro, manifestavam-se em reuniões mediúnicas destilando a revolta contra o que consideravam uma heresia e afronta aos seus dogmas. Felizmente, parece que desistiram da empreitada.

ΙΧΘΥΣ

REENCARNAÇÃO MISSIONÁRIA

E Quinto recebe a autorização, com um prazo de cem anos para a sua amorosa e sacrificial empreitada. Em breve, desce à crosta para providenciar sua reencarnação, num momento em que prosseguiam as perseguições e sacrifícios dos cristãos. Diz Emmanuel:

> Roma engalanara-se para celebrar as vitórias de Séptimo Severo sobre os seus temíveis competidores. Pescênio Níger, depois de tríplice derrota, fora colhido pelas forças imperiais e decapitado, às margens do Eufrates, e Albino, o escolhido das legiões da Bretanha, seria vencido nas Gálias, matando-se em desespero.
>
> ...
>
> Varro tentou adiantar-se, revelando estar à procura de alguém, mas a pesada atmosfera reinante obrigou-o a recuar. Contornou o famoso anfiteatro, palmilhou as vielas que se estreitavam entre o Célio e o Palatino, atravessou a Porta Capena e atingiu o campo, dirigindo-se para os sepulcros da Via Ápia.
>
> A noite clara descera sobre o casario romano.
>
> Milhares de vozes entoavam cânticos de júbilo, à prateada claridade do luar em plenilúnio. Eram cristãos desencarnados, preparando-se para receber os companheiros de sacrifício. Os mártires supostamente mortos iam saudar os mártires que, nessa noite, iam morrer.
>
> Quinto Varro uniu-se ao extenso grupo e orou, fervorosamente, suplicando ao Alto forças para a difícil empresa a que

pretendia consagrar-se. Preces e comentários santificantes foram ouvidos. Depois de algumas horas, a enorme assembleia espiritual deslocou-se no rumo do anfiteatro. Hinos de alegria elevaram-se às alturas.

Não somente os mensageiros da Via Ápia alcançavam o anfiteatro em harmoniosas orações. Enviados do Monte Vaticano e trabalhadores espirituais dos grupos de pregação evangélica do Esquilino, da Via Nomentana e da Via Salária, incluindo representantes de outras regiões romanas, penetravam o tumultuário recinto como exércitos de luz.

Introduzidos na arena para os derradeiros sacrifícios, os seguidores de Jesus igualmente cantavam. Aqui e ali, vísceras de feras mortas, de mistura com os corpos horrivelmente mutilados de gladiadores e bestiários vencidos, eram retirados à pressa por guardas de serviço.

Alguns discípulos do evangelho, notadamente os mais idosos, atados em postes de martírio recebiam setas envenenadas, incendiando-se-lhes depois os corpos, a fim de servirem como tochas na festiva exibição, enquanto outros, de mãos postas, se entregavam, inermes, aos golpes de panteras e de leões da Numídia.

Quase todos os supliciados desprendiam-se da carne, no sublimado êxtase da fé, recolhidos carinhosamente pelos irmãos que os esperavam em cânticos de vitória.

Taciano acompanhava esses fatos entre gargalhadas quando é visitado por Quinto, que, invisível para ele, o abraça amorosamente e o chama pelo nome. Taciano experimenta uma inquietação e deixa o local na direção de um jardim, onde, angustiado, chora sem querer e ora aos deuses de sua crença. Nesse momento, Quinto surge-lhe nimbado de intensa luz e lhe fala da necessidade de purificação, afirmando-lhe que em breve ambos retornariam à carne.

Os fatos pulam para o ano 217, quando Quinto Varro é um jovem patrício romano, mas cristão, casado com Cíntia, com quem tem o filho Taciano, então com um ano de idade. Cíntia era muito jovem, bela, fútil e não aceitava a dedicação do marido ao cristianismo. Envolve-se afetivamente com Opílio Vetúrio e Quinto, ouvindo os dois na intimidade de seu lar, entra em grande sofrimento e sua cabeça ferve na dúvida sobre a melhor atitude a tomar.

Fortalecido na fé cristã, não reage de pronto e procura se aconselhar com um companheiro, que o conforta na leitura de textos consoladores e o conduz a uma reunião cristã no cemitério local, onde falaria Ápio Corvino.

Diz o nobre Emmanuel:

> Os cemitérios cristãos, em Roma, eram lugares de grande alegria. Inquietos e desalentados na vida de relação, com infinitas dificuldades para se comunicarem uns com os outros, dir-se-ia que ali, no lar dos mortos que as tradições patrícias habitualmente respeitavam, os seguidores do Cristo encontravam o clima único, favorável à comunhão de que viviam sedentos. Abraçavam-se aí, com indizível ternura fraterna, cantavam jubilosos, oravam com fervor...
>
> O cristianismo de então não se limitava aos ritos sacerdotais. Era um rio de luz e fé, banhando as almas, arrebanhando corações para a jornada divina do ideal superior. As lágrimas não surgiam na condição de gotas de fel incendiado, mas como pérolas de amor e reconhecimento, nas referências aos suplícios dos companheiros sacrificados.
>
> Aqui e ali, sepulturas róseas e brancas ostentavam dísticos afetuosos, que não lembravam qualquer ideia escura de morte. Só a bondade de Deus e a vida eterna mereciam exaltação.

Após a preleção, Quinto retorna à residência do amigo junto com Corvino, a quem abre o seu coração e dele recebe o convite de Jesus para a compreensão, a renúncia e o perdão, conforme os ensinamentos de Jesus, que veio à Terra não só para falar, mas também para exemplificar. Animado pelas palavras daquele apóstolo, toma a decisão de deixar a família e o emprego nos navios de Vetúrio, alegando o desejo de dar novo rumo à vida, sem transparecer os reais motivos.

Encontrando com Flávio Súbrio, um antigo soldado seu conhecido, narra-lhe o propósito de conseguir ocupação e é por este levado à presença do Pretor Galo, que lhe oferece o serviço de levar informações a Cartago, na África, a respeito de cristãos que deveriam ser presos.

Alega o Pretor:

> - Cartago deveria estar reduzida a cinzas, conforme o sábio conselho do velho Catão, mas, depois do feito brilhante de Emiliano, arrasando-a, Graco fez a loucura de reconstruir aquele ninho de serpentes. Duvido haja outra província capaz de trazer-nos maiores aborrecimentos. Se é possível combater aqui a praga dos galileus, por lá o problema é cada vez mais complicado. Altos funcionários, damas patrícias, autoridades e homens de inteligência devotam-se ao cristianismo, com tamanho desleixo por nossos princípios, que chegam a promover reuniões públicas para fortalecimento do proselitismo desenfreado. Não podemos, contudo, viver às cegas. Nossas providências não podem falhar.

Como se vê, os consoladores ensinamentos cristãos estavam cativando as pessoas de todas as classes sociais, porque a dor não faz distinção. As imagens frias dos deuses romanos não confortavam na aflição e nos revezes da vida, que eram frequentes mesmo nas famílias tradicionais. Os poderosos consideravam o cristianismo uma crença que abalava as estruturas e costumes romanos, daí ser imperioso combatê-lo.

Quinto considera que poderia salvar companheiros da África e aceita o serviço. Em conversa com o amigo Corvino, coincidentemente este também pretendia visitar a igreja de Cartago, de modo que Quinto consegue que ambos embarquem no navio.

Mas triste surpresa aguardava o jovem, porque Flávio conta que tudo não passava de uma armação de Vetúrio com o capitão do navio, para matá-lo fora de Roma, mas que o ajudaria porque devia favor ao seu pai; contudo, era preciso um corpo, e a presença de Corvino foi a solução. Fato consumado sem que Quinto pudesse impedir o assassinato, este teve oportunidade de conversar com Corvino nos seus últimos instantes, recebendo orientação para levar sua bolsa com documentos e dinheiro para a igreja de Lião. Quinto é obrigado a deixar seus próprios documentos e foge num barco. Adota o nome de Corvino e segue para Lião.

ΙΧΘΥΣ

CRISTIANISMO EM LIÃO, FRANÇA

Emmanuel nos oferece uma descrição dessa cidade e nos fala do elevado movimento cristão que ali se estabeleceu, mas também os sacrifícios impostos aos seguidores do evangelho:

> Lião, pela sua admirável posição geográfica, desde a ocupação do procônsul Munácio Planco, tornara-se expressivo centro político administrativo do mundo gaulês. Para ela convergiam diversas estradas importantes, convertendo-se, por isso mesmo, em residência quase que obrigatória de numerosas personalidades representativas da nobreza romana.
>
> Vipsânio Agripa, o genro de Otávio, fortalecera-lhe a situação privilegiada, ampliando-lhe as vias de comunicação. Áulicos da corte de Cláudio haviam construído nela magníficos palácios. As ciências e as artes, o comércio e a indústria aí floresciam com imensa vitalidade.
>
> Dentro de seus muros, reuniam-se, anualmente, junto do famoso altar de Roma e Augusto, as grandes assembleias do

"Concilium Calliarum", no qual cada cidade das três Gálias possuía o seu representante.

As festas do primeiro dia de agosto, em memória do grande imperador Caio Júlio César Otaviano, eram aí celebradas com significativas solenidades. Numerosas embaixadas e milhares de estrangeiros aí se congregavam em cerimônias brilhantes, em que o juramento de fidelidade aos deuses e às autoridades se renovava, com jubilosas manifestações.

A cidade, que fora em outro tempo a metrópole dos segusiavos, desde a ocupação imperial passara a viver sob o mais apurado gosto latino. Situada na confluência de dois rios, o Ródano e o Saona, oferecia aos habitantes as melhores condições de conforto. Dominada pela influência patrícia, mostrava ruas e parques bem cuidados, templos e monumentos de grande beleza, teatros e balneários, além de vilas soberbas, a se destacarem do casario vulgar, como pequenos castelos encantadores, emoldurados em jardins e vinhedos, onde magistrados e guerreiros, artistas e libertos ricos da capital do mundo se insulavam para gozar a vida.

Ao tempo de Bassiano-Caracala, a quem servira de berço, Lião alcançara imenso esplendor. O novo César, por várias vezes, dispensara-lhe graças especiais. A corte aí se reunia, frequentemente, em jogos e comemorações.

Contudo, apesar da proteção que o imperador concedia ao torrão pátrio, a cidade guardava, ainda, em 217, dolorosas e vivas reminiscências da matança de 202, determinada por Séptimo Severo. Anos depois do triunfo sobre o General Décio Clódio Séptimo Albino, o eleito das legiões da Bretanha, morto em 197, instigado por seus conselheiros, o vencedor de Pescênio Niger promulgou um edito de perseguição. Autoridades inescrupulosas, depois de senhorearem o patrimônio de todos os cidadãos contrários à política dominante, realizaram tremenda carnificina de cristãos, dentro da cidade de Lião e nas localidades vizinhas.

Milhares de seguidores do Cristo haviam sido flagelados e conduzidos à morte. Por vários dias perdurou a perseguição, com assassínios em massa. Postes de martírio, espetáculos de feras, cruzes, machados, fogueiras, lapidações, chicotes e punhais, sem nos reportarmos às cenas de selvageria para com mulheres e crianças indefesas, foram postos em prática por tropas inconscientes.

Durante a matança, Ireneu, o grande bispo e orientador da coletividade evangélica da cidade, foi torturado, com todos os requintes da violência perversa, até ao último suspiro. Nascido na Ásia Menor, fora aprendiz de Policarpo, o abnegado e mui venerado sacerdote de Esmirna, que, por sua vez, havia recebido a fé por intermédio do apóstolo João, o evangelista.

A igreja de Lião, em razão disso, sentia-se depositária das mais vivas tradições do evangelho. Possuía relíquias do filho de Zebedeu e de outros vultos do cristianismo nascente, que lhe fortaleciam o ânimo na fé. Em seu círculo de profunda iluminação espiritual achava-se quase intacto o espírito piedoso da comunidade de Jerusalém.

Enquanto Roma fora iniciada por batismos de sangue, ao tempo de Nero, a comunidade lionesa começara o serviço de evangelização em relativa calma.

Emissários da Palestina, da Frígia, da Síria, da Acaia e do Egito visitavam-na, incessantemente. As epístolas enviadas da Ásia clareavam-lhe a marcha. Por esse motivo, era o centro de porfiados estudos teológicos, no campo das interpretações.

Ireneu dedicara-se a minuciosas observações da Escritura. Manejando o grego e o latim com grande mestria, escreveu expressivos trabalhos, refutando os adversários da Boa Nova, preservando as tradições apostólicas e orientando os diversos serviços da edificação cristã.

Mas a coletividade não se caracterizava tão somente pelas realizações intelectuais. Fazendo do santuário consagrado a São João o centro dos seus trabalhos de ordem geral, a igreja primava pelas obras de assistência. Dificilmente, à distância de séculos, poderá alguém perceber, com exatidão, a sublimidade do cristianismo primitivo.

Experimentados pela dor, amavam-se os irmãos na fé, segundo os padrões do Senhor. Em toda a parte, a organização evangélica orava para servir e dar, em vez de orar para ser servida e receber.

Os cristãos eram conhecidos pela capacidade de sacrifício pessoal, a bem de todos, pela boa vontade, pela humildade sincera, pela cooperação fraternal e pela diligência que empregavam no aperfeiçoamento de si mesmos.

Amavam-se reciprocamente, estendendo os raios de sua abnegação afetiva por todos os núcleos da luta humana, jamais traindo a vocação de ajudar sem recompensa, ainda mesmo diante dos mais renitentes algozes.

Ao invés de fomentarem discórdia e revolta, entre os companheiros jungidos à canga da escravidão, honravam no trabalho digno a melhor maneira de amparar-lhes a libertação. Sabiam apagar os pruridos do egoísmo para abrigarem, sob o próprio teto, os remanescentes das perseguições.

Inflamados de fé na imortalidade da alma, não receavam a morte. Os companheiros martirizados partiam como soldados de Jesus, cujas famílias, na retaguarda, lhes cabia proteger e educar.

Assim é que a comunidade de Lião guardava sob a sua custódia de amor centenas de velhos, enfermos, mutilados, mulheres, jovens e crianças.

A igreja de São João era, pois, acima de tudo, uma escola de fé e solidariedade, irradiando-se em variados serviços assistenciais. O culto reunia os adeptos para a prece em comum e para a extensão das práticas apostólicas, mas os lares de fraternidade multiplicavam-se, como impositivo da obra espiritual em construção.

Muitas organizações domésticas tomavam a si a guarda de órfãos e o cuidado para com os doentes; todavia, ainda assim, o número de necessitados era, invariavelmente, muito grande. A cidade fora sempre um ponto de convergência para os estrangeiros.

Perseguidos de vários lugares batiam às portas da igreja, implorando socorro e asilo. A autoridade da fé, expressa nos irmãos mais velhos e mais experientes, designava diáconos para diversos setores de ação.

Os serviços de amparo e educação à infância, de conforto aos velhinhos abandonados, de sustentação dos enfermos, de cura dos loucos, distribuíam-se em departamentos especiais, expandindo-se, assim, em moldes mais completos, a primitiva organização apostólica de Jerusalém, na qual as obras de amor do Cristo, junto aos paralíticos e cegos, leprosos e obsessos, encontraram a melhor continuidade.

Todos os irmãos partilhavam o esforço da instituição entre o trabalho profissional que lhes determinava o dever ao lado da família e as atividades evangélicas que lhes assinalavam a obrigação de discípulos da Boa Nova, junto da Humanidade.

Como se vê, a igreja de São João e o movimento cristão de Lião guardavam consigo a pureza e a simplicidade da proposta evangélica, que os espíritas atuais não devem perder de vista, para que estejamos juntos fraternalmente no ensino e na vivência do amor, nos moldes ensinados por Jesus.

Assumindo o nome e as tarefas do irmão Corvino, Quinto passou a se responsabilizar por crianças amparadas pela Igreja.

E a narrativa prossegue a partir do ano 233.

ΙΧΘΥΣ

POLITEÍSMO E CRISTIANISMO

TACIANO CRESCEU NA COMPANHIA da mãe, Cíntia, ao lado do marido Vetúrio e seus filhos Galba e Helena. Diz Emmanuel sobre o jovem Taciano:

... Taciano se dedicava ao estudo, fascinado pelas tradições patrícias, quase que constantemente mergulhado na Filosofia e na História ... aproveitava substanciosamente as oportunidades que a vida lhe ofertava.

Embora menino e moço, trazia consigo a experiência de algumas viagens das mais valiosas. Conhecia vastas regiões da Itália e da África, além de não poucos lugares da Acaia. Falava o grego, com a mesma facilidade com que se expressava no idioma pátrio, e comungava com os livros, na fome de luz que assinala os homens inclinados à sabedoria.

Prendia-se, de modo particular, aos assuntos da fé religiosa, com ardente e profundo fervor. Não admitia qualquer restrição aos deuses olímpicos. Para ele, as divindades familiares eram as únicas inteligências capazes de garantir a felicidade humana. Extremamente afeiçoado ao culto de Cíbele, a Magna Mater, visitava constantemente o templo da deusa no Palatino, aí descansando e meditando, horas e horas, buscando inspiração. Acreditava que Júpiter Máximo era o orientador invisível de todas as vitórias imperiais, e, conquanto ainda jovem, guardava ideias próprias nesse sentido, afirmando sempre que os romanos deviam oferecer-lhe sacrifícios em caráter obrigatório, ou morrer.

Por isso mesmo, não obstante os dotes de espírito que lhe exornavam a personalidade, não conseguia afinar-se com os princípios do cristianismo. O evangelho, examinado por ele, de escantilhão, em conversa com Vetúrio ou com rapazes de sua idade, parecia-lhe um amontoado de ensinamentos incompreensíveis, destinados a sombrear o mundo, caso vencessem na esfera da filosofia e da religião.

Perguntava a si mesmo por que motivo tantos homens e tantas mulheres caminhavam para o martírio, como se a vida não fosse uma dádiva dos deuses, digna de espalhar a ventura entre os mortais, e confrontava Apolo, o inspirador da fecundidade e da beleza, com Jesus Cristo, o crucificado, admitindo no movimento cristão simples loucura coletiva que o poder governamental devia coibir.

Poderia um patrício pensava ele – amar um escravo como se

> fosse a si mesmo? Seria justo perdoar aos inimigos, com pleno olvido da ofensa? Seria aconselhável dar sem retribuição? Como conciliar a fraternidade geral com a defesa da elite? Um magistrado romano poderia ombrear com um africano analfabeto e categorizá-lo à conta de irmão? Por que processos rogar o favor celeste para os adversários? Como aceitar um programa de bondade para com todos, quando os maus se multiplicavam, em toda a parte, exigindo as repressões da justiça? A própria natureza não constituía, por si, um campo de batalha perene, em que as ovelhas eram ovelhas e os lobos não passavam de lobos? De que modo aguardar vitórias sociais e políticas, sob a orientação de um salvador que expirara na cruz? Os destinos da pátria estavam presididos por gênios tutelares, que lhe conferiam a púrpura do poder. Por que desprezá-los em troca dos loucos que morriam, miseravelmente, nas prisões e nos circos?

Taciano era fruto da educação do seu tempo e do seu meio, do pensamento orgulhoso dos romanos, porque estes não admitiam nada acima dos próprios deuses e de seus costumes, acobertados pelo poder, a força e a fortuna. O cristianismo afrontava suas crenças e representava uma subserviência incompreensível. Embora sob outros aspectos, o espiritismo igualmente encontrou reprovação nos meios religiosos contemporâneos, porquanto seus ensinamentos contrariam dogmas há tempos estabelecidos, especialmente por ensinar a reencarnação e a comunicabilidade dos espíritos.

A pedido do padrasto, Taciano transfere residência para Lião, para cuidar dos negócios e das propriedades da família.

Enquanto isso, em Lião, crescem os temores quanto às possíveis perseguições contra os cristãos. Alguns se sentem atemorizados e propõem uma retirada para mosteiros, onde permaneceriam em orações. Parece que, com o passar dos tempos, sem o exemplo dos primeiros mártires, nem todos os convertidos ao cristianismo carregavam a fé forte e corajosa capaz de arrostar todas as adversidades e sacrifícios. Procuraram se isolar a pretexto de purificação, olvidando que Jesus estava entre os sofredores, porque veio para eles: os sãos não precisam de médicos.

Emmanuel nos apresenta um diálogo a esse respeito, do qual participa o irmão Corvino, que defendia a vivência cristã junto aos sofredores:

> Ao término de 233, numa sala singela da igreja de São João, em Lião, pequena assembleia de companheiros se instalara para o exame de assuntos urgentes, relacionados com a obra do evangelho.
>
> Três homens de idade avançada, e um outro, em plena madureza, discutiam as necessidades do movimento cristão.
>
> O Império vivia assolado por uma peste que procedia do Oriente, fazendo vítimas inumeráveis. Em Roma, a situação era das mais graves. A epidemia penetrara as Gálias e a comunidade cristã, em Lião, mobilizava todos os recursos para amenizar os problemas do povo.
>
> O mais jovem integrante do conjunto era o Irmão Corvino, que advogava a causa dos enfermos abandonados e infelizes.
>
> - Se desprezamos o próximo - comentava ele, inflamado de confiança - , como atender ao nosso mandato de caridade? Cristianismo é viver o espírito do Cristo em nós.
>
> ....
>
> - Compreendemos a sensatez da exposição - objetou o presbítero Galiano, velho gaulês que se demorara por muito tempo, na Patagônia - , entretanto, é preciso escapar às arremetidas do tentador. Penso haver chegado o momento de cogitar da construção do nosso retiro nas terras que possuímos na Aquitânia. Não podemos atingir o Céu sem a centralização de nossa alma na prece...
>
> - Como conseguiremos, porém, ajudar a Humanidade, simplesmente orando? - ajuntou Corvino, seguro de si. - Temos companheiros admiráveis estacionados no deserto. Organizam pousos solitários, desfiguram-se, atormentam-se e creem auxi-

liar, por esse modo, a obra de redenção humana. Mas se devêssemos procurar a tranquilidade própria, a fim de servir ao Criador, por que motivo teria Jesus vindo até nós, partilhando conosco o pão da vida? Em que luta condecorar-se-á o soldado que desiste do combate? em que país haverá colheita valiosa para o lavrador que nada mais faz que contemplar a terra, a pretexto de amá-la? como semear o trigo, sem contacto com o solo? como plantar o bem, entre as criaturas, sem suportar o assédio da miséria e da ignorância? não podemos admitir salvação sem a intimidade daquele que salva com aquele que se encontra desviado ou perdido.

Ante a pausa que se fez espontânea, Galiano considerou:

- As tuas ponderações são mais que justas, mas não podemos concordar com o pecado e nem permitir que as almas desprevenidas dele se aproximem.

- Os pagãos nos acusam de ladrões da alegria - acentuou Pafos, um diácono aureolado de cabelos brancos - , acreditam que o evangelho é um manto de tristeza asfixiando o mundo.

- E não falta quem veja na peste uma vingança das divindades olímpicas - informou Ênio Pudens, excelente companheiro que o tempo encanecera - ; muita gente volta a clamar contra nós, supondo sejamos os causadores da ira celeste. Valeriano, um amigo nosso que trabalha no Fórum, contou-me, particularmente, que entre as solicitações formuladas pelo Concílio, na festa de Augusto, consta um apelo para que sejamos de novo flagelados. E afirmou que a execução de semelhante pedido vem tardando, porque o Imperador Alexandre Severo não está suficientemente seguro.

Galiano sorriu e acrescentou:

- Mais um motivo para o insulamento dos que pretendem adorar a Deus, sem a perturbação dos homens...

A frase reticenciosa ficara no ar, mas Corvino, tocado de profundo ardor pela causa do evangelho, retomou a palavra, decidido:

- Veneráveis irmãos, admito não nos caiba o direito de interferir na resolução dos que buscam a solidão, contudo, creio não devamos incentivar o movimento que podemos classificar por deserção. Estamos numa guerra de ideias. O primeiro legionário que tombou, em holocausto à libertação do espírito humano, foi o próprio Mestre, nosso Comandante Divino. Desde a cruz do Calvário, nossos companheiros, em vasta frente de valoroso testemunho, sofrem o martirológio da fé viva. Há quase duzentos anos somos pasto das feras e objeto desprezível nos divertimentos públicos. Homens e mulheres, velhos e crianças têm sido levados a arenas e cárceres, postes e fogueiras, revelando o heroísmo da nossa confiança num mundo melhor. Não seria lícito trair-lhes a memória. Os adversários de nossa causa têm-nos como amargurados portadores da indiferença pela vida, mas é que ignoram a lição do Benfeitor Celeste que nos indicou no serviço da fraternidade a fonte do verdadeiro bem e da perfeita alegria. Urge, assim, não nos afastemos do trabalho e da luta. Há construções no plano do espírito, como existem no campo da matéria. A vitória do cristianismo, com a livre manifestação do nosso pensamento, é obra que nos compete concretizar.

Surgiu pequeno intervalo na conversação, que a palavra de Ênio interrompeu:

– No que se refere a serviço, nossa posição não é das melhores. Muitas famílias, pressentindo a perseguição, vêm dispensando os empregados cristãos. Ainda ontem as oficinas de Popônio demitiram dez companheiros nossos.

– Mas temos o direito de esmolar para a igreja e a igreja precisa sustentá-los – observou Galiano, cuidadoso.

Corvino, porém, obtemperou, firme:

– Sim, temos o direito de esmolar. Esse, contudo, é também o direito do mendigo. Não nos cabe, segundo nos parece, olvidar a produção de benefícios para o mundo. Temos terra disponível, sob a responsabilidade de vários irmãos. O arado não mente. Os grãos respondem com fidelidade ao nosso esforço. Podemos trabalhar. Não devemos recorrer ao concurso alheio, senão em circunstâncias especiais. Não seria aconselhável manter a comunidade improdutiva. Cabeça vaga é furna de tentações. Creio em nossa possibilidade de auxiliar a todos, através do esforço bem dirigido. O serviço de cada dia é o recurso de que dispomos para testemunhar o desempenho dos nossos deveres, diante dos que nos acompanham de perto, e o trabalho espontâneo no bem é o meio que o Senhor colocou ao nosso alcance, a fim de que sirvamos à Humanidade, com ela crescendo para a Glória Divina.

ΙΧΘΥΣ

PRIMEIRAS PERSEGUIÇÕES

QUASE VINTE ANOS DEPOIS de sua chegada à cidade, Corvino tornara-se pessoa destacada na igreja de Lião, "*pela abnegação com que se dedicava aos enfermos, curando-os e reanimando-os através da oração, mas também pela arraigada ternura com que se empenhava na proteção à infância.*" Ele também se tornou um jardineiro famoso e conseguiu trabalho na propriedade de Vetúrio, justamente tendo por anseio rever o filho.

E então teve a notícia de que Taciano havia chegado na propriedade, mas estava muito doente. Corvino foi convidado para ajudá-lo e o fez com entrega total. Logo o moço estava melhor e se recuperando. Corvino imaginou que poderia alegrar o filho levando suas crianças para uma homenagem, o que aconteceu num dia especial de festa, mas o resultado foi desastroso. O menino Silvano, solicitado por Corvino a fazer uma prece, menciona o nome de Jesus....

Carregando na intimidade raiva extrema contra os cristãos, porque a estes imputaram a morte de seu pai Quinto Varro, Taciano se encolerizou e determinou que fossem expulsos, bem como mandou soltar um cão, que atacou o pequeno e o matou.

A notícia do fato chegou a outros lugares, como narra Emmanuel:

Nos ajuntamentos da cidade, contudo, o assunto crescia esfervilhante. As correntes de opinião nascidas em casa de Vetúrio distendiam-se, agora, por todos os lugares. Para a maioria dos espectadores, Taciano era apresentado na condição de um herói, empunhando o gládio vingador das divindades olímpicas, mas para o grupo simpatizante do cristianismo surgia como símbolo terrível de novas perseguições.

Os cristãos comumente eram acusados de encantamentos vergonhosos e detestáveis e de práticas de bruxaria, das quais o infanticídio fazia parte. E, por isso, não faltou quem visse na morte de Silvano alguma coisa relacionada com feitiçaria e operações mágicas.

...

Nessa atmosfera asfixiante, o filho de Cíntia começou a receber a visita de romanos destacados, que lhe felicitavam o espírito reacionário e vigilante. Revigorado por semelhantes aplausos, sentia-se o rapaz habilitado para atuação de maior vulto.

O próprio questor Quirino Eustásio, velho patrício aposentado das lides políticas, mas influente junto à Propretura da Gália Lugdunense, veio ter com ele para saudações em estilo pomposo.

Dentre os assuntos tratados, não podia faltar o tema preferido.

- Acredito que a mocidade romana não poderia enviar-nos à província mais digno embaixador - encareceu o cortesão, com o calculado timbre de voz das pessoas entregues à bajulice. - A deplorável doutrina dos judeus proscritos insinua-se assustadoramente, ameaçando-nos as tradições. Esta cidade vive cheia de anacoretas da Ásia, de profetas vagabundos, de pregadores e fantasmas. Domiciliado aqui, desde os bons tempos de nosso magnânimo imperador Séptimo Severo, que os deuses conservam em sua glória divina, posso afirmar a minha convicção de que o movimento não passa de loucura coletiva, capaz de arrastar-nos à perdição.

- Sim, sem dúvida - observou o jovem satisfeito - , compete-nos recuperar o culto da pátria. A nosso ver, grande conjugação de energias se faz indispensável, a fim de extinguirmos a quadrilha maléfica. Não compreendo em que poderia repousar a grandeza de uma doutrina, cujos prosélitos se mostram honrados com o cutelo na cerviz. Em Roma, tive conhecimento de muitos processos alusivos às repressões e espantei-me com o teor das respostas dessa gente infeliz. Repudiam os deuses com uma desfaçatez de assombrar. Creio que as autoridades deveriam promover um expurgo social, em grande estilo.

Com seu repúdio aos cristãos exacerbado pelos compatriotas, Ticiano resolve fazer uma cerimônia de votos aos deuses e alguns servos cristãos acabaram cedendo ao juramento, exceto Rufo, cuja fé em Jesus era irredutível:

- Juro respeitar os imperadores que nos governam, mas sou cristão e renego os deuses de pedra, incapazes de corrigir a crueldade e o orgulho que nos oprimem no mundo. Um burburinho percorreu a assembleia.

Taciano dirigiu-se, em voz baixa, ao sacerdote mais idoso e este, assumindo a função de juiz, clamou para o servo, em tom autoritário:

- Rufo, não te esqueças de tua condição.

- Sim - concordou o interpelado, valoroso - , sou escravo, e sempre servi aos meus senhores com lealdade, mas o espírito é livre... Somente a Jesus Cristo reconheço por Verdadeiro Senhor!...

- Exijo que te retrates perante Cíbele, a sublime Mãe dos Deuses.

- Nada fiz que não esteja aprovado pela retidão de minha consciência.

- Abjura e serás perdoado.

- Não posso.

- Sabes quais são as consequências de tua irreflexão?

- Creio falar com perfeito conhecimento de minha responsabilidade, entretanto, quaisquer que sejam os resultados de meu gesto, não devo recuar perante a minha fé.

Rufo relanceou o olhar pelos circunstantes e notou que dezenas de companheiros concitavam-no à resistência. Pontimiana, algo desafogada, enviava-lhe, em silêncio, muda mensagem de bom ânimo.

- Abjura! abjura! - trovejava a voz do padre com aspereza.

- Não posso! - repetiu Rufo, imperturbável.

Depois de ligeira confabulação com o jovem patrício, o improvisado julgador convocou Epípodo ao chicote.

Rufo, por ordem do algoz, despiu a túnica de gala que envergara para a festa e ajoelhou-se de mãos para trás. O trançado fino e cortante lambeu-lhe a pele nua por três vezes, provocando sangrentos vergões, mas o escravo não tremeu.

- Ainda há tempo, infeliz! - bradou, confundido, o sacerdote da Magna Mater - abjura e a tua falta será relevada...

- Sou cristão - reiterava Rufo, sereno.

- O castigo poderá conduzir-te à morte!

- O sofrimento não me intimida... - suspirou a vítima com humildade. - Jesus conheceu o martírio na cruz para salvar-nos. Morrer por fidelidade a ele é uma honra a que devo aspirar.

O látego visitou-lhe o dorso com violência, abrindo-lhe feridas sangrentas, mas, percebendo o mal-estar que a cena de selvageria impunha ao recinto, Taciano recomendou fosse o escravo recolhido ao cárcere, até resolver quanto à definitiva punição.

Corvino é acusado por causa da morte de Silvano, mas liberado graças à intercessão de amigo rico e influente. No entanto, não pôde mais cuidar das crianças, que são recolocadas sob a assistência de outras pessoas. Em razão disso, entra em profunda tristeza e só se reanima quando o velho amigo Corvino, de quem adotou o nome e o serviço ao próximo, aparece e o conforta.

Nenhum trabalhador sincero do Cristo está ao desamparo. Amigos espirituais, direta ou indiretamente, velam para que não desista da obra no Bem, não sucumba diante das árduas lutas e dos sofrimentos experimentados. Sempre foi assim, em todos os tempos, e ainda continua sendo. Quando as dores se fazem mais aflitivas, eles estão conosco alimentando o ânimo, a coragem, a fé e a esperança. Nos tempos iniciais do cristianismo, como já vimos anteriormente, a manifestação da Espiritualidade era fato natural. Os mais variados fenômenos mediúnicos, assim denominados posteriormente por Allan Kardec, ocorriam nas igrejas ou nos serviços de divulgação da Boa Nova.

Corvino surge para Quinto Varro materializado, tangível. Vejamos esta cena sublime e emocionante narrada por Emmanuel:

> Relegado a si mesmo, na solidão do quarto, soluçava com a cabeça dobrada sobre os joelhos, quando notou que leve mão lhe pousava nos ombros recurvos.
>
> Perplexo, ergueu os olhos, inchados de chorar, e - oh! Surpresa maravilhosa! - o ancião desencarnado regressara do túmulo e achava-se ali, diante dele, revestido de luz... Era o mesmo apóstolo de outro tempo, mas o corpo como que se fizera diáfano e mais jovem.
>
> Irradiações de safirina claridade fulgiam-lhe na fronte e desciam como que em jorro sublime do coração.
>
> O presbítero quis gritar a felicidade que lhe invadia o espírito, prosternando-se à frente do mensageiro do Céu, mas uma força incoercível emudecia-lhe a garganta e chumbava-o ao leito pobre.
>
> Com um sorriso inexprimível, traduzindo melancolia e saudade, amor e esperança, a entidade falou-lhe com carinho:
>
> – Varro, meu filho, porque desanimas, quando a luta apenas começa? Reergue-te para o trabalho. Fomos chamados para servir. Divino é o amor das almas, laço eterno a ligar-nos uns aos outros para a imortalidade triunfante, mas que será desse dom celeste se não soubermos renunciar? O coração incapaz de ceder a benefício da felicidade alheia, é semente seca que não produz.
>
> O emissário espiritual fez uma pausa ligeira, como a impor ordem à enunciação dos próprios pensamentos e continuou:
>
> – Taciano é filho do Criador, quanto nós mesmos. Não reclames

dele aquilo que ainda te não pode dar. Ninguém se faz amado através da exigência. Dá tudo! aqueles que desejamos ajudar ou salvar nem sempre conseguem compreender, de pronto, o sentido de nossas palavras, mas podem ser inclinados ou arrastados à renovação por nossos atos e exemplos. Em muitas ocasiões, na Terra, somos esquecidos e humilhados por aqueles a quem nos devotamos, mas, se soubermos perseverar na abnegação, acendemos no próprio espírito o abençoado lume com que lhes clarearemos a estrada, além do sepulcro!... Tudo passa no mundo... Os gritos da mocidade menos construtiva transformam-se em música de meditação na velhice! Ampara teu filho que é também nosso irmão na Eternidade, mas não te proponhas escravizá-lo ao teu modo de ser! Monstruosa seria a árvore que se pusesse a devorar o próprio fruto; condenável seria a fonte que tragasse as próprias águas! Os que amam, sustentam a vida e nela transitam como heróis, mas os que desejam ser amados não passam muitas vezes de tiranos cruéis... Levanta-te! Ainda não sorveste todo o cálice. Além disso, a igreja, casa de Jesus e nossa casa, espera por ti... Os que lhe batem à porta, consternados e desiludidos, são nossos familiares igualmente... Esses velhos abandonados que nos procuram tiveram também pais que os adoravam e filhos que lhes dilaceraram o coração... Esses doentes que apelam para a nossa capacidade de auxiliar conheceram, de perto, a meninice e a graça, a beleza e a juventude!... Nossas dores, meu amigo, não são únicas. E o sofrimento é a forja purificadora, onde perdemos o peso das paixões inferiores, a fim de nos alçarmos à vida mais alta... Quase sempre é na câmara escura da adversidade que percebemos os raios da Inspiração Divina, porque a saciedade terrestre costuma anestesiar-nos o espírito...

O mensageiro fez breve silêncio, fitou-o com mais ternura, e, em seguida, acentuou:

– Varro, procura teu filho, com a lâmpada acesa do amor, nos filhos alheios, e o Senhor abençoar-te-á, convertendo-te a amargura em paz do coração... Ergue-te e aguarda de pé a luta dentro da qual reeducarás aqueles que mais amas...

O presbítero, num misto de dor e de alegria, de emotividade e de angústia, refletiu sobre a exaustão que o torturava, mas o enviado espiritual, anotando-lhe os mais íntimos pensamentos, aconselhou:

– Não te rendas ao sopro frio do infortúnio, nem creias no poder do cansaço... Que seria de nós se Jesus, entediado de nossos erros, se entregasse à fadiga inútil? ainda que o corpo se recolha às transformações da morte, mantém-te firme na fé e no otimismo... O túmulo é a penetração na luz de novo dia para quantos lhe atravessam a noite com a visão da esperança e do trabalho.

O religioso considerou intimamente quão proveitosa lhe seria qualquer informação alusiva ao futuro... Poderia, acaso, esperar alguma aproximação com Taciano? conseguiria reconstituir a escola que perdera?

Bastou que semelhantes indagações lhe assomassem ao cérebro para que a entidade lhe dissesse bondosamente:

– Filho, não aguardes, por agora, senão renúncia e sacrifício... Jesus até hoje não foi compreendido, mesmo por muitos que se dizem seus seguidores. Auxilia, perdoa e espera!... As vitórias supremas do espírito brilham além da carne.

Nesse instante, o apóstolo desencarnado inclinou-se e apertou-o nos braços afetuosos. Quinto Varro adivinhou-lhe a despedida. Oh! daria tudo para abrir-lhe a alma e relacionar-lhe todos os acontecimentos daqueles anos de saudade e separação, mas trazia as cordas vocais entorpecidas.

Corvino osculou-lhe os cabelos, na atitude de um pai que se despede de um filhinho, antes de adormecer, e, recuando até à saída, dirigiu-lhe comovedor adeus.

Lá fora, a noite esmaltada de estrelas embalava-se de brisas perfumadas e refrescantes.

Aquietou-se o doente no leito, com uma sensação de paz somente compreensível por aqueles que vencem em si mesmos os grandes combates do coração.

A breve tempo, qual se houvera sorvido brando entorpecente, dormiu tranquilo.

No dia imediato, acordou registrando singular revigoramento.

Em outro palco da vida dos nossos personagens, Taciano se casa com Helena. No dia do casamento, Taciano conversa com a mãe, Cíntia, sob a qual pesava a suspeita de que tinha se desequilibrado e aderido ao cristianismo. A genitora confirma o fato e revela que Quinto Varro na verdade também era cristão, explicando que na juventude não lhe ouvira os conselhos nobres. Como dantes, Taciano se descontrola e termina por afirmar que a mãe realmente está louca, passando assim ser considerada e tratada, inclusive isolada dentro da casa.

Corvino prossegue com as suas atividades de consolação, mas os cristãos em breve experimentariam ainda mais as nefastas perseguições.

> O ano 235 entrara sob escuros vaticínios.
>
> Repletava-se o Império de incessante mal-estar. Importante corrente do patriciado, sob a instigação de sacerdotes consagrados às divindades olímpicas, acusava os adeptos da Boa Nova com referências amargas, atribuindo-lhes a causa dos desastres que atormentavam a vida coletiva.
>
> A peste que flagelava o mundo latino, em todas as direções, as colheitas mirradas, as vicissitudes da guerra e a instabilidade política eram tidas como consequência do trabalho punitivo dos deuses, que castigavam os cristãos, sempre mais numerosos em toda a parte.
>
> Nuvens terríveis acumulavam-se sobre os trabalhadores do evangelho, que, em preces, aguardavam o desabar de novos temporais.
>
> Em meio de prognósticos sombrios, Caio Júlio Vero Maximino subira ao trono romano. Alexandre Severo fora assassinado cruelmente, desaparecendo com ele a influência das mulheres piedosas que amparavam o cristianismo no trono imperial.
>
> O novo César assemelhava-se a um monstro que se apoderara da púrpura, sedento de sangue e de poder. Fortaleceu, à

pressa, os tiranos da administração e do exército e vasta perseguição aos prosélitos do Cristo foi reiniciada, com impulso avassalador.

Embora Maximino se mantivesse nas lides belicosas do mundo provincial, o movimento de morte irradiou-se de Roma, despertando a autocracia e a violência.

Diversas proclamações foram levadas a efeito, recomendando, a princípio, apenas o assassínio dos bispos e dos religiosos que lhes acolitassem o ministério, com anistia aos que abjurassem a fé, mas, a breve tempo, avolumou-se a onda arrasadora contra todos os profitentes do credo martirizado.

Inúmeras igrejas, levantadas desde a ascensão de Caracala, com ingentes sacrifícios, foram vítimas de pavorosos incêndios.

Na metrópole, os perseguidos tornavam ao culto exclusivamente nas catacumbas, e, nas cidades distantes, a repressão era graduada ao talante dos principais. Com os cultivadores do evangelho reconduzidos aos tribunais, aos calabouços e aos anfiteatros, recomeçou vasta efusão de sangue em toda a parte.

Em Lião, a igreja de São João foi interditada e os objetos sagrados passaram às mãos irreverentes de autoridades inescrupulosas. O corpo eclesiástico e os religiosos de obrigações definidas foram expulsos desapiedadamente, mas alguns deles, dentre os quais o irmão Corvino, resistiram à situação e permaneceram na cidade velando pelo rebanho aflito.

Os seguidores de Jesus, nas Gálias, não obstante todos os reveses da imensa luta, persistiram na fé, valorosos e invictos. Como os druidas, seus heroicos antepassados, procuraram a floresta para os seus cânticos de louvor a Deus. Depois do trabalho de cada dia, marchavam à noite, rumo ao campo amigo e silencioso, em cujas catedrais de arvoredo, sob o firmamento estrelado, oravam e comentavam as divinas revelações, como se respirassem, por antecipação, as alegrias do Reino Celeste.

Se não bastasse, uma ordem imperial autorizou que os senhores condenassem à morte os seus escravos reconhecidamente cristãos e que seus descendentes fossem vendidos para outras regiões.

Em cumprimento, Taciano determinou a morte de Rufo, arrastado por um cavalo, e a venda de sua mulher e filhinhas. A tudo presenciando do seu quarto, Cíntia enlouquece. Dias depois, conseguindo sair de casa furtivamente, procura orientação com Corvino e conta a ele sobre sua vida e arrependimento. Ao ouvir a voz daquele que a confortava, reconheceu Varro e, com o coração destrambelhado pelo júbilo do encontro, se desgoverna e falece. A família foi avisada e recolheu o corpo, mas em breve Corvino é preso e condenado à morte. Antes de sucumbir aos golpes, teve a oportunidade de conversar com Taciano – a quem o arrependido Flávio Súbrio contou toda a verdade –, rogando-lhe voltar-se para Jesus e cultivar o perdão.

Quinto Varro foi acolhido na Espiritualidade por Corvino, Silvano e vários outros companheiros de lutas. O mentor Clódio também compareceu e atendeu ao pedido de Quinto para novamente reencarnar junto ao querido filho de sua alma, porquanto este ainda não fora capaz de reconsiderar os enganosos passos de sua jornada.

Agora estamos no ano 250.

Diz Emmanuel:

> Desde a subida de Décio ao poder, a metrópole romana e as províncias atravessavam enormes inquietações.
>
> O novo Imperador odiava os postulados do cristianismo e, por isso, desencadeara terrível e sistemática perseguição contra os prosélitos do novo ideal religioso.
>
> Editos sanguinolentos, ordens rigorosas e missões punitivas foram expedidas em variadas direções.

Ameaças, buscas, inquéritos e prisões espalharam-se em toda a parte. Fogueiras, feras, espadas, unhas de ferro em brasa, ecúleos, tenazes e cruzes foram trazidos fartamente aos processos de flagelação. Prêmios foram estabelecidos para quem inventasse novos gêneros de tortura.

E os magistrados, quase todos dados ao culto do temor e da bajulice, primavam na execução dos desejos do novo César.

Em Cartago, as famílias cristãs sofriam vexames e apedrejamentos; em Alexandria, os suplícios se multiplicavam sem conto; nas Gálias, os tribunais viviam repletos de vítimas e delatores; em Roma, intensificavam-se os espetáculos de morte nos circos...

ΙΧΘΥΣ

CONVITES DOLOROSOS

Nesse tempo, é a vida de Taciano que dará voltas inesperadas. Revoltado, afastara-se do pai adotivo e sogro, e lamentava ter de viver dele ainda dependente financeiramente. Procura entregar-se ao trabalho e à esposa Helena, mas esta é frívola e dedicada às festas, atividades sociais e viagens, e não lhe compreende o afeto. Taciano não a acompanha e Helena acaba se aproximando e tendo um relacionamento com o servo liberto Teódulo, que Vetúrio enviara para ajudar na administração da propriedade e dos negócios. Taciano descobre, mas assim como o pai Quinto Varro, resigna-se em aceitar em silêncio e permanece em casa por causa das filhas, especialmente de Blandina, com quem tem fortes ligações.

Enquanto Helena viaja em companhia de Teódulo, Taciano e a filha Blandina conhecem Lívia e seu pai Basílio. Basílio nascera em Roma, filho de escravos gregos, e depois foi alforriado pelo seu senhor, embora permanecesse com uma dívida a ser saldada oportunamente. Tendo perdido a filhinha e a esposa, deixara Roma e vivera em Chipre, onde adotara Lívia, e depois ambos se fixaram em Lião. Entre os quatro se estabelecem vínculos de amizade, mas Taciano e Lívia se reconhecem apaixonados. Lívia diz também ser casada e não aceita maior proximidade, embora não mais tivesse pelo esposo Marcelo sentimento que não fosse o de piedade, porque o moço era dissoluto, gozador dos prazeres e havia se apaixonado por outra mulher. Marcelo aparece de repente, como se nada de grave houvesse acontecido, mostra-se interessado apenas nos anfiteatros e estava em Lião acompanhando alguns músicos. Taciano, com o propósito de afastá-lo da família, oferece-se para a indicação de um amigo que poderia lhe arrumar colocação financeira em Roma, o que por ele é aceito com alegria.

Em Roma, Marcelo e Lucila, a outra filha de Taciano e Helena, se apaixonam. Helena e Teódulo ficam sabendo e arquitetam um meio de afastá-lo. Envolvido por Teódulo, Marcelo acaba contando sobre sua vida e comenta do relacionamento de Taciano com Lívia, sendo, afinal, envenenado pelo primeiro. Não era, porém, o fim da trama. Pretendia Helena se vingar de Taciano, afastando-o de Basílio e Lívia. Sabendo que Basílio tinha dívida com o seu senhor, quando da alforria, procurou o herdeiro filho e resgatou a dívida, ficando com os títulos. Helena ainda arquiteta pedir o retorno de Taciano e Blandina, com urgência, uma vez que Lucila estava doente, mas ao mesmo tempo pretendia retornar para Lião, onde buscaria resolver a situação com Basílio e a filha.

Diz Emmanuel que Helena, com os filhos, chega a Lião na comitiva de Otávio Egnácio Valeriano, legado especial do imperador Treboniano Galo e que ali estaria com a missão especial de inspecionar a cidade e libertá-la de elementos subversivos, mas cujo objetivo oculto era perseguir cristãos e despojá-los de suas pequenas ou grandes economias. Com o mesmo propósito, Treboniano espalhara enviados dessa natureza em muitas direções.

Assim, segundo o nosso irmão:

> Os filhos do evangelho eram, então, duramente provados na fé. Muitos que ainda se afeiçoavam aos próprios haveres abandonavam a Boa Nova, pagando elevadas quotas à salvação e transferindo-se de moradia, mas os menos favorecidos da sorte ou os que se reafirmavam na confiança em Jesus rendiam-se à morte ou ao cárcere, com a desistência de toda a propriedade particular.

Helena, dando continuidade aos seus propósitos maléficos, diz a Egnácio saber dos lugares onde os cristãos se reuniam e indica Teódulo para acompanhar Liberato Numício, o chefe de coorte designado para conter e prender aqueles considerados de tramar contra Roma. Naquela mesma noite, cercam o casebre do velho cristão Lucano, justamente no momento em que orava com os amigos. Recusando-se a renunciar ao cristianismo e a render culto aos deuses, é agredido, mas dirige-se aos demais demonstrando a fé inabalável com que vivenciava os ensinamentos de Jesus, com demonstrações de tolerância e perdão. É um exemplo que nos inspira até hoje para que nos tornemos melhores e nos ajustemos à Lei Divina, como nos ensinou o Mestre.

É assim que narra Emmanuel:

> Fitou o olhar compadecido no verdugo e esclareceu:
>
> – O homem que nos espanca é Liberato Numício, chefe de uma coorte romana. Já lhe vi as mãos, por duas vezes, flagelando os tutelados do evangelho... Pobre irmão nosso! Acredi-

ta ser senhor da vida, quando os prazeres criminosos lhe possuem o coração! Debalde procura debater-se contra os golpes da enfermidade e os achaques da velhice, que presentemente lhe rondam o corpo... Amanhã, precipitado ao vale fundo da meditação pelo desfavor político, talvez se incline para Jesus, procurando justiça e amparo moral!

Os companheiros de Numício ouviam estupefatos.

O agente de Valeriano em vão tentou reagir. Forças intangíveis imobilizavam-lhe a garganta.

Lucano, de semblante iluminado pela fé, prosseguiu, em voz firme:

– É possível que os perseguidores nos imponham a morte. Talvez sejamos conduzidos, de imediato, aos mais aflitivos testemunhos!

Fez breve pausa e continuou, voltando-se para os amigos:

– Não temamos, porém, a visitação do martírio! Todos fomos chamados a seguir Nosso Senhor, de cruz pesada aos ombros doloridos. O Calvário está erguido, o madeiro jaz levantado, a flagelação continua... Ufanemo-nos da nossa condição de cireneus do Eterno Amigo! É uma honra morrer pelo bem num mundo em que o mal ainda reina vitorioso... Envergonhar-nos-íamos da felicidade, ao lado de tantos corações sepultados na miséria, na escravidão e no sofrimento!... Tudo passa! Os imperadores que nos humilharam, ensoberbecidos com as pompas do triunfo, nunca refletiram nos pesadelos que os aguardavam no sepulcro!... Hoje, nossos adversários nos reduzem a carne a lodo sangrento, mas o espírito do Senhor, renovando o mundo para a felicidade eterna, espalhar-nos-á as cinzas sobre o campo em que eles, desorientados e desditosos, se guerreiam inutilmente!... Agora, são dominadores empinados ao trono da ilusão que os subjuga, todavia, depois, esmolarão a paz, carregando as úlceras da mendicância em plena casa de Deus!... Infelizes! para eles, a luta na Terra ainda significa o mergulho em lama dourada... Atropelam-se uns aos outros, disputando o túmulo em que os seus sonhos de grandeza se reduzem a punhados de pó; matam-se mutuamente, na aquisição do ódio em que se anulam; despedaçam-se em concursos de sangue para incorporarem a ruína aos seus dias escuros!... Choremos, assim, por eles! Deploremo-los! quanto tempo gastarão para conseguirem aquecer a própria alma, ao sol da fé?...

Em seguida, todos foram presos e pacificamente levados à prisão, dentre eles Basílio e Lívia, mas esta foi separada com outras duas, porque antiga lei vedava o sacrifício de virgens nos espetáculos, mas sob esse pretexto muitas eram violentadas. Basílio pressentia que era a última vez que veria a filha do coração e dela se despede, afirmando que a esperaria na eternidade.

Lucano e Basílio são seviciados nos cavaletes e morrem. Em vistoria na prisão, Egnácio depara-se com a beleza de Lívia e é tomado por súbita paixão, desejando tê-la para si. Lívia se recusa, alegando ser casada e cristã. Apesar disso, é poupada da morte e mantida sob os cuidados de uma servidora de confiança. Sabendo da paixão de Egnácio por Lívia, sua mulher Clímene se aconselha com Helena e esta propõe que Lívia tivesse seus olhos aniquilados com veneno, contando para isso com a ajuda da servidora e de Teódulo, e depois encenada a sua fuga. O plano maquiavélico foi cumprido e Lívia levada para Viena. Teódulo tinha a orientação de matar Lívia, mas dela se apiedou e a abandonou numa praça da cidade de Drépano, hoje Trápani. Sem saber o que fazer, é confortada com a visão e as palavras de Basílio, que lhe diz que não faltará o amparo de Jesus. Logo, Lívia ouve um pequeno cantor a mendigar junto da mãe tuberculosa, pedindo então que lhe deixasse tocar o alaúde e cantar, com o que conseguiram melhores doações dos transeuntes. O menino se diz chamar Quinto Celso – o pai de Taciano em nova reencarnação, trazendo consigo o mesmo nome –, e com ele e a mãe passa a conviver. Quinto e sua mãe também eram cristãos e uma nova vida surgiu para os três. Não tardou, porém, e a mãe de Quinto sucumbiu à doença.

Taciano retorna com Blandina e ouve da própria mulher, numa fingida narrativa, a notícia dos tristes acontecimentos com Basílio e Lívia, fato que abalou a ambos. A vida deles prossegue permeada por lembranças e saudades. Blandina adoece e Taciano a leva consigo para passar um tempo no sul da Itália, em propriedade do avô. Ali, na ilha de Cápri, ambos reencontram Lívia, que junto com Quinto moravam com uma família que lhes acolhera, proprietária de uma padaria. Lívia estava doente e a morte era próxima. Lívia narra os acontecimentos e Taciano dá conta da mentira engendrada por Helena e a manda buscar. Helena reconhece em Lívia os traços de Emiliano, já morto, com quem tivera um relacionamento e uma filha, que abandonara. Ao questioná-la, percebe que se trata da própria filha. Enlouquece e volta para casa, onde comete suicídio. Seu pai, Opílio, ao deparar com a situação, tem um derrame e fica inválido. Taciano volta para Lião em companhia de Blandina e Quinto Celso.

Final de 256. O sogro vende os seus bens longe da moradia e Taciano entra em dificuldades financeiras e para manter a família participa das corridas de carros. Blandina adoece e diz ao pai que lhe permita morrer como cristã e que Ênio Pudens, um antigo religioso, fosse chamado para uma oração. Taciano sofre um acidente nas corridas e fica cego. Blandina morre e Taciano fica aos cuidados de Quinto e de Ênio, morando todos nas dependências da igreja, porque Taciano não mais quis ficar na casa de tristes lembranças.

Pensando em dar uma educação mais aprimorada a Quinto e melhores condições de vida, Taciano vende tudo e vai para Roma, onde esperava encontrar o apoio de amigos e da filha. Desiludidos na tentativa junto a um antigo amigo, ambos se dirigem para a casa do cristão Érato e seus filhos, com uma carta de recomendação de Ênio, sendo bem acolhidos.

ΙΧΘΥΣ

NOVAS PERSEGUIÇÕES EM ROMA

As conversas, no entanto, apresentavam o quadro de perseguições que continuavam contra os cristãos, conforme narra Emmanuel:

> Máximo e Berzélio, abnegados cultores da Boa Nova, salientavam as dificuldades da vida em Roma. Surgira nova crise de violência e inquietação. A derrota do imperador Valeriano, escandalosamente aprisionado pelos persas, criara atmosfera ameaçadora para os núcleos cristãos.
>
> Egnácio Galieno, o filho do imperador humilhado, subira ao poder. Pessoalmente, tinha simpatia pelo cristianismo torturado, da qual, pouco depois, ofereceria públicas demonstrações. Mas, no rigor dos conflitos sociais, o novo imperante devia curvar-se aos desejos das classes dominadoras. A força dos editos de 257 e 258, que geraram tremenda e cruel repressão aos serviços do evangelho, reaparecera com bastante vigor. Potentados e autoridades, como de costume, atribuíam os desastres políticos do Império à ira dos deuses, revoltados com o intenso proselitismo cristão.
>
> A fúria dos perseguidores, porém, amainava-se, à frente das famílias cristãs mais importantes, para recrudescer diante dos pobres e dos pequeninos.
>
> Os cárceres jaziam repletos.
>
> O anfiteatro de Vespasiano estava oferecendo funções sucessivas.
>
> Os anciães e mentores da Igreja recomendavam particularmente aos escravos e aos plebeus pobres evitassem ajuntamentos na via pública.

Inúmeros senhores, congregados na faina de coibir a expansão evangélica, não vacilavam em denunciar os servidores menos favorecidos como inimigos da ordem pública, exigindo represálias e punições.

Considerando a probabilidade de ações subversivas, os tribunais regurgitavam de magistrados e demagogos.

Segundo a opinião do patriciado em decadência, os cristãos que pregavam a fraternidade eram arguidos de responsáveis pela onda de pensamento renovador.

As festas em louvor de Galieno demorar-se-iam ainda por tempo indeterminado. O governo, por seus dignitários mais representativos, desejando entreter o povo impressionado com as vitórias de Sapor, promovera variadas exibições.

Além das preces públicas, ante a imagem de Júpiter, do sacrifício de animais no Capitólio, das fartas distribuições de azeite e de trigo, das corridas eletrizantes e das lutas ferozes entre gladiadores de nomeada, a matança de cristãos menos classificados nas esferas sociais prosseguia em sinistros espetáculos noturnos.

Sempre com o apoio de Quinto, Taciano vai até a casa da filha Lucila, mas esta os enxota, não o reconhecendo como pai, que para ela estava morto. Ao deixarem a casa, logo são denunciados como cristãos e presos.

No cárcere imundo, Taciano refletiu sobre a sua vida, como acontece com muitos após os reveses enfrentados. Assim descreve Emmanuel esse momento:

O filho de Varro, de alma ansiada, passeou o pensamento pelos tempos idos, relembrando a casa farta e os dias venturosos, refletindo, entretanto, com mais intensidade, nas duras provas que lhe haviam castigado os pais queridos. Como pudera o genitor sobreviver, por tantos anos, às tempestades morais que lhe desabaram sobre o destino?

> Experimentou imenso remorso pelos dias que perdera, entronizando a si mesmo no mentiroso altar da vaidade...
>
> Como pudera crer-se superior aos outros homens?
>
> Ponderou o martírio de quantos como ele mesmo estariam reclusos naqueles subterrâneos infectos, garroteados pela perseguição que não mereciam...
>
> Ainda que lhe não fosse possível aceitar o cristianismo, porque não se decidira a penetrar o desventurado campo da miséria do seu tempo? Quantos escravos tinha visto, amargando pavorosas aflições, junto de filhinhos doentes ou quase mortos? quantas vezes proferira ordens iníquas, tiranizando enfermos, no serviço rural? Teve a impressão de que velhos servidores se levantavam, em sua própria mente, e riam-se agora de sua dor...

Taciano é bem um símbolo do espírito com o pensamento orgulhoso e cristalizado, impermeável aos convites insistentes e amorosos de Jesus, que lhe chegam das mais variadas formas.

Logo, os prisioneiros, a maior parte deles constituída de enfermos cansados, de mulheres subnutridas, de crianças esqueléticas e velhos trêmulos, eram conduzidos ao Anfiteatro Flaviano..

> Sabiam que, à semelhança de um rebanho encaminhado ao abate, não lhes cabia aguardar senão o extremo sacrifício no matadouro. Mas, revelando a certeza numa vida mais alta, os cristãos avançavam, de cabeça erguida e serena, com a humildade e o perdão a se lhes estamparem no semblante, parecendo estranhos às frases escarnecedoras dos soldados, verdadeiros magarefes empedernidos no ofício da morte.

E nosso irmão Emmanuel continua a descrever aqueles momentos extremos para os cristãos que aguardavam a morte pela fé em Jesus, cheios de uma alegre esperança nas suas promessas de imortalidade e bem-aventuranças.

Um tribuno de fisionomia execrável leu algumas ordens aos sentenciados do dia, enquanto pretorianos de coração enrijecido ameaçavam os velhinhos cujo passo se fazia mais lento na direção do cárcere.

Os seguidores do evangelho, contudo, pareciam extremamente distantes do quadro que inspirava revolta e sofrimento.

Homens esfarrapados abraçavam-se felizes e mulheres de feições macilentas osculavam os filhos com o entusiasmo de quem se aprestava para o encontro com a felicidade perfeita.

Não haviam podido cantar no trajeto entre a masmorra e o anfiteatro, mas assim que se viram unidos numa cela enorme, da qual deviam marchar para a morte, entoaram hosanas ao Cristo, com o júbilo de criaturas eleitas para o esplendor de triunfo supremo, em que iriam receber a coroa da imortalidade.

Cristãos aprisionados em outros lugares também foram trazidos e entre eles estava Érato Marcelino:

O ancião da Via Ostiense narrava, com a ventura a sorrir-lhe nos olhos, como fora recolhido à masmorra, e reafirmava o seu reconhecimento ao Céu pela graça de lhe ser permitido receber a vitória espiritual através do martírio.

Ante a curiosidade alegre de todos os que o rodeavam, exibiu pequeno fragmento de um rolo ensebado e leu as belas palavras da primeira missiva do apóstolo Paulo aos tessalonicenses:

– "Regozijai-vos sempre"!

Bem-humorado, informou, contente:

– Irmãos, da minha existência de quase oitenta anos, este pedaço dos Sagrados Escritos é tudo o que me resta...

E acentuou:

– Rejubilemo-nos!... Quem vive no evangelho, encontra a Divina Alegria... Dos milhões de chamados neste século, fomos nós os escolhidos! Louvemos a glória de morrer à maneira do óleo que se queima na mecha para que a luz resplandeça! As árvores mais nobres são reservadas à formação do pomar, o mármore mais puro é destinado pelo artista à obra-prima!...

Num arroubo de alma, observou:

- Os grãos mais sadios da fé viva transformam-se, nos dentes das feras, em alva farinha para que não falte o pão da graça à mesa das criaturas!... Cresça em nós a esperança, pois está escrito: "Sê fiel até à morte, e eu te darei a coroa da vida."

ΙΧΘΥΣ

CONVERSÃO E MORTE

O MARTÍRIO FINAL SE aproximava:

> Depois de variados jogos, em que muitos lutadores perderam a vida, e em seguida às danças exóticas, o cenário se modificou.
>
> Postes e cruzes, revestidos de substâncias resinosas, foram levantados à frente de quase cem mil espectadores delirantes.
>
> ...
>
> Depois de pesados minutos de expectação, os presos foram tangidos no rumo da arena festiva, mas, como se estranho poder celeste lhes vibrasse nas cordas da alma, louvavam o Senhor que os esperava no Céu.
>
> Homens de rosto hirsuto e velhos cambaleantes, aleijados e mendigos, anciãs aureoladas de neve e mulheres em quem a maternidade se revelava exuberante, jovens e crianças de semblante risonho cantavam, felizes, firmemente esperançados no sermão das bem-aventuranças.

Em meio a tudo isso, Taciano reflete sobre aquelas almas dilaceradas pela injustiça e que para inspirar semelhante entrega Jesus deveria mesmo ser o enviado celeste, a reinar nos corações... Experimentava em si mesmo inesperada e sublime renovação.... uma misteriosa alegria lhe invadia a alma... Reconhecera que o tempo passara por ele, destruindo os ídolos mentirosos do orgulho e da vaidade, da ignorância e da ilusão.... A ventania do sofrimento deixara-lhe as mãos vazias... Tudo perdera.... Estava só.

Assim Emmanuel descreve a renovação íntima de Taciano, um processo que costuma ser o da maioria das criaturas. O sofrimento pela doença, pelas perdas, pela solidão tem o condão de nos fazer perceber a fragilidade dos poderes humanos, da autoridade, da riqueza... Por isso, a mensagem do Cristo é direcionada aos valores imortais, à nossa alma imperecível...

Érato conduz Taciano até o poste onde Quinto se encontrava ligado para o sacrifício e reaproxima os dois para o instante supremo.

> - Meu filho! meu filho!... - soluçava Taciano, feliz, tateando o corpo de Celso, cujas mãos de carne não mais poderiam acariciá-lo - eu senti o poder do Cristo em mim!... agora, eu também sou cristão!...
>
> Exultando de satisfação íntima, por haver atingido a realização do maior e do mais belo sonho de sua vida, Celso bradou:
>
> - Louvores sejam entoados a Deus, meu pai! Viva Jesus!...
>
> Nesse mesmo instante, soldados ébrios atearam fogo aos lenhos, que se inflamaram facilmente.
>
> Gemidos, apelos discretos, rogativas de socorro e orações abafadas, partidas de vários pontos, fizeram-se ouvir por entre labaredas crescentes que, ao crepitar da madeira, se desdobravam no ar, semelhantes a serpentes inquietas, proclamando a vitória da iniquidade, enquanto leões, panteras e touros bravios penetravam a espaçosa arena, incentivando o furor da turba sedenta de sensação e de sangue.
>
> Ajoelhando-se diante de Quinto Celso que o contemplava,

embevecidamente, o cego compreendeu que o fim havia chegado e rogou:

- Meu filho, ensina-me a orar!...

As chamas, porém, ganhavam o corpo do rapaz, a contorcer-se.

Celso, contudo, reprimindo o próprio sofrimento, falou, calmo, banhado em paz:

- Meu pai, façamos a prece de Jesus, que Blandina pronunciava!... Pai nosso que estás nos Céus... oremos em voz alta...

As feras esfaimadas abocanhavam corpos e estracinhavam vísceras humanas, aqui e ali, mas, como se vivesse agora tão somente para a fé que o iluminava à última hora, Taciano, genuflexo, repetia a comovedora oração:

- Pai nosso, que estás nos Céus, santificado seja o teu nome... Venha a nós o teu Reino, seja feita a tua vontade, assim na Terra como no Céu; o pão nosso de cada dia dá-nos hoje, perdoa as nossas dívidas, assim como perdoamos aos nossos devedores... não nos deixes cair em tentação e livra-nos do mal, porque teu é o Reino, o Poder e a Glória para sempre!... Assim seja!...

O romano convertido não mais ouviu a palavra do filho.

A cabeça de Celso tombara para a frente, desgovernada...

Taciano ia erguer a voz, quando patas irresistíveis rojaram-no ao saibro argenteado da arena.

Turvou-se-lhe o cérebro, mas, em seguida ao choque rápido, qual se o Cristo lhe enviasse milagrosa claridade às pupilas mortas, recuperou a visão e identificou-se ao lado do seu próprio corpo, que jazia imóvel numa poça de areia sanguinolenta.

Procurou Quinto Celso, mas, oh! divina felicidade!... Viu que do poste de martírio emergia, não o filho adotivo, mas seu próprio pai, Quinto Varro, que lhe estendia os braços, murmurando:

- Taciano, meu filho, agora poderemos trabalhar, em louvor de Jesus, para sempre!...

Deslumbrado, reparou que as almas dos heróis abandonavam os despojos, envolvidas em túnicas de luz por entidades que mais se assemelhavam a formosos arcanjos aéreos.

Beijou as mãos paternas como alguém que saciava saudades terrivelmente sofridas e tentava algo dizer, quando viu Blandina, Basílio, Lívia e Rufo, cantando de alegria no grupo de espíritos venturosos em que formavam Corvino, Lucano, Hortênsia, Silvano e outros paladinos da fé, todos a lhe dirigirem sorrisos de confiança e de amor!

Por cima do corpo negro do anfiteatro, desafiando-lhe as trevas, centenas de almas radiantes seguravam lirial estandarte, em que brilhava a saudação tocante e sublime:

– Ave, Cristo! os que vão viver para sempre te glorificam e saúdam!

ΙΧΘΥΣ

CONCLUSÃO

E ASSIM FINDAMOS A nossa pesquisa sobre a história do cristianismo primitivo, com base nos relatos que o espírito Emmanuel nos trouxe dos arquivos da Espiritualidade e das suas próprias recordações.

Reputamos verdadeiras, porque toda a obra inestimável do nosso irmão, pelas mãos incansáveis do médium Francisco Cândido Xavier, fala por si mesma, permanecendo inatingível por críticas que a infirmassem.

Emmanuel é para nós o melhor e mais completo intérprete do novo testamento, oferecendo-nos profundas e relevantes reflexões sobre as lições do Mestre e de seus discípulos.

A história dos mártires do cristianismo, conhecidos ou anônimos, são estímulos para que os novos discípulos de Jesus possamos prosseguir aprendendo e vivenciando os seus ensinamentos, não mais sendo necessário nos submetermos às feras e aos postes de fogo nas arenas romanas, mas combatendo em nós mesmos as imperfeições e as más tendências, nos tornando verdadeiras cartas vivas a proclamarem as glórias da imortalidade e as bem-aventuranças que aguardam aqueles que servirem ao Senhor com alegria.

E o espiritismo vem no tempo predito por Jesus para permanecer consolando as nossas almas, fortalecendo-nos ante as nossas aflições e iluminando as nossas mentes, proporcionando-nos uma fé forte e racional, capaz de nos ajudar a enfrentar todas as questões que ainda atormentam as criaturas e contribuindo para a renovação social.

Nós, os novos cristãos, saudamos e glorificamos Jesus, a Luz do nosso mundo, o caminho certo para a verdade e a vida.

Louvamos os cristãos primitivos, cujos sacrifícios legaram para os tempos atuais a mensagem do Senhor.

Agradecemos a Allan Kardec, o missionário do Consolador, e beijamos, genuflexos, as mãos sublimes de Emmanuel e de Francisco Cândido Xavier, na certeza de que todos permanecem bem-aventurados ao lado daquele que nos conduz desde o princípio.